项目代建监管模式建设

梁红宁 著

华南理工大学出版社
·广州·

图书在版编目（CIP）数据

项目代建监管模式建设/梁红宁著. —广州：华南理工大学出版社，2014.8
ISBN 978-7-5623-4407-0

Ⅰ.①项… Ⅱ.①梁… Ⅲ.①建筑项目－项目管理－管理模式－研究 Ⅳ.①F407.96

中国版本图书馆 CIP 数据核字（2014）第 211251 号

项目代建监管模式建设
梁红宁 著

出 版 人：韩中伟
出版发行：华南理工大学出版社
　　　　　（广州五山华南理工大学 17 号楼，邮编 510640）
　　　　　http://www.scutpress.com.cn　E-mail：scutc13@scut.edu.cn
　　　　　营销部电话：020-87113487　87111048（传真）
策划编辑：赖淑华
责任编辑：赵宇星　骆　婷　赖淑华
印 刷 者：广州市怡升印刷有限公司
开　　本：787mm×1092mm　1/16　印张：13　字数：316 千
版　　次：2014 年 8 月第 1 版　2014 年 8 月第 1 次印刷
印　　数：1～2000 册
定　　价：38.00 元

版权所有　盗版必究　　印装差错　负责调换

前　言

代建制是一种政府委托专业化项目管理单位实施项目建设管理的新制度。随着我国投资体制的改革，代建制在非经营性政府投资项目中得到了普遍推广。由于受到各级政府的组织体制、政策措施、实施机制等不完善的制约，我国政府投资项目的代建管理组织的政策措施、管理模式和实施机制还很不健全，从而造成在管理实践中出现了各种各样的问题。

本书以理论研究为基础、以实践应用为目标，基于国家和广东省现有代建管理的制度框架，对广东省代建项目管理部门开展代建管理的整体模式进行研究，构建以质量、投资、进度、安全四大目标管理为核心的代建项目监管模式，制定重点环节的管理制度和监管细则，通过监管策划、执行和控制活动将监管模式细化成具体的实施方案，通过科学地规范监管行为来提高代建项目的监管水平。

基于以上目标，本书内容主要包括以下四个部分。

（1）政府代建项目管理部门的项目监管职能。通过项目调研和文献研究，对国内外政府投资项目的监管模式进行比较分析，加深对政府投资项目监管模式发展趋势的理解，明确政府代建项目管理部门的项目监管责权、监管内容和主要方式。

（2）政府代建项目管理部门的项目监管模式。通过项目调研和文献研究，基于相关理论构建项目代建管理模式，提出政府代建项目管理部门开展项目监管的理论模式，再结合广东省的政策环境和监管现状，建立对广东省政府代建项目监管模式的认知现状。

（3）政府代建项目管理部门的四大目标监管模式。通过访谈、研讨、文献研究和理论分析，在明确广东省代建项目管理部门的职能和工作的基础上，将代建项目监管系统划分为质量、投资、进度、安全四大监管目标，通过过程分解、建立流程、资源管理、测量改进和责任保证五大管理要素的细化，将监管工作落实到不同的监管层次和具体的监管工作上，在项目建设管理部门的具体岗位职责与监管工作的开展之间建立起明确的对应关系，并在此基础上，制定出具体的监管制度措施。

（4）政府代建管理部门四大目标监管模式规范与制度建设。通过工作分析、流程分析、制度分析等对政府代建项目管理部门开展四大目标监管模式所涉及的相关工作、流程、制度、方法和文件等进行描述，建立四大目标监管规范和监管规划框架，指导政府代建项目管理部门制定和实施必要的项目监管规划，规范监管行为，提高监管水平。

项目代建管理模式具有很多不同以往建设组织模式的特点，目前我国项目代建管理理论和实践还存在诸多难题，本书以政府代建项目管理部门为对象归纳适合我国国情的政府代建监管的相关理论，探索指导实际监管活动的实践模式，重点阐述了项目代建监管模式的分析思路和工作框架，对从事政府投资项目代建管理的相关部门和参与单位的管理人员具有一定的学习和借鉴价值。由于编者的能力和认识水平有限，书中难免存在各种问题，敬请读者批评指正。

编 者

2014 年 7 月

目 录

第1章 政府代建项目管理部门的项目监管职能 1
  1.1 引言 1
  1.2 代建制的组织模式 1
    1.2.1 公共工程建设的组织模式 1
    1.2.2 国外公共工程建设的组织模式 3
    1.2.3 国内代建制的组织模式 6
  1.3 代建制组织模式的建构 11
    1.3.1 各地代建制组织模式的对比分析 11
    1.3.2 广东省代建项目管理局的组织模式分析 16
  1.4 结论 19

第2章 政府代建项目管理部门的项目监管模式 20
  2.1 引言 20
  2.2 项目代建管理模式的构建 21
    2.2.1 项目管理的一般模式 21
    2.2.2 工程项目管理模式 32
    2.2.3 项目代建管理的职责范围 43
    2.2.4 项目代建管理模式 46
  2.3 政府代建项目管理部门的管理模式构建 54
    2.3.1 项目代建参与各方的组织关系研究 54
    2.3.2 政府代建项目管理部门的管理定位 58
    2.3.3 政府代建项目管理部门的管理工作 59
  2.4 结论 65

第3章 政府代建项目管理部门的四大目标监管模式 66
  3.1 引言 66
  3.2 四大目标监管体系框架 66
    3.2.1 项目管理体系的建构机理 67

  3.2.2 四大目标监管体系的构建内容 ································ 72
 3.3 四大目标监管体系的策划 ·· 83
  3.3.1 前期工作阶段监管体系设计 ···································· 84
  3.3.2 建设实施阶段监管体系设计 ···································· 90
  3.3.3 验收总结阶段监管体系设计 ···································· 96
  3.3.4 全过程四大目标监管体系设计 ·································· 99
 3.4 四大目标监管体系的实践模式 ··· 99
 3.5 结论 ·· 102

第4章 政府代建项目管理部门四大目标监管模式规范与制度建设 103
 4.1 引言 ·· 103
 4.2 政府代建项目管理模式的综合分析 ··································· 105
  4.2.1 一般规定 ·· 106
  4.2.2 政府代建项目管理的目标分析 ································ 108
  4.2.3 政府代建项目管理的过程分析 ································ 111
  4.2.4 政府代建项目管理的组织分析 ································ 112
  4.2.5 政府代建项目管理的策划分析 ································ 115
  4.2.6 政府代建项目管理的基础建设 ································ 118
 4.3 质量监管模式规范 ··· 120
  4.3.1 一般规定 ·· 120
  4.3.2 质量策划 ·· 123
  4.3.3 质量保证 ·· 125
  4.3.4 质量控制 ·· 126
  4.3.5 质量改进 ·· 131
  4.3.6 质量管理制度建设 ·· 131
 4.4 投资监管模式规范 ··· 133
  4.4.1 一般规定 ·· 133
  4.4.2 费用估算 ·· 139
  4.4.3 费用计划 ·· 144
  4.4.4 费用控制 ·· 146
  4.4.5 投资管理制度建设 ·· 149
 4.5 进度监管模式规范 ··· 154
  4.5.1 一般规定 ·· 154
  4.5.2 进度计划 ·· 160
  4.5.3 进度控制 ·· 165

		4.5.4 进度管理制度建设 ………………………………………………… 169
4.6	安全监管模式规范 ……………………………………………………… 174	
	4.6.1 一般规定 ……………………………………………………………… 174
	4.6.2 安全策划 ……………………………………………………………… 181
	4.6.3 安全保证 ……………………………………………………………… 182
	4.6.4 安全控制 ……………………………………………………………… 183
	4.6.5 安全管理制度建设 ………………………………………………… 184
4.7	四大目标监管计划的编制 ……………………………………………… 186	
	4.7.1 一般规定 ……………………………………………………………… 186
	4.7.2 编制结构 ……………………………………………………………… 188
	4.7.3 主要内容 ……………………………………………………………… 191
4.8	结论 ……………………………………………………………………… 194	

参考文献 ………………………………………………………………………… 195

第1章 政府代建项目管理部门的项目监管职能

1.1 引言

为了更好地构建政府代建监管模式,就必须明确组织的职责;要确立组织职责,就必须识别组织的形式;要识别组织形式,就必须理解组织的定位。而组织的定位则取决于需求、理念、目标、制度、资源和能力等的引导和约束。

这一部分首先从时间和地域两个跨度,阐述代建制的发展历程和实施现状,从中归纳代建制的核心要领;其次,通过分析代建组织的结构形态,明确政府代建项目管理部门的职责范畴;最后,提出相关的政策建议。

1.2 代建制的组织模式

这里主要通过对公共工程建设的组织模式、国外的组织模式和国内的组织模式进行分析,明确公共工程建设的多种组织形态和各自的特点,通过分析代建制实施的现状,指出代建制发展的组织定位。

1.2.1 公共工程建设的组织模式

1. 现状分析

工程建设作为一项社会实践活动具有其内在的规律性,根据投资和利益主体的不同可以将其划分为公共工程建设和私营工程建设两大类,前者由政府负责管理,后者由私人负责管理。公共工程建设项目的分类如表1.1所示。从需求而言,前者是满足公共需求,涉及面广,影响程度大,以社会利益最大化为准则采取公共决策机制;后者主要是满足企业和个人的投资或消费需求,以自身利益最大化为导向采取市场化决策机制。前者的管理权力必须严格按照法律规定行使,权力比较分散,受到较大的制约;后者的管理权力在法律规定以外可以自由行使,权力比较集中,受到的约束较少。因此,两者的组织模式和权责划分体现出一定的差异。

表1.1 公共工程建设项目的分类

分类	项目属性	项目功能	公共项目实例	投资主体	权益归属
收费性公共工程项目	经营性项目	以经济效益为主的工程	收费公路、收费桥梁等	社会资金	谁投资谁受益
	准公益性项目	既有社会效益又有经济效益的工程	煤气、地铁、自来水、收费不到位的公路等	政府适当补贴,吸引各方投资	谁投资谁受益,政府一般不考虑回报

续表 1.1

分类	项目属性	项目功能	公共项目实例	投资主体	权益归属
公益性项目		发挥社会效益基本上没有经济效益的工程	医院、学校、图书馆等	政府投资	政府

如果将工程建设划分成决策者、管理者、实施者、监督者四类主体，公共工程建设的实施者与私营工程一致，主要由市场决定，如咨询、设计、采购、施工、经营等实施主体，但要受政府公共采购法律规定的约束，项目管理模式也体现出一定的差别；公共工程的决策者涉及多个主体，公共工程主要由政府主管部门基于社会需求提出，由发改委负责立项审批和下达投资计划，由地方人大预算审查机关进行审议，由财政部门拨付资金，由其他职能部门办理相关审批手续；公共工程的管理者过去主要由政府主管部门负责组织实施，随着项目法人制、代建制、公私合作制（PPP）等的推行，管理主体逐渐走向责权一体化、专业化和社会化；公共工程的监督者主要包括各级主管部门、监察部门、审计部门和社会人群。

站在管理者的角度，一方面要强调对决策者负责、受监督者约束，另一方面重点是建立管理体系、开展管理活动，保障项目的有效实施。针对过去主要采取的使用单位自管模式普遍存在着职责不清、能力不足、管理粗放、成效较差等问题，各级政府着手推进工程建设管理体制的改革，出现了如工程项目管理委托模式（包括全过程委托和阶段性委托两类）、管理总承包模式（PMC）、委托协助管理模式、PPP 投融资模式、代建制等新的管理模式，公共工程的社会化和专业化水平日益提高，但这也需要政府建设主管部门改变传统观念和做法，建立和健全相关制度，完善管理体系，以适应工程建设管理体制发展的需要。

2. 问题提出

我国各级政府对公共工程建设管理模式进行了大量探索，力图改变传统的"投、建、管、用"不分，以临时性、分散性、自营性、经验性等为基本特征的粗放管理方式，设立或引入专业化的管理机构实现相对集中和专业化的管理，通过探索和实践，建立适合我国具体国情的先进管理模式。

代建制作为工程项目管理服务模式在公共工程建设领域中的应用，预示着政府投资管理模式的日益社会化和专业化，改变了传统公共工程建设管理的方式，相关责权部门、审批和管理流程、做法发生了较大的变化。如何适应这种变化，进行相应的组织变革和制度创新，合理分配和协调权力的行使，打造专业化的管理团队，成为各级政府主管部门面临的紧迫问题。

面临的主要问题包括以下几个方面：
① 政府代建管理机构与政府其他权责部门的分工与协作的问题；
② 所需相关配套政策的综合立法和管理规范的全面编制的问题；
③ 加快培育合格的代建市场主体和构建健全的代建市场环境的问题；
④ 注重政府代建管理机构的组织和能力建设的问题；
⑤ 加强代建项目监管体系建设的问题等。

3. 政策建议

代建制不仅仅只是将管理权力从原主管部门转移到新设机构,还面临原有政府职权行使框架的重新组合,这需要政府充分认识到新管理模式的建构要求,对传统的管理模式从组织调整、权责分配、协调方式、能力建设等方面进行较大程度的改革,注重相关部门之间的联动改革,制定综合性的配套改革措施,对政府代建项目管理部门从行政性管理转向技术性管理给予更多政策制定上的主导权和资源调配上的自主权。

政府代建项目管理部门应明确监管的位置和重点,有所为、有所不为,注重在准入、招标、合同、履约、审核、验收等关键环节严格要求,制定相应的制度、要求和标准,建立对应的工作流程和岗位职责,培育管理能力,从多部门、多层次、多要素上建立和健全代建项目监管体系。

1.2.2 国外公共工程建设的组织模式

1. 现状分析

由于社会政治制度的差异,各国在公共工程建设的组织模式上存有较大差异,各国相关政府机构设置均不相同,这类资料来源也很丰富,这里就不一一罗列,仅就其组织模式中有参考价值的共性特点进行阐述。

(1) 分类管理

对公共工程和私营工程进行分类,归由不同部门负责,采取不同的管理模式,如香港的公共工程由房委会和工务局负责管理,私营工程由屋宇署负责管理。政府管理的重点是政府投资的非经营性建设项目,对于经营性公共项目,一般由政府授权或提供补贴交由公共企业或私营企业进行管理,如德国将公共工程划分为直接投资和间接投资两类,前者由政府直接管理,后者由政府提供补贴交由私营企业进行管理;日本的绝大部分基础设施都是采取企业化的方法,交由公共企业实施管理。

(2) 分散管理

公共工程按照使用单位主管部门的不同分散管理。如美国的公共基础设施就按城市设施、交通设施、农业设施等不同,分别由住宅和城市开发部、交通部、垦务局等进行分散管理。

(3) 分级管理

公共工程按照政府权力和地域划分为不同等级分级管理。如美国将公共工程划分为联邦政府负责和地方政府负责两级,联邦政府主要负责农业、水利、交通、军事等重大国家基础设施的建设管理,大量城市基础设施则由地方政府负责。德国实行严格的联邦、州、市镇三级管理体制。

(4) 集中管理

在分级管理的体制下,各国对不同类型的公共工程建设采取不同程度的集中管理。如美国总务管理局统管全部联邦公务员的住房工程管理;日本将运输省、建设省、国土厅等合并为国土交通省,下设15个单位,负责全国的相关公共工程的管理;香港工务局下设8个工务部门,负责全部公共工程的管理。

(5) 法律完善和监督严格

发达国家制定了完善的法律规范公共工程的管理行为。管理程序公开透明,监督体制健全，保证了管理的健康规范。

（6）管理模式多样化

政府主管部门多采取自主管理模式，但也根据需要聘请相关工程建设咨询服务企业参与管理，甚至根据需要采取全面委托或管理总包的方式，主管部门根据能力和需要选择，形式比较灵活。

（7）管理专业规范

政府主管机构配备足够的工程技术、经济和管理等专业人员，管理体系完备，作业规程严格，如德国公共工程建设，先由需求部门进行方案筹划，向财政部提出申请，由财政部会同建设主管部门共同审查，财政部主要从财政、资金的角度对项目进行审查，建设主管部门主要从技术层面上审查方案，项目立项通过后交由专门机构具体运作。相关工作的组织实施程序严格依照法律和技术规范进行，如项目的预算管理，项目一旦确定就要保证计划内的资金到位。如果是投资期较长的项目，其每年投入的资金额都要事先纳入相应各级财政年度预算。如果项目投资规模突破预算，超支部分要按投资权限归属分别向联邦政府或各州政府财政等申请追加。追加部分要经过严格和详细的审查、听证后才能确定是否批准，联邦政府追加还要经过议会批准。如果用款部门与财政部门发生矛盾，两个部门协调不了，最终由联邦政府总理决定。所有项目投资突破预算要求追加的，都要由政府成立的专门机构对超支金额、超支具体项目原因等进行严格的评审，也可以通过听证、辩论等方法进行调查，最终报议会批准。德国工程质量监督管理除了承包商自身严格进行质量控制外，还设有建筑工程监理和专门的政府质量监督。德国政府对工程质量的监督管理，主要采取由州政府质量审查主管部门委托授权，由国家认可的审核检验工程师对所有新建的工程和涉及结构安全的改扩建工程的质量进行强制性监督审查。审核检验工程师代表国家行使设计质量审查权，参与工程建设全过程的质量管理和监督，拥有相当大的权力。

2. 问题提出

由上可以看出，公共工程建设管理讲求的是管理的专业、规范和成效，将工程区分为不同专业类型授权给不同行业的主管部门进行管理，属于比较普遍的现象。我国目前铁路、交通、水利、市政等专业工程也是交由各行业使用单位主管部门负责管理，所以，过度泛化代建制的适用范围会起到适得其反的效果。而且，政府代建项目管理部门一般都属于新设立单位，缺乏行业背景，专业能力不够健全，人员数量和其他资源条件不足，相关政府机构对本部门的定位理解和支持不够，造成定位不清、相关政府部门责权交界部分过多、权责不对等（有时权大责小，有时责小权大），从而造成对所承接的代建项目在相关部门的权责界限、所属专业和实施能力等方面是否适当认识不足，无法建立自身的准确定位，无法较好处理与相关部门的责权划分，导致管理的组织机制比较僵化，灵活度不够，自身的监管体系和能力构建也迟迟难以形成。同时，代建制虽然发源于公共工程管理引入社会化的专业服务，但实际上政府代建项目管理部门还很难把握住社会化的范围和程度，有的地方介入程度较深，主要以建设管理主体的身份出现，有的地方介入程度较浅，主要以履行必要的采购和审核手续办理为主，缺乏对引入社会化工程建设服务的清楚认知，无法对各层参与单位实施有效监管。

面临的主要问题包括以下几个方面：

① 政府代建项目管理部门与其他建设行业使用单位主管部门管理范围划分的问题；

② 政府代建项目管理部门对自身行业进行定位和明确对应发展模式的问题；
③ 基于自身的能力建构模式灵活选择相适应的社会化管理服务的问题；
④ 选择介入管理的方式和程度并加强对各层参与单位有效监管的问题。

3. 政策建议

应深入学习国外公共工程管理的经验，深化投资管理体制的改革，由使用单位和相关建设单位共同协商制定公共工程建设的分类目录和相关法律制度，严格界定政府投资范围，能够由市场有效配置资源的经济和社会领域，应允许社会资本进入法律未禁入的基础设施、公用事业及其他行业领域，采用私营工程的管理模式。对于必须由政府相关部门介入管理的行业领域，应根据行业归属、专业能力、权责划分、组织协调情况、社会化服务介入的程度等综合考量，确定各行业建设主管部门包括政府代建项目管理部门的行业定位。以此为基础，构建适应该行业监管的成长模式。

代建制的推行必然会经历一个不断认识和不断调整的过程，但应注意根据各地区在不同时期不同类型建设项目实施过程中的多样性和灵活性，不能指望一种固定的做法能解决所有面临的问题，要因地制宜在责权允许的范围内积极开展制度创新。代建制在各地区实施过程中也出现了不同的组织形态，如深圳市成立了建筑工务署，对政府投资除水务、公路以外的建设工程项目实行统一设计、统一招投标、统一现场监管、统一竣工验收，从分散管理转变为集中管理。又如广州市成立的重点公共建设项目管理办公室，针对大部分项目采用的是"大使用单位、小社会"的管理模式，针对规模大、工期紧、要求高的小部分项目也采用"大社会、小使用单位"的管理模式。各地也有对水务、交通等的集中管理改革，代表了"大建设制或大部门制"的改革方向，容易分清各建设主管部门的管理责权和范围界限，组织在政府各部门当中的地位也更容易被理解和接受，不管名称叫代建管理局、工务局，还是建管中心等，其核心都是通过改革公共工程建设组织方式，建立专业建设管理机构，从分散管理走向集中管理，管理更加专业、制度更加统一、监管更加完善、市场更加规范，而不能仅将代建制限制在引入社会化代建单位参与管理这一种模式上。

因此，政府代建项目管理部门针对通用性较强的建筑类型，如办公楼、学校、医院、广场、住宅等，通过强化自身力量，可以采取自主管理的模式；对特殊、复杂的建筑类型，如文化和体育设施，则应通过引入多种形式的社会化服务，采取委托管理或管理承包的模式，也可以通过引入多种形式的工程总承包模式，如 D－B（设计－建造模式）、CM（建筑管理模式）、EPC＋Turn－Key（设计－采购－施工＋交钥匙模式）、D＋D＋P＋B＋FM（决策＋设计＋采购＋建造＋运营管理模式）等模式，适当程度地介入其中；对于适合引入社会资金的项目，可以采用 BOT（建造－运营－移交）、BOOT（建造－拥有－运营－移交）、BT（建造－移交）、BTO（建造－移交－运营）等模式，由企业负责投资建设。即政府代建主要部门应采用多种形式的管理模式，只要合适，均可纳入选择的范围，整个项目完全委托代建单位从事全过程代建的模式限制了主管部门的主动性和灵活性，满足不了实际建设形态多样化的需要。

应逐步提高公共工程建设管理的科学化和民主化水平，加强政府代建项目管理部门的专业化管理水平，完善监督机制。建立规范、严格、透明的管理流程，从决策—建设—完工等诸多环节加强管理，从组织能力和管理制度上保证管理成效。

1.2.3 国内代建制的组织模式

1. 现状分析

（1）时间跨度分析

从时间跨度上来看，我国公共工程投资管理体制经历了计划经济阶段、体制转轨阶段和市场经济初期阶段，与之相对应的管理模式如图1.1所示。

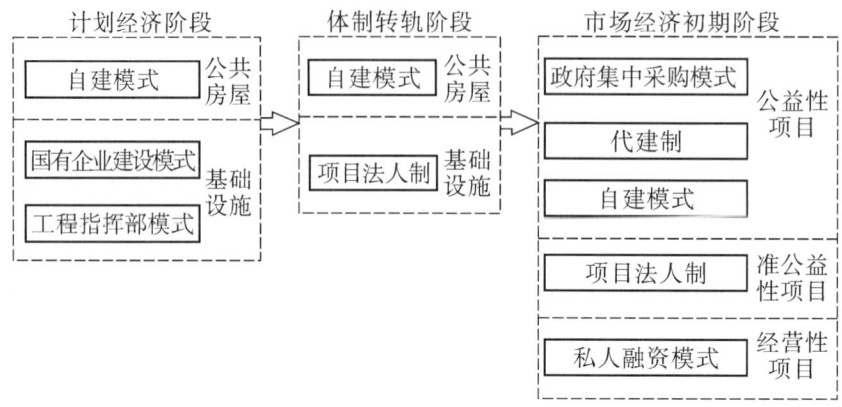

图1.1 公共工程建设项目管理模式的发展阶段

以上三个发展阶段的主要管理模式的特点如下。

① 计划经济阶段：优点是对使用单位的需求结合较强，实施快速灵活；缺点是分散管理、专业化程度低、权力集中、管理成效较差。

② 体制转轨阶段：优点是开始对项目进行初步的分类管理，开始强调建设管理者的权责统一，建设管理者开始具有一定的独立地位；缺点是分类管理不规范，管理过于分散，政府行政干预过多，管理的自主性不够，责权失衡仍普遍存在，管理的专业化和社会化水平不高。

③ 市场经济初期阶段：优点是工程建设权责归属逐步明确，集中管理，相关法律逐步完善，责权一体化和管理全面化程度加深，各类市场主体的服务形式日益多样，参与建设的制度环境和技术经济条件不断向好，专业化和社会化水平逐步提高，管理成效得以提高；缺点是整体模式还不够成熟，政府行为模式与市场运行机制的契合程度不够，相关法律还不够健全，市场主体和其他市场要素还不够成熟，政府管理部门的权责分工、管理理念和管理能力还有待加强，市场参与的激励和约束机制不够。

我们对公共工程建设主要管理模式进行比较，如表1.2所示。

表1.2 公共工程建设管理模式的比较

管理模式	资金来源	政府职能	公开透明	管理成本	经验积累	腐败控制
自建模式	差	差	差	差	差	差
项目法人	好	好	中	差	中	中
集中采购	中	中	好	好	好	好

续表1.2

管理模式	资金来源	政府职能	公开透明	管理成本	经验积累	腐败控制
代建制	中	好	好	好	好	好
公司管理	好	好	差	好	好	中
私人融资	好	好	中	好	好	中

(2) 地域跨度分析

下面仅针对现阶段的公共工程建设管理模式，从我国各省区市的地域跨度上进行分析。

虽然国务院颁发的［2004］20号《关于投资体制改革的决定》中明确规定"对非经营性政府投资项目加快推行'代建制'，即通过招标等方式，选择专业化的项目管理单位负责建设实施，严格控制项目投资、质量和工期，竣工验收后移交给使用单位"，强调项目代建是一种委托社会专业机构管理为主的模式。但如前所述，在具体实施过程中，各地根据自身的特点和需求制定适合本地的政策和采取不同的做法，体现出一定的地区差异性，这种差异性是合理的，也会随着体制改革和制度创新的不断进行而具有更多元化的发展前景。

国内在公共工程建设项目中推行项目代建管理的基本思路主要来源于项目全过程委托管理模式。1993年，厦门率先采用了"代建制"管理模式，选聘社会专业项目管理公司对"非经营性"政府投资项目进行全过程的管理，取得了良好的投资控制成效。我国一些地方政府结合厦门代建管理模式的成功经验和自身投资管理体制的特点，也进行了代建管理模式的改革探索，推行了三种代建模式（委托代建、指定代建、三方代建）。在此基础上，国务院在2004年7月颁布了《关于投资体制改革的决定》，在国家政策的层面上明确了对非经营性政府投资项目推行"代建制"的决定，但在《关于投资体制改革的决定》中仅仅是给出了推行"代建制"的宏观性、指导性的方针，没有对"代建制"的各项具体形式进行明确规定。

我国各地政府在推行"代建制"的过程中，相继出台了各个地方的代建项目管理制度和实施办法，但由于各地对代建制的认识不尽相同，代建单位的职责、委托方式、代建单位介入阶段都存在一些差异，如上海市采用"政府—投资公司—工程管理公司"的三级管理模式，重庆市成立城建发展公司，广东省成立代建项目管理局，表1.3针对三种代建模式，列举了几个具有代表性的地区做法进行比较。

表1.3 我国各地推行"代建制"的差异比较

各地代建制管理办法	代建单位职责	代建单位委托方式	代建单位介入阶段	代建单位在工程合同中的地位	代建模式
北京	代行投资主体职责	发改委	全过程或分阶段	负责工程合同的洽谈和签订	三方代建
武汉	项目管理	投资公司	全过程或若干阶段	负责工程合同的洽谈与签订	三方代建

续表1.3

各地代建制管理办法	代建单位职责	代建单位委托方式	代建单位介入阶段	代建单位在工程合同中的地位	代建模式
重庆	项目管理	使用单位	全过程或若干阶段	以项目单位的名义签订合同	指定代建
上海	项目管理	项目法人	全过程或若干阶段	以项目法人的名义签订合同	委托代建
广东	项目管理	代建局	全过程或若干阶段	以项目单位的名义签订合同	委托代建

这三种代建模式所形成的代建单位与政府、使用人之间的不同组织关系，主要存在以下问题。

① 委托代建：政府部门或项目法人由于自身能力的局限性，无力承担项目投资控制的职责，它只能利用限制投资总额的方式对代建单位进行限制，这种情况下可能会出现代建单位牺牲项目质量目标来实现投资控制目标，无法保证项目建设总体目标的实现。

② 指定代建：使用人掌握建设资金的管理权，属于PM模式，仍然解决不了投资、使用一体的弊端，使用人基于自身的利益，会加大项目的投资规模，难以杜绝项目投资超支的问题。

③ 三方代建：这种模式中，政府部门作为"行政机关"，直接与使用人和代建单位签订合同，合同中主体并不平等，与现行民法通则和合同法有所抵触。如广州代建制实施初期也是由发改委与代建单位签订代建合同，由于难以监管，造成代建单位具有代甲方的诸多权力，最后改由广州市重点办介入行使合同管理的责权。因此，要解决此类问题就必须改变行政机关作为合同主体的现状。

代建单位的职责和代建单位的委托方式决定了推行代建制的具体模式，委托代建、指定代建与三方代建体现了代建单位与政府（发包人）、项目使用单位（使用人）之间的不同组织关系，三种模式的区分如表1.4所示。

表1.4 三种代建模式的比较

代建模式	合同形式	组织架构
委托代建	在政府投资主管部门设立具有法人资格的建设工程"项目法人"，由"项目法人"采用招标投标方式选定一个工程管理公司作为"代建人"，再由"项目法人"作为委托方，与"代建人"签订"代建合同"	项目法人（政府部门）——招标/代建合同——代建人——其他合同——各实施主体

续表1.4

代建模式	合同形式	组织架构
指定代建	政府投资主管部门采用招标投标方式选定一个项目管理公司作为代建人，由作为"代理人"的该代建人，与作为"被代理人"的使用人签订"代建合同"	(投资主管部门—招标—代建人；代建人—使用人"代建合同"；代建人—各实施主体"其他合同")
三方代建	通过招标投标方式选定一个项目管理公司作为代建人，政府投资管理部门与代建人、使用人签订"三方代建合同"	(投资人(发改委)、使用人、代建人三方代建合同；招标—各实施主体"其它合同")

2. 问题提出

"代建制"的提出主要是为了让投资方、使用方与项目管理分离，委托专业化的项目管理单位承担项目管理职责。其一方面是尽量发挥代建方专业化管理的作用，减少政府部门对项目的不利影响，但另一方面代建方也有自身利益的诉求，所以投资方必须对代建方实施必要的监控措施，才能使"代建制"真正发挥成效。前述各地代建管理模式的差异主要体现在代建管理组织模式的差异上，要基于各地的组织模式去研究其存在的不足和改进的空间。

如前面提到的指定代建模式无法实现"使用"与"投资"分离，而委托代建与三方代建模式由于存在政府部门（即投资人）缺乏投资控制的能力，实质上还是由代建单位自行控制，政府部门无法对项目进行有效的监控。

这里主要存在以下两个方面的问题。

（1）各地政府代建组织模式是否合适的问题

任何组织模式的形成必然有其所处的具体环境和社会背景，一种组织模式形成以后，在发生下一次大的调整以前，也会有较长的一段存续期间，不考虑这一点就无法做出合理的选择。因此具体分析各地的组织模式，认识各地组织模式的特点，才能明确具体的责权分工、部门协作和能力构建的趋向。

（2）各地现有组织模式如何有效运作的问题

各地已设立的专门组织已经通过探索实践，形成了自身的制度框架和组织特色，但也各自面临不同的现实问题。如何在坚持以上提到的改革方向和改革原则的基础上，不断吸收国内外好的制度和经验，针对监管实践中存在的问题进行研究，是实现更好的组织发展和能力构建的有效途径。

3. 政策建议

国外公共工程的建设管理也是逐步市场化的，如英国在1984年建立了政府集中采购模式，在财政部下设立了政府采购办公室，在全国五大区按照行业或部门设立了50多个采购机构。但随着PFI（公私合营模式）的广泛采用，1992年后政府集中采购模式又转向分散采购模式，各政府机构（使用单位）又被赋予更多的决策权，可自行决定是通过采购中心采购还是采用PFI等模式采购。

在具体管理模式上，英国最初也是由政府采购办公室下设公共建筑部的模式为使用单位统一实施管理，其作为建设单位，根据需要采取像DBB、D－B、EPC＋Turn－key等工程承包模式。但由于委托的工程多、任务量大，公共建筑部人力又有限，逐渐变得不堪重负，该模式的实施效果也不尽如人意。因此，该部门开始聘请社会专业机构协助管理，这类似于PM模式；随着公共工程私营化的推行，PFI模式在英国发展迅速，逐渐成为主流模式。

20世纪初，美国在公共工程建设领域主要采取传统的DBB模式。但由于设计方和施工方在合同职责上的分离，造成工程出现大量变更和纠纷，政府1970年开始引入CM模式，极大地促进了设计方和施工方的沟通。随着其他问题的出现和管理的需要，从1980年开始逐步推广以D－B模式为主的工程总承包模式，以及PM、PMC等工程项目管理委托模式。但现在美国仍有许多政府机构采用传统的DBB模式，主要由自己的设计师和工程师负责公共工程建设设计和施工的管理工作。

德国则更多采用分散管理模式，对于小型工程，各政府机构可自行采购，也可委托集中采购机构和私营代理商采购；对于大型和特殊的项目则组建专门的公司法人机构进行管理。德国的工程咨询行业比较发达，政府机构一般都会从市场通过招标选择项目管理公司协助管理。

日本则更多的由政府主管部门筹建独资或合资的建设公司负责项目的建设和运营，由建设公司负责建设管理工作。我国香港地区的公共工程建设管理工作主要由工务局自身人员负责，但在承担规模大、技术复杂和管理难度较大的项目时也会委托工程咨询机构代行管理责权，但会对其严加监督。

由此可见，不同的政府建设组织机构只要在严格法律政策的约束下都可基于实际条件选择合适的管理模式，完成各自的职责目标。

因此，根据各地的实际情况，建立责权明确的主管机构，依靠自身力量和社会力量，制定规范的制度措施，落实岗位工作责任，科学管理，无论是代建局、重点办、工务局，还是建设公司、建管中心等，不必执着于哪一种组织模式更合适的问题，任何一种组织模式都可以成为适宜的选择。至于是选择自主管理还是委托管理，还是两者兼而有之，甚至采取公共工程的私营化等，只要认真地考量和分析，总会找到恰当的解决途径。

但基于权责统一和面向社会的原则，为了使投资人能对代建单位发挥真正的制约作用，政府部门必须成立一个具有项目管理和相关专业能力的专门机构（事业法人或企业法人身份，具有承担民事责任的主体身份），统一管理相应的非经营性公共工程项目。

在此基础上应灵活地选择适当的管理模式，具体的选择建议如下。

① 集中管理模式。设立主管部门，负责统一管理。适用于公益性项目。但必须保证采购管理的公开、公平和公正。

② 投资管理模式。设立投资公司，负责融资、建设和经营，适用于准公益性项目。但必须对发行债务的方式和水平、公共资金的合理使用、实施公平的市场竞争、公司的财

务经营状况、合理的收益补贴和返还机制等进行监督。

③ 项目法人模式。成立项目法人，负责项目前期、建设和经营的全过程。适用于投资主体多元化、利益关系复杂的大型准公益性项目。但要分清各方的权责和利益分配，限制其使用的领域范围，减少政府干预，规范公司的组建和运作。

④ 私人融资模式。即公私合作，以私人为主开展全程管理，其拓展了公共工程的资金来源渠道，减轻了政府负担，提高了管理效率，适用于收益性项目。但应注意相应法律建设、投资范围的限制和公平竞争环境的培育。

⑤ 代建制模式。即通过招标选择专业化项目管理单位负责分阶段或全程代建管理工作，其将投资、建设、使用和监管等各环节分割给不同主体负责，避免了权力集中，提高了社会化和专业化水平，有利于借助市场力量提高管理效果，适用于公益性项目。但需注意对代建单位的选择和管理行为的监控，建立适当的奖罚机制，注意权责的统一和制衡。

1.3 代建制组织模式的建构

这里主要通过对各地代建组织的结构分析，归纳不同组织模式建构的要点和难点；通过代建组织内部的结构类型分析，明确广东省政府代建项目管理部门的职责定位和组织的发展方向。

1.3.1 各地代建制组织模式的对比分析

1. 组织分析框架

为了便于展开代建组织的结构分析，先简要阐述一下组织分析工具。组织理论是各类组织设计应当遵循的基本原理，代建制组织也不例外。以下从三个方面建立一个分析代建组织模式合理性的分析框架。

（1）组织体制分析

组织体制是相关主体权责来源的基础，也是监管模式建立的依据，其取决于政府组织体制改革的相关政策、历史背景、目标期望、权力制约、监管主体的理解和能力现状等。代建制组织模式可以划分为如图1.2所示的多层外部组织关系。

可以从中将其划分为上下两个部分进行分析。其中上层部分主要分析政府代建项目管理部门与上下级政府部门的责权关系和沟通渠道，属于行政权力的来源和制约因素分析。下层部分主要分析政府代建项目管理部门与代建项目各社会参与主体之间的合同关系和指令、汇报系统，属于监管权力行使和管理绩效保障的分析。

通过分析主要说明，政府代建项目管理部门依据现有政策规定在权责层次中的位置、相关权责的具体化和相关权责的实现方式来确定代建组织模式。

（2）组织流程分析

通过权责划分明确了在组织中的位置以后，需要建立与之相适应的组织机构及组织要素。而影响组织模式选择的因素主要包括外部因素如社会经济发展程度、政策环境等，以及内部因素如组织的战略、规模、技术、人员、领导者的风格和经验、文化等。这就需要将组织要完成的工作进行具体划分，由不同的部门和岗位来承担，即分工；在分工的基础上将各层次的岗位和部门协调起来形成一个整体，即整合。整合可以通过指令与汇报关

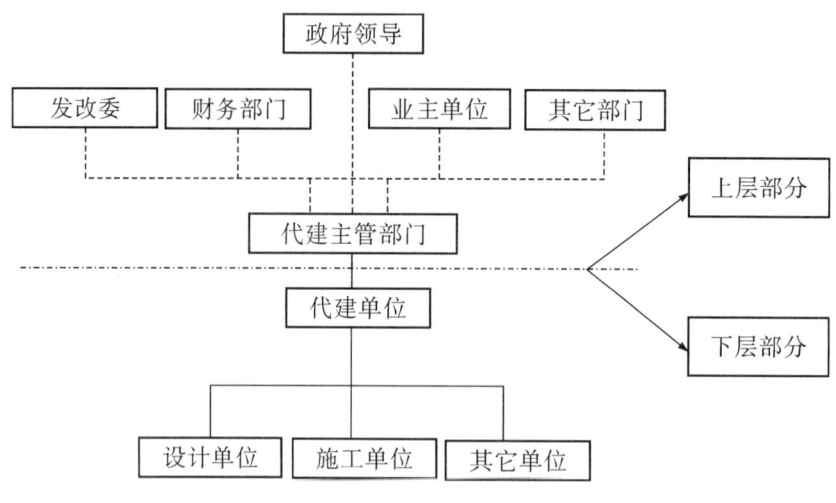

图 1.2　代建组织模式框架

系、标准化的工作程序、目标管理、日常沟通、工作技能控制、建立整合部门或人员等多种方式加以实现。组织的分工程度越高，组织的整合难度就越大。

（3）组织结构分析

组织结构类型不同体现出组织不同的特征和绩效表现，会对其规范化程度、专业化程度、权力分配和人际关系、内外部关系的处理方式等产生较大的影响。政府行政主管部门属于传统的控制型或机械型组织，表现为集权、强调领导、指挥明确、正式化程度高、管理跨度窄、部门分界不清、专业化程度不高等特点，这种组织适合于行政管理。但代建管理更多的是采用参与式管理来实现的，应采用企业型甚至是项目型组织，属于有机型组织，表现为分权、强调合作、注重沟通、管理跨度大、专业化程度高、正规化程度低、强调跨职能团队和项目式团队的组织方式等特点。控制型组织包括职能型和分部型等多种组织形式，有机型组织包括简单型、矩阵型、网络型和项目型等多种组织形式。

2. 组织模式分析

我国各地政府承担代建管理的组织不管是逐步形成，具有一定的历史延续性，还是新成立的机构，一切从头开始，其组织都必须有条理，让人容易理解，便于责权行使、以人为本、以绩效为核心，不能超出人们的理解力和把握能力，要让外部和内部群体认识到它的重要性，愿为它负责和出力。

为了便于分析，以下将我国各地代建管理的主要组织形态划分为三种类型，即自主管理类型、委托管理类型和市场管理类型。

（1）政府代建自主管理组织模式

政府代建自主管理模式主要包括两类组织形式：一类是由政府组建专门的事业性机构负责政府投资项目代建任务，例如深圳市工务局、广州市重点公共建设项目管理办公室等；一类是由隶属于投资主管部门或建设主管部门的管理中心、办公室承担政府投资项目代建任务，如安徽省公益性项目建设管理中心、陕西省统建管理办公室和珠海市政府投资建设工程管理中心等。自主管理模式的组织运作流程如图1.3所示。

上述代建单位的组织形式虽然各有不同，但均为政府直属的事业单位，代表政府行使

第1章 政府代建项目管理部门的项目监管职能

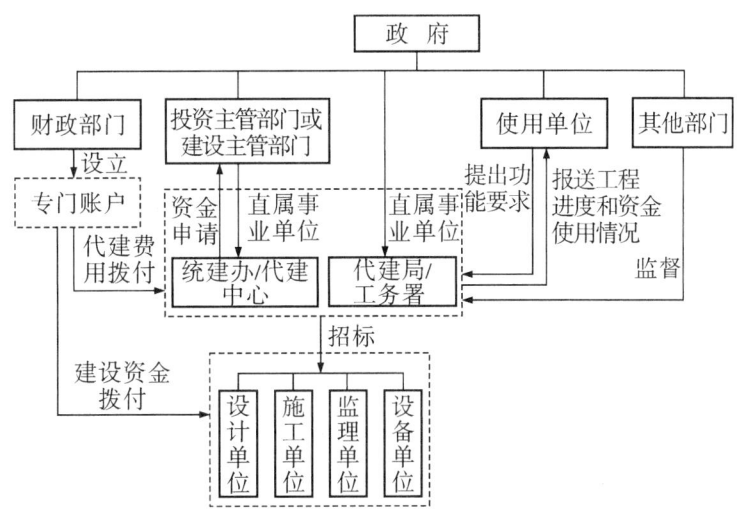

图1.3 政府代建自主管理组织模式的运作流程

使用单位职能,负责政府投资项目的组织协调与监督管理工作。在该模式下,财政部门负责资金管理与监督,并设立项目资金账户专款专用,代建单位不直接接触资金,也没有为项目筹集资金、拨付资金和还贷的职责。使用单位负责提出项目功能设计要求,并参与项目的设计审定和工程竣工验收。

采用自管模式的优点表现在作为非营利的常设专业机构,代建单位能够对政府投资项目进行集中、统一的专业化管理,与相关政府部门沟通便利,政府也授予了较强的行政管理权限。同时,代建单位以事业单位身份出现,方便以自身名义签署各类合同文件,协调建设中出现的各种经济问题。代建单位作为专业性机构,弱化行政色彩,可以充分发挥专业人才、技术以及经验等优势,有利于提高公共工程建设管理水平。

采用这种模式也存在明显的缺陷。一是没能完全解决政府职能定位不清的问题,会产生各种权责失衡的情况,政府在项目中仍然兼具使用单位和管理者的双重职能,容易产生"建、管不分"带来的传统问题。二是由于代建单位属于事业单位,自主管理模式缺乏对项目控制的激励和约束机制,对于代建单位的员工也缺乏激励和约束作用,未能实现转变政府职能、精简机构的政府改革目标。

(2) 政府代建委托管理组织模式

政府代建委托管理模式是指由投资主管部门、专门设立的代建监督管理部门或建设主管部门作为代建管理机构,内设代建管理办公室,代表政府设立准入条件,按照市场竞争的原则,批准若干具有较强经济和技术实力、有良好建设管理业绩并可承担投资风险的代建公司参与代建项目的竞争,并通过公开招标的方式确定代建单位。采用该模式的有北京、广东、福建、宁夏、广西等地区,其运作流程如图1.4所示。

在该模式下,一般由代建管理机构、代建单位和使用单位共同签订"三方代建合同"。其中,代建管理机构负责代建项目的审批、监督与管理工作;代建单位代表政府行使使用单位职能,负责代建项目的组织管理与目标控制工作;使用单位在项目设计阶段提出项目功能要求并且对代建项目进行全过程的监督。在项目运作过程中,代建单位根据实

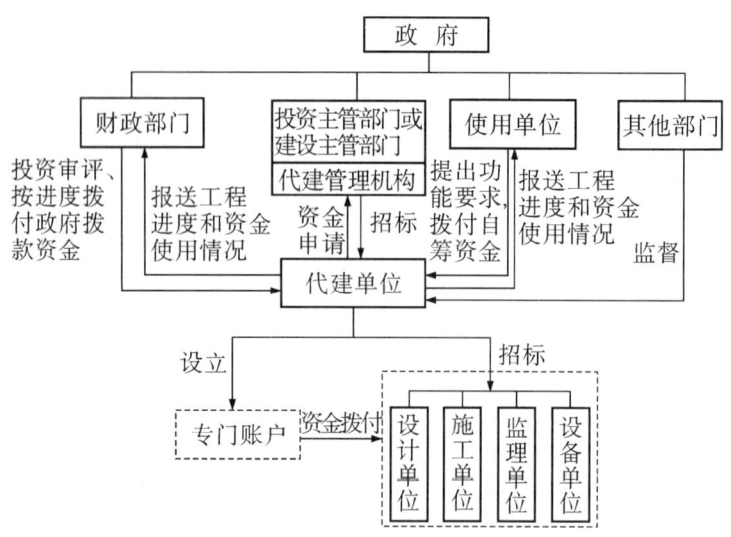

图 1.4 政府代建委托管理组织模式的运作流程

际的工作进度和资金需求提出资金使用计划，经项目使用单位和监理单位确认后，报请代建管理机构安排建设资金，由财政部门拨付；若建设资金包含自筹资金及其他配套资金，则该部分由使用单位拨付。代建单位对拨付的各项资金按规定使用，执行建设单位财务会计制度，设立专项工程资金账户，专款专用，严格资金管理。

委托管理模式有利于引入市场竞争、提高社会化和专业化水平、实现项目投资控制目标、减少政府行政权力的干预、政府主管部门精简高效，也有利于促进工程咨询市场的发展。但实施这一模式需要具备成熟的代建市场，而且要求政府主管部门必须具有较强的专业技术能力，能够对代建单位进行有效的管理与监督。此外，现行的《民法通则》和《合同法》主要适用于只具有两个主体的合同类型，而委托管理模式采用的是"三方代建合同"，因此在现有法律环境中实施起来有较大的难度。广东省代建项目管理局以事业法人身份可与代建单位签订代建合同，但也存在如何处理使用单位需求、使用单位参与程度与形式、双方协调方式和责任划分等诸多问题。

（3）政府代建市场管理组织模式

政府代建市场管理模式是指政府将投资管理职能移交给政府性投资公司或城市建设公司，对于经营性项目也可采用公私合营的模式委托民间企业进行投资和管理。这里主要介绍前一种情况，采用该模式的地区主要包括上海、重庆、武汉等地区，其运作流程如图 1.5 所示。

其中，上海市由政府组建或指定若干具备较强经济和技术实力的国有建设公司、投资公司和项目管理公司，对政府投资项目实行代建；重庆市是由市政府授权建委，在建设系统内抽调专业建设技术管理人员组建重庆市城市建设发展有限公司，专门负责政府投资项目的建设。由这些公司代表政府行使使用单位职能，并通过"委托代建合同"或"指定代建合同"委托代建单位对项目建设进行专业化管理。

前面两种模式的委托主体是政府机构，无论是原有部门还是新设部门、行政部门还是事业部门，但本模式是将代建主体完全市场化，投资主体的企业法人身份与前面两者有着

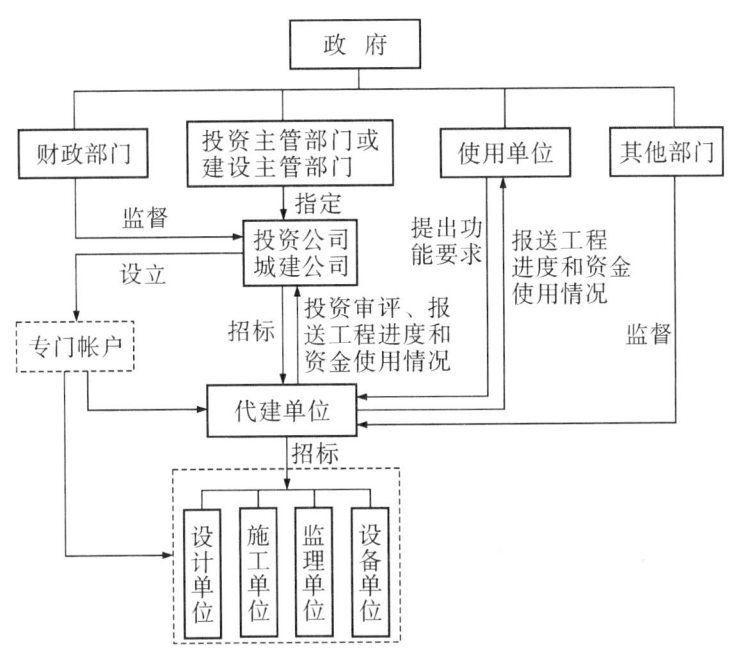

图 1.5 政府代建市场管理组织模式的运作流程

显著的区别,其应当按企业的经营模式从事代建项目的融资、建设和经营等全过程管理,其主要职责除编制可行性研究报告、通过公开招标选择代建单位、对代建项目进行监督等方面之外,还包括项目投融资、资产运作和管理等职责。自主经营、企业化考核和奖罚、机制灵活、法律关系明确,代建合同当事人一方为政府性投资公司或城市建设公司,另一方为代建单位。该模式在一定程度上避免了前面两种模式的缺陷,体现了政府实行间接管理的原则,既可以解决政府在投资项目管理中角色混淆的问题,又可以通过市场快速建立自主经营的项目管理公司,逐渐形成开放与竞争的格局。由于采用市场化运作,投资主体的权责安排能够按市场要求进行调整,具有一定的灵活性,代建单位参与的积极性也较高,有利于提高公共工程建设的专业化管理水平。

但该模式在我国目前的政治经济和社会条件下还是有些超前,若对于不适合市场化的公益性和一些准公益性公共工程推行市场模式,会造成市场化程度不足、形成行业垄断、利益分配机制难以形成、政府监管能力受到限制、管理责权难以统一等问题,反而会降低代建市场竞争强度,引起行政权力的过多干预,不利于形成良好的竞争机制,也不利于提升代建管理机构的总体水平。

3. 组织模式选择

基于以上分析,现有三类政府代建管理的组织模式中的前两种比较适合我国现阶段的公益性和准公益性公共工程建设管理的需要。但各地的组织形态能否满足该类组织模式的要求,是否已经制定和落实了相关配套政策,如何尽量发挥该类模式的优点,尽量减少其缺点,则需要在具体组织模式选择上进行科学的研讨和分析,提出规范化的解决方案,并在管理实践中不断地改进提高。

下面内容主要针对广东省代建项目管理局做组织结构分析,提出一定的指导意见和改进措施。

1.3.2 广东省代建项目管理局的组织模式分析

1. 组织体制分析

广东省代建项目管理局为省政府直属事业单位，负责省属非经营性项目代建管理工作。基于相关政策规定，采用的是委托管理的组织模式。根据前面提及的图1.2做以下分析。根据文件规定，广东省代建项目管理局主要任务如下：

① 审查代建单位的基本条件，依照法律、法规组织开展代建单位的招标工作，对代建单位的中标结果进行确认。

② 与代建单位签订项目代建合同，并依法履行合同。

③ 协调代建单位和使用单位关系，向省发展改革部门、财政部门、建设部门报告项目进展情况，并将代建过程中发生的违法、违规行为及时报告有关行政主管部门。

④ 审查代建单位编制的项目年度投资计划和年度基建支出预算。

⑤ 向省发展改革部门提出项目年度投资计划申请。

⑥ 对代建单位的资金拨付申请提出审查意见。

⑦ 参与工程竣工验收，组织资产移交。

⑧ 承办上级主管部门交办的其他事项。

可归纳为项目安排、代建招标、工程监管、情况通报四个方面的职能。项目安排是按照规定从相关省属部门接受项目委托、编列投资计划和管理计划给相关部门审阅定案；代建招标是选择合适的代建单位，签订和监督代建合同的履行；工程监管是按照监管时间跨度开展代建项目建设期间的监督管理工作；情况通报是根据相关要求和协调需要将项目进展信息通知相关政府部门。其中的项目安排和情况通报属于上层部分的工作，代建招标和工程监管属于下层部分的工作。

（1）上层部分分析

① 项目委托范围和项目责权的界限划分。由于工程建设的大部门制还没有建立起来，项目涉及部门跨度较大，项目来源和行业特征比较多样，相关政策和执行部门之间的关系不够明确，相关政府机构间存有一定的职能交叉和干扰。对于这一问题的解决，既依赖于通过机构改革和政策完善，建立正式层面的工作关系；也需要一方或多方协同努力，在现有框架下，建立良好的合作关系。如安徽省公益性项目建设管理中心，因为设置在发改委机构内部，可依托发改委的行政系统，既强化对其他相关部门的有利身份，便于相关问题的沟通与解决，又能够针对出现的功能变更和投资超支等问题做出快速的协调解决，受其他部门的牵制和影响较小。

② 相关审批手续和情况汇报的渠道明确。虽然主要涉及的是发改委、财政单位和使用单位等三家机构，但实际工作中，往往涉及需要国土、能源、水务、环境、消防、建设等多部门审批和协作的问题，而依靠代建单位的力量有时很难顺利完成这些工作。这就需要争取建立正式和非正式的沟通联络渠道和协调机制，以期常态化，从而保证这些工作的顺利实施。

③ 项目相关计划制定、审批和落实的要求。本部门现有计划集中于投资计划的编制，缺乏其他类型的专项管理计划对具体工作事前进行深化落实。如果专项计划出台越早、考

虑因素越全面，特别是涉及与其他主管部门相关的各种事务，提前制定有针对性的汇报和协调方案，建立沟通渠道，定期进行沟通和磋商，更容易让项目走上良性运作的轨道。而不是等到出现问题，才找相关部门磋商，寻找解决办法。

④ 相关政府机构关系模式和协作关系的建立。基于以上三点问题，应对相关政府机构之间的组织关系做全面系统的研究分析，提出建立有效关系模式的解决方案，贯彻到各类规章、计划和实际行动中去。

（2）下层部分分析

项目代建监管的重心最后还是要落在具体项目上。通过有效监管，保证项目良好和顺利地实施，实现预期目标，让相关人员满意。但这也是目前出现问题最多的领域，要么监管部门监管不到位，要么代建单位管理不规范，项目建设期间参与单位众多，各类业务数量庞大，具体技术性问题增多，各类矛盾冲突加大，如何做好这一领域的工作，让监管机构和参与机构之间建立起良好的合作机制，各司其职、各尽其能，这就要考量各方管理理念、管理模式、管理能力和管理实践的强弱了。

由于工程项目管理服务在我国起步较晚，各类参与主体对工程项目管理服务的业务范畴和管理模式的认识和实践还不很完善，我国建设项目代建管理模式还在不断探索之中，具体的代建项目管理实践缺乏具体的政策指引，现有的各项政策法规又过于宽泛，可操作性差，代建单位缺乏关于代建管理模式和做法的规范指引，从而造成各方理解和组织实施的偏差，这就迫切需要进行代建管理模式的研究和创新。应由政府代建项目管理部门组织制定相关的制度和实施细则，如代建招标文件、代建合同文本、代建管理规范、代建市场的准入和退出制度、信息管理和披露制度等。

目前，广东省对大型建设项目的代建门槛较高，代建主体还是由实力雄厚的大型企业集团承担，再由内部组建的具有规定资质的项目管理公司或部门去承担具体的代建管理职责，代建单位自身定位和能力结构还不健全，限制了代建业务市场范围的扩大，也不利于市场竞争和管理水平的提高。建设项目代建管理单位主要出身于工程总承包、工程咨询、工程设计和工程施工等行业领域，由于企业背景不同，不同代建单位之间的技术能力、经济能力和管理能力具有较大差异。虽然代建单位在代建管理过程中面临较多不同性质的问题，但经过调查发现，目前项目代建管理存在的一个重大共性问题是对项目管理科学理论在管理体系构建和管理实践中的应用还是非常薄弱，系统化和规范化不足，重视经验管理，轻视科学管理，而问题的关键并不在于理论的缺乏，而是项目代建单位没有找到理论和实践结合的适当方式。

随着国外先进的项目管理理论、技术与方法的不断引入，我国建设领域面临的一个紧迫任务就是将引入的项目管理理论和实践模式与我国国情紧密联系起来进行自主创新，制定出既符合科学的项目管理原理又与我国工程实践紧密结合的管理模式。这也是本书的主要目的所在。

2. 组织结构分析

下面将广东省代建项目管理局的五个处室划分为两大类，一类是业务型部门，包括计划财务部、招标合同部和项目建设管理部，主要从事与代建项目监管有关的具体业务；一类是服务和监督型部门，包括办公室和监察专员办公室，主要从事事务工作和监察工作。其组织结构如图1.6所示。

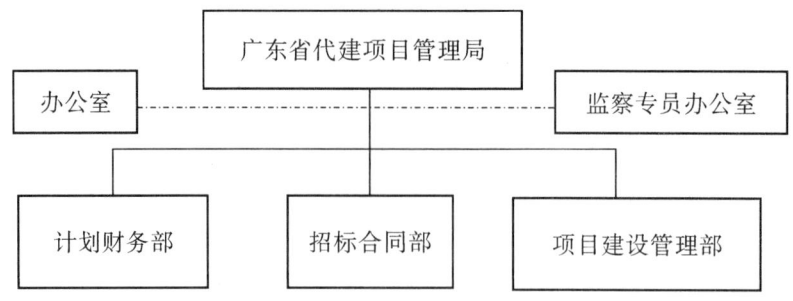

图1.6 广东省代建项目管理局的组织结构

其中各部门的主要职责如下所述。

① 计划财务部：负责联系有关行政主管部门及项目使用单位，办理项目相关手续；制定项目实施计划，审查并上报代建单位的项目年度投资计划、年度基建支出预算及资金拨付申请；统计分析工程的进展情况；指导项目概算的执行；配合省有关部门审查并报送项目结算和竣工财务决算；配合省有关部门进行代建项目建设绩效评价。

② 招标合同部：负责收集、审查代建单位的基本条件，建立代建单位资产、管理能力、信誉等评价体系；负责组织代建单位的招标及相关文件备案工作；负责与代建单位进行谈判，签署合同；审查并跟踪管理代建单位出具的履约保函；对合同的执行进行管理，并处理合同纠纷，工程移交后工程款纠纷等工作。

③ 项目建设管理部：负责代建项目建设全过程的协调与服务工作；负责跟踪和协调工程项目质量、进度和造价；向有关行政主管部门报告项目的进展情况，对代建过程中出现的违法、违规行为及时报告有关行政主管部门；参与竣工验收，组织产权登记和资产移交工作，组织代建单位办理工程文档等资料的移交工作；负责工程移交后工程质量保修协调等工作。

④ 办公室：综合协调局内党务、政务工作，负责文秘、机关财务、人事、劳资、培训、信息化、接待、后勤、信访、档案、工青妇等工作。

⑤ 监察专员办公室：负责纪检、监察、机关作风建设和协助党委抓好建立健全惩治和预防腐败体系各项措施的落实等工作。

以上组织结构和任务分工，主要是按照职能进行划分的。前面谈到的项目安排、代建招标、工程监管、情况通报四项职能，分别由计划财务部负责项目安排职能、招标合同部负责代建招标职能、项目建设管理部负责工程监管职能，情况通报职能由各部门按相应职责分别承担。这还是一种以行政事务性工作为主的职能型组织形式，各部门分别完成各自所属部分的工作，没有对整体负责的部门。如果从项目实施框架来看，任何项目均经历策划、实施和收尾三个阶段；从管理技术来看，每个阶段都需要投资、技术、质量、合同、安全等专业岗位人员的介入。而在现有结构中，这三个阶段的工作被拆分到三个部门，如同由一个人策划、另一个人交易、后一个人收尾一样，难以保证其中计划和行动的一致性；同时，相关专业人员被分散到三个不同的业务部门，很显然他们的专业特征决定了他们是要参与所有工作环节的，更是要在工作中协作配合的。

在现有部门划分的基础上，比较好的解决办法是采用矩阵式的组织方式，通过项目化的组织方式，将三个业务部门的人员纳入到具体的代建项目中，指定项目负责人员和考评方式，明确每个部门在其中应当发挥的作用和权责分工，密切部门关系，建立更加团队化的运作方式，强化部门对整个项目全过程管理的参与力度，形成自主参与和团体决策的项目团队型运作方式。

在此基础上结合实际管理需要和组织发展目标建立起"小机构、大社会、低成本、高效率"的代建项目组织模式，也可以根据环境条件的不同构建起"大机构、小社会、低成本、高效率"的代建项目组织模式。

3. 管理流程分析

政府代建管理的组织机构建立起来以后，为了有效地开展项目管理工作，就必须明确各项管理工作的任务分配和责任分工，在部门和部门之间、岗位和岗位之间建立起明确的组织关系，识别管理要素，制定各类计划及相应的规章制度，注重组织建设、执行、检查和调控，持续改进。

对于这些内容的识别和规范，因为涉及范畴过大，这里不做分析，在第 3 章针对项目建设管理部门进行分析时再进行细化研究。

1.4 结论

这一章通过对国内外公共工程建设的组织模式进行比较分析，系统阐释了政府代建管理的几种组织模式的特点和适用条件，明确了代建制未来的发展趋势，提出了政府代建项目管理部门项目监管的组织模式、职能定位、组织结构的问题及其改进建议。

这一章主要阐述了政府代建的涵义和范畴，总结分析了代建制"是什么"的问题；又通过各种模式的对比分析提出了政府代建总体上应该"做什么"的问题。希望能为下面各章所要研究的"怎样做"的问题打下良好的认识基础。

政府代建管理作为一项以公共服务为主的社会实践活动，应当遵循一定的价值观和公共服务理念，这里将其总结为：政行其宜、务实创新、知人善任、合作共赢。

第 2 章 政府代建项目管理部门的项目监管模式

2.1 引言

这一部分从两个层面对政府代建项目管理部门的项目监管模式进行阐述。

一个层面是工程项目管理的规范化研究，工程项目管理具有其内在的规律性，只有在对其建立科学认知的基础上，再结合现实的条件和需要，才能建构起有效的管理模式。通过建立理论模式，再结合代建管理的特点从而确立代建项目管理的整体架构。

另一层面是基于上一层面建立的代建项目管理体系知识，针对代建项目管理组织的责权层级进行分界研究，通过组织管理边界的划分，分别确立每一层级的管理目标、管理要素及其管理体系结构，分析各个管理层级管理体系构建上的相互关系和作用机理，从而明确政府代建项目管理部门这一管理层级监管模式的主要内容。

为了便于展开后续的内容，这里使用较大篇幅进行理论上的铺垫，为后面的分析建立理论分析基础和实践模式框架，研究的主要思路如表2.1所示，基本按照策划模式和实践模式两个方面阐述从理性思考到实践运作的主要内容。

表2.1 研究内容的框架与侧重点

模式 要点	策划模式			实践模式	
	一般项目 管理模式	工程项目 管理模式	项目代建 管理模式	组织实施与 控制模式	持续改进与 创新模式
理论体系	●	●	◎	●	●
方法体系	◎	●	●	◎	◎
策划框架	○	◎	●	○	○
文件结构	○	◎	●	◎	◎
（表格下半部分：涉及具体管理实践的策划模式和实践模式的工作要点）					
管理要素					
策划要点					
实施目标					
具体措施					

注：●－重要，◎－中等，○－一般。

对于认知模式主要按照一般项目管理模式、工程项目管理模式和项目代建管理模式的顺序进行阐释，包括理论体系、方法体系、策划框架和文件结构四项内容，归纳出现有理论和实践模式的类型和适用条件，在此基础上提出项目代建管理的要点、策划框架和方法体系等。实践模式是指在项目实施过程中所开展的组织实施与控制模式、持续改进与创新模式的分析，也划分为理论体系、方法体系、策划框架和文件结构四项内容。表 2.1 的下半部分涉及具体项目操作层面的知识，在后面两章再结合实际需要进行应用研究。

2.2 项目代建管理模式的构建

管理是一个组织为了达到一定的目的对所要开展的各项业务活动进行的组织、策划和控制等活动。目前项目管理的实践形式和相关理论表现出日益多样化和专业化的特点，这里仅阐释目前使用较广泛的理论模式。但需要加以强调的是项目管理实践是丰富多彩的，作为一门社会科学，项目管理学不同于自然科学，项目管理的知识、理论和方法具有使用上的适用性，同时相关理论也在不断发展和变化。

帕斯卡说过，任何一个单独的真理都是不充分的，因为世界很复杂，任何一个真理如果脱离了它存在的现实条件，就只能算是部分真理而已。管理理论和方法是由管理实践和人类智慧自下而上和自上而下综合作用形成的，自下而上是指任何人类认知的源头都起源于物质世界和人类活动，只有通过接触、感知、观察，上升到思考，由人类智慧的理解、整合和创造，最后形成对应的理论认知和实践指引；自上而下是指我们在管理实践以前先生成整体的观感，做出一种评价，然后才深入到细部，开始行动，即人类是靠理智生存，想好了再做，而学习就成为快速获得这种理智的简便途径。我们展开管理实践的前提正如苏格拉底忠告我们的，认识你自己，你脑子里想的是什么，你就会去寻找什么，你将会得到你期盼的结果。

基于以上认识，我们首先需要建构一个满足管理需要、基于条件和现状、具有理性认知的一般项目管理模式，并在此基础上通过管理策划将一般管理模式细化成具体的实施方案。但现实又是复杂多变的，相对于已有理论模型的约束，管理的成就更像是主观创造和客观实践的混合产物，也就是说基于现有管理理论指导下的管理模式构建，并不能够完全满足我们管理实践的需要，它只是提供一个理性思考的起点和思维脉络，提供诸多的观点和参照模式供学习和借鉴，而对于某项管理实践，还需要扎根于事物自身演进的进程，以亲历者的主体身份在现实中体察和感悟到客体的真实存在，通过实践才能摸索和创造出属于该项管理实践自身的模式及其成就。

2.2.1 项目管理的一般模式

现代项目管理实践模式建立在现代项目管理理论的基础上，项目管理是为了实现预定目标，组合各种资源、技能、技术和理论的整体活动。从项目管理科学发展的整体来看，无论是基础性理论的研究，还是应用性理论和实践模式的研究都已取得了丰富的成果，如 PMI（美国项目管理协会）的 PMBOK、The Standard for Program Management（项目管理知识体系指南）、The Standard for Portfolio Management（项目组合管理标准）、OPM3（项目管理成熟度模型），IPMA（国际项目管理协会）的 ICB（国际项目管理专业人士能力基准）、PM AWARD（卓越项目管理评估模型），CCTA（英国商务部）的 PRINCE2（受控环境下的项目管理），APM（英国项目管理协会）的 BOK（知识体系指南），AIPM（澳大利亚项目管理协会）的 A Competence Standard（项目管理能力标准），PMAJ（日本项目管理协会）的 P2M（日本项目管理知识体系），PMRC（中国项目管理研究委员会）的 C -

PMBOK（中国项目管理知识体系指南）等。以下主要按照国际上使用范围最广、通用程度最高的 PMI 制定的前三个标准构建起一般项目管理的理论模型。

1. 项目管理的过程方法

项目是一个特殊的一次性活动，项目管理主要是围绕过程（即活动或工作）展开的，如图 2.1 所示。实现项目目标的管理框架必须建立在对过程认知的基础上，组织设定的目标也是通过一系列过程的设计与实施而得以完成的。项目过程可以划分为面向产品形成的过程和面向管理的过程。

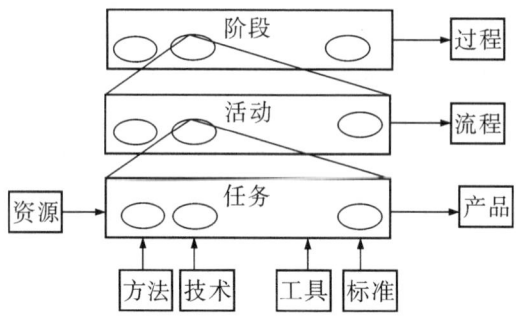

图 2.1 项目管理的过程模式

面向产品实现的过程是指描述和创造项目产品的过程，其包括项目生命周期、里程碑点的实现工作及其具体展开任务，可通过 PBS（产品分解结构）、WBS（工作细分结构）分解方法，划分为生命周期、工作流程和不同层次的具体业务工作。项目管理过程是指描述筹划和控制面向产品实现过程的过程，项目管理的目标就是通过对过程的识别、定义与实施而得以实现的，项目管理的过程一般可以划分为启动过程、计划过程、执行过程、控制过程和收尾过程等五大管理过程组，如图 2.2 所示。

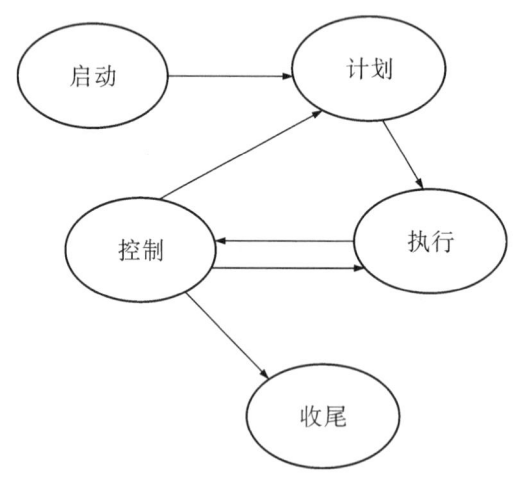

图 2.2 项目管理五大过程组

组织设定的每一个目标甚至目标设定本身都是通过一系列的过程实现的，因此，项目管理就是针对过程的管理，对组织所应从事的过程进行分解、定义，在掌握其特性的基础上制定过程的实施方案,在人员、责任、目标、程序、资源和方法等方面对其加以规范,并对其实施过程加强监督控制,就能保证组织目标的顺利实现。需要注意的是,虽然不同项目具有不同的产品实现过程,但不同项目的管理过程是基本一致的。然而不同项目管理过程所开展的具体工作完成方式、完成范畴、完成程度、完成方法等存在实际的差异。

2. 项目管理的3个应用领域

(1) 项目组合管理

项目组合是指为了实现战略业务目标,而集中放在一起以便于进行有效管理的一组项目、项目集和其他工作。项目或项目集不一定都相互依赖或直接相关,项目组合表示在某个特定的时间点上所选择的全部组成项的整体形象,这些组成项既支持着也影响着组织的战略目标,三者之间的关系如图2.3所示。

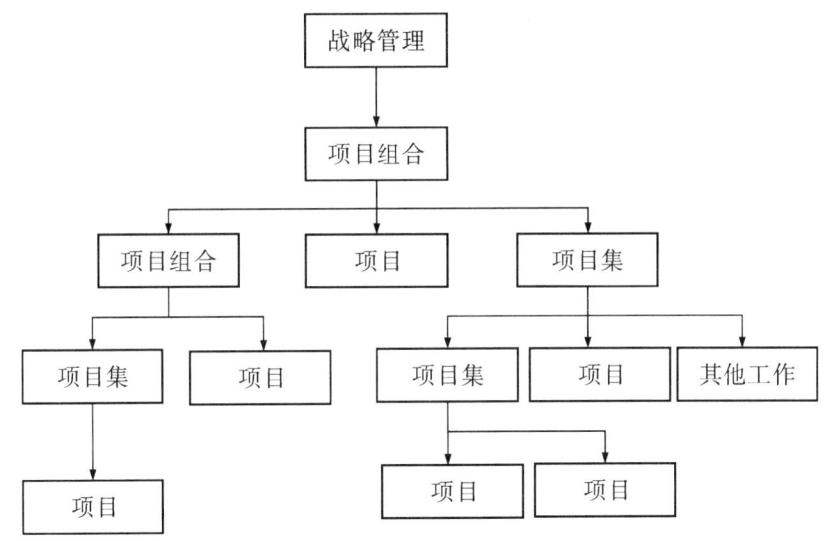

图2.3 项目组合、项目集和单个项目之间的关系

项目组合管理是为了实现特定的战略业务目标,对一个或多个组合进行的集中管理。项目组合管理根据项目、项目集和其他工作对组织战略和目标的支持和贡献程度,进行选择、优先级排序、评估和管理,从而确保组织的战略整体目标得以实现。项目组合管理、项目集管理、单个项目管理和日常业务工作之间的关系如图2.4所示。

(2) 项目集管理

项目集是指经过协调管理以便获取单独管理这些项目时无法取得的收益和控制的一组互相联系的项目,项目集可能包括处于项目集中各单个项目范围之外的其他工作。项目集管理是对一个项目集采取集中式的协调管理,以实现这个项目集的战略收益和目标。项目集管理和项目组合管理之间的关系如图2.5所示。

项目集管理主要包括主题管理(收益管理、利害关系者管理、项目集治理)和项目管理过程(属于9个领域、5个过程组)两个方面的内容。

(3) 单个项目管理

PMBOK在很大程度上被认为是一个单个项目管理的标准。单个项目是指为完成某一独特的产品或服务所做的一次性努力,单个项目管理是指在单个项目活动中运用知识、技

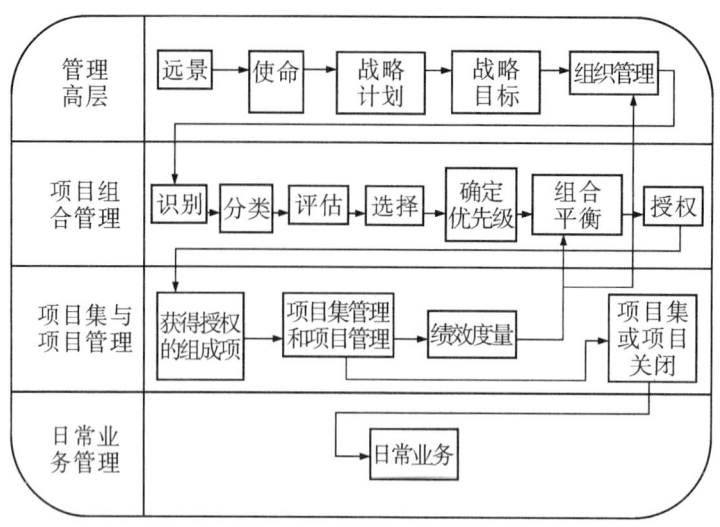

图 2.4　组织范围的项目组合管理过程关系

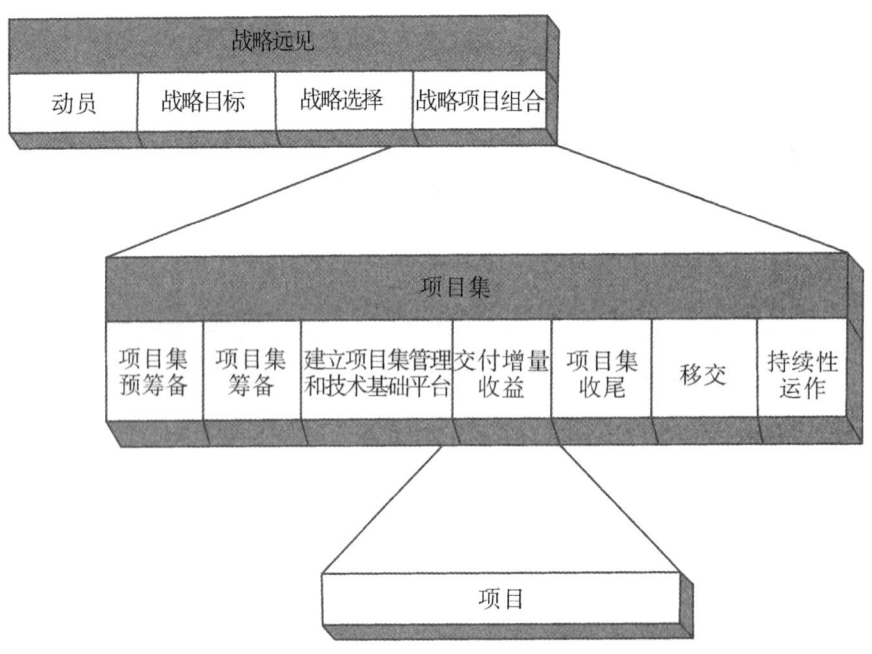

图 2.5　项目组合、项目集和项目之间的关系

能、工具和技术,以便达到项目要求。

单个项目管理主要包括 9 个知识领域、5 个管理过程组和 42 个项目管理过程模块。单个项目、项目集和项目组合管理的对比关系见表 2.2。

表2.2 项目、项目集和项目组合管理的对比

单个项目	项目集	项目组合
项目的范围较窄，有具体的交付物	项目集的范围较宽，为了满足组织对收益的期望，可以对范围做出调整	项目组合只有一个业务范围，它随着组织战略目标的调整而变化
项目经理试图把变更控制在最小范围内	项目集经理必须对变更有所准备，甚至需要主动利用变更	项目组合经理在较宽的范围内对变更进行持续监控
度量成功的标准：是否符合预算、是否准时、是否交付了规定的产品	度量成功的标准：投资收益率、新增生产能力、所实现的收益等	度量成功的标准：项目组合中组成项的总体绩效
领导风格侧重于对任务的委派和指导	领导风格侧重于关系管理和冲突解决，项目集经理在利害关系人管理中应注重政治因素的影响	领导风格应该在项目组合决策中体现价值
项目经理需要管理技术人员和专业人员等	项目集经理需要管理项目经理	项目组合经理需要管理或协调项目组合管理成员
项目经理是团队协作者，使用知识和技能对团队进行激励	项目集经理是领导者，提供愿景和领导力	项目组合经理是领导者，需要有敏锐的洞察力和综合考虑事情的能力
项目经理通过制定详细计划对项目产品的交付进行管理	项目集经理通过高层计划对项目进行指导，详细计划由各项目编制	项目组合经理建立并维护必要的项目组合过程并就此进行沟通
项目经理监督并控制完成项目产品所需的工作	项目集经理通过管理机制对项目和工作进行监控	项目组合经理监控整体绩效和价值指标

3. 项目管理的具体过程

项目管理的五大管理过程组再按照管理的岗位、专业、知识、技术和工作要求等不同划分为具体的管理过程（管理活动或工作），PMI颁布的项目组合管理标准、项目集管理

标准和单个项目管理标准包含的项目管理过程见表2.3，将其按照不同的知识领域进行归纳见表2.4。

表2.3　3个应用领域的管理过程汇总表

项目知识领域	项目管理过程组				
	启动阶段	计划阶段	执行阶段	控制阶段	收尾阶段
一、项目组合管理					

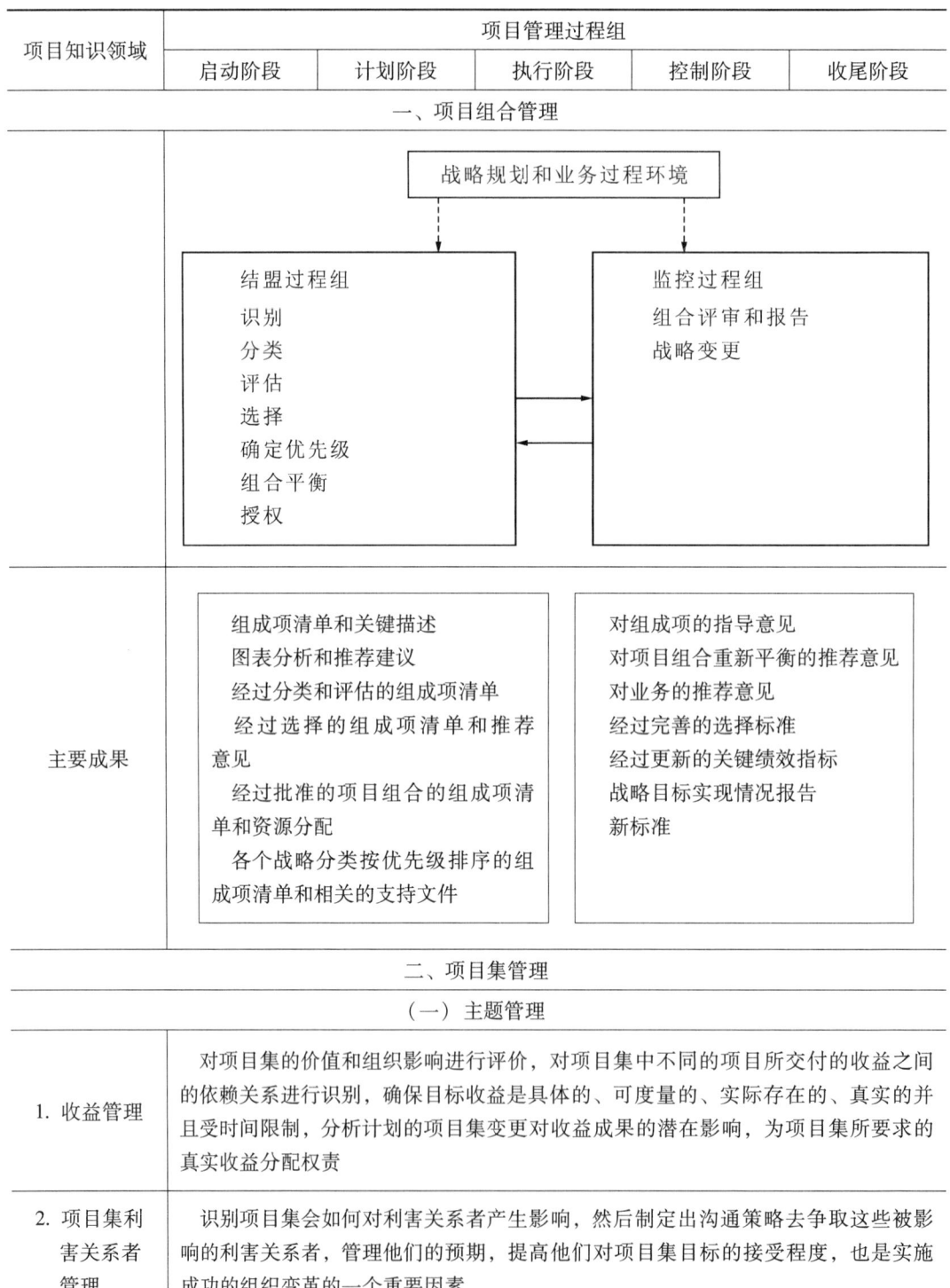

二、项目集管理
（一）主题管理

1. 收益管理	对项目集的价值和组织影响进行评价，对项目集中不同的项目所交付的收益之间的依赖关系进行识别，确保目标收益是具体的、可度量的、实际存在的、真实的并且受时间限制，分析计划的项目集变更对收益成果的潜在影响，为项目集所要求的真实收益分配权责
2. 项目集利害关系者管理	识别项目集会如何对利害关系者产生影响，然后制定出沟通策略去争取这些被影响的利害关系者，管理他们的预期，提高他们对项目集目标的接受程度，也是实施成功的组织变革的一个重要因素

第 2 章 政府代建项目管理部门的项目监管模式

续表2.3

项目知识领域	项目管理过程组				
	启动阶段	计划阶段	执行阶段	控制阶段	收尾阶段
3. 项目集治理	对某个特定项目集制定、沟通、实施、监测和确定相应的政策方针和流程，以及组织结构和实践的过程，提供一个以统一方法来实现项目集目标，并高效管理决策和交付的框架，为项目集提供全面的治理和质量保证				
主要成果	定义每个收益及其实现途径，描述收益到项目集成果的过程，评价收益的方法和步骤、收益管理的作用和职责、收益管理的沟通计划，项目集向持续运作的移交和收益维护。 项目集利害关系者识别、评估及沟通策略。 成立项目集委员会，项目集启动，对项目集计划的批准和计划变更的审批，对项目集进展、收益交付和成本进行评审，指导项目集经理无法处理的问题，保障项目集所需资源的可及性，为战略进展报告收集信息，为项目集投资决策建立框架和约束，遵守公司和法定政策、程序、标准和要求				

（二）项目集管理过程

项目知识领域	启动阶段	计划阶段	执行阶段	控制阶段	收尾阶段
1. 项目整体管理	项目集启动 项目集批准	制定项目集管理计划、接口计划、移交计划、资源计划	指导和管理项目集执行	整体变更控制 资源控制 监控项目集工作 问题管理和控制	项目集收尾 组成部分收尾
2. 项目范围管理		范围定义 制作项目集工作分解结构		范围控制	
3. 项目时间管理		制定进度表		进度控制	
4. 项目费用管理		费用估算 费用预算		费用控制	
5. 项目质量管理		质量计划	实施质量保证	实施质量控制	
6. 项目人力资源管理	团队启动	人力资源计划	项目集团队组建 项目集团队建设		

续表 2.3

项目知识领域	项目管理过程组				
	启动阶段	计划阶段	执行阶段	控制阶段	收尾阶段
7. 项目沟通管理		沟通计划	信息发布	沟通控制 绩效报告	
8. 项目风险管理		风险管理计划和分析		风险监控	
9. 项目采购管理		项目集采购计划 项目集发包计划	请求卖方回应 卖方选择	项目集合同管理	合同收尾
主要成果	项目集章程 识别和指派项目集经理 项目集初步范围说明书 收益实现计划 项目资金审批 分配核心项目集团队	项目集管理计划 项目集收益说明书 项目集范围说明书 采购文件 专项管理计划	招标文件与合同 正式与非正式沟通 团队能力评估与培训档案 员工管理计划 执行过程的变更请求	项目集管理计划 专项管理计划 变更请求与批准 变更登记表 建议的解决办法 绩效评估	项目集完成证明 收尾报告 最终绩效评价 项目集档案经验 合同完成证明 合同终止文件
三、单个项目管理					
1. 项目整体管理	制定项目章程 制定项目初步范围说明书	制定项目管理计划	指导与管理项目执行	监控项目工作 整体变更控制	项目收尾
2. 项目范围管理		范围规划 范围定义 制定工作分解结构		范围核实 范围控制	
3. 项目时间管理		活动定义 活动排序 活动资源估算 活动持续时间估算 制定进度表		进度控制	

续表2.3

项目知识领域	项目管理过程组				
	启动阶段	计划阶段	执行阶段	控制阶段	收尾阶段
4. 项目费用管理		费用估算 费用预算		费用控制	
5. 项目质量管理		质量规划	实施质量保证	实施质量控制	
6. 项目人力资源管理		人力资源规划 项目团队组建	项目团队建设	项目团队管理	
7. 项目沟通管理		沟通规划	信息发布	绩效报告 利害关系者管理	
8. 项目风险管理		风险管理规划 风险识别 定性风险分析 定量风险分析 风险应对规划		风险监控	
9. 项目采购管理		采购规划 发包规划	询价 选择卖方 合同管理		合同收尾
主要阶段成果	项目章程 项目初步范围说明书	项目整体管理计划 项目专项管理计划 计划基准	采购管理计划 采购文件 合同	绩效报告 可交付成果的确认 请求的变更 项目整体管理计划 项目专项管理计划	最后交付成果 完工验收资料 组织过程资产

表2.4 3个管理领域的管理过程对比分析

过程组	项目集	项目	项目组合
启动过程组	项目集启动 项目集批准 团队启动	制定项目章程 制定项目初步范围说明书	范围启动
计划过程组	制定项目集管理计划 范围定义 制作项目集工作分解结构 制定进度表 费用估算 费用预算 质量计划 人力资源计划 沟通计划 风险管理计划和分析 项目集采购计划 项目集发包计划接口计划 移交计划 资源计划	制定项目管理计划 范围规划 范围定义 制定工作分解结构 活动定义 活动排序 活动持续时间估算 制定进度表 费用估算 费用预算 质量规划 人力资源规划 项目团队组建 沟通规划 风险管理规划 风险识别 定性风险分析 定量风险分析 风险应对规划 采购规划 发包规划 活动资源估算	计划开发 范围计划 范围定义 活动定义 活动排序 活动持续时间估计 进度计划编制 费用估算 费用预算 质量计划 组织计划 人员招聘 沟通计划 风险管理计划 风险识别 定性风险分析 定量风险分析 风险应对计划 采购计划 询价计划 资源计划
执行过程组	指导和管理项目集执行 实施质量保证 项目集团队组建 项目集团队建设 信息发布 请求卖方回应 卖方选择	指导与管理项目 实施质量保证 项目团队建设 信息发布 询价 选择卖方 合同管理	计划执行 质量保证 团队建设 信息分发 询价 卖方选择 合同管理

续表2.4

过程组	项目集	项目	项目组合
控制过程组	监控项目集工作 整体变更控制 范围控制 进度控制 费用控制 实施质量控制 绩效报告 风险监控 项目集合同管理 资源控制 问题管理和控制 沟通控制	监控项目工作 整体变更控制 范围核实 范围控制 进度控制 费用控制 实施质量控制 项目团队管理 绩效报告 利害关系者管理 风险监控	综合变更控制 范围核实 范围变更控制 进度控制 费用控制 质量控制 绩效报告 风险监控
收尾过程组	项目集收尾 组成部分收尾 合同收尾	项目收尾 合同收尾	行政收尾 合同收尾
结盟过程组	识别、分类、评估、选择、确定优先级、组合平衡、授权		
监控过程组	组合评审和报告、战略变更		
主题管理	收益管理、项目集利害关系者管理、项目集治理		

4．项目管理的关键节点和管理过程展开

项目管理的关键节点如图 2.6 所示，项目管理过程（具体工作）的展开方式（以进度图表的绘制为例）如表 2.5 所示。

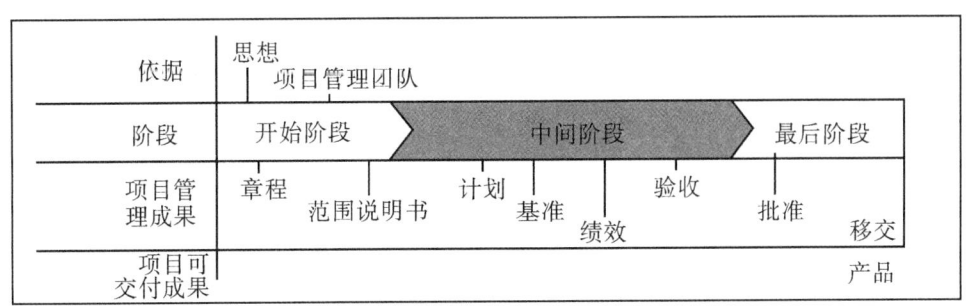

图 2.6 项目管理的关键节点

表 2.5　项目管理过程的展开方式

知识体系	管理过程	工作描述	管理技术	输出成果
进度管理	进度计划	绘制图表	网络技术	网络图
……	……	……	……	……

2.2.2　工程项目管理模式

1. 工程项目管理体系综述

工程项目管理的涵义：自项目开始至项目完成，通过项目策划和项目控制，使项目费用目标、进度目标和质量目标得以实现。工程项目的生命周期如图 2.7 所示，主要划分为决策阶段、实施阶段和使用阶段。

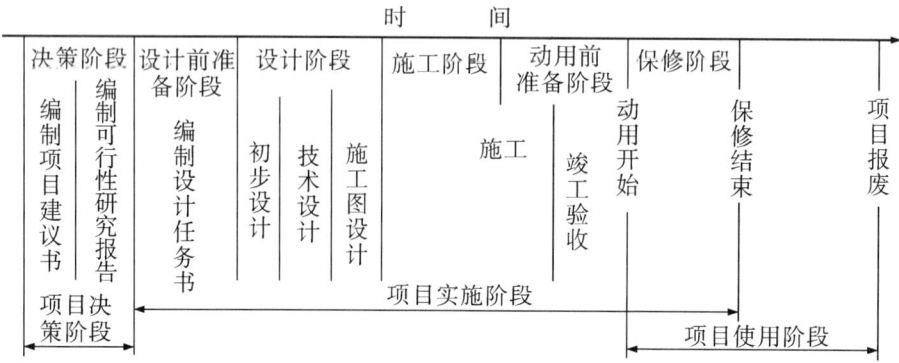

图 2.7　工程项目生命周期的划分

（1）工程项目管理的类型划分

按照不同参与方的工作性质和组织特征划分为政府方项目管理（GPM）、业主方项目管理（OPM）、管理方项目管理（PM）、设计方项目管理（DPM）、施工方项目管理（CPM）和供货方项目管理（SPM）等。

（2）工程项目管理的组织模式

以上各方之间的组织关系如图 2.8 所示。

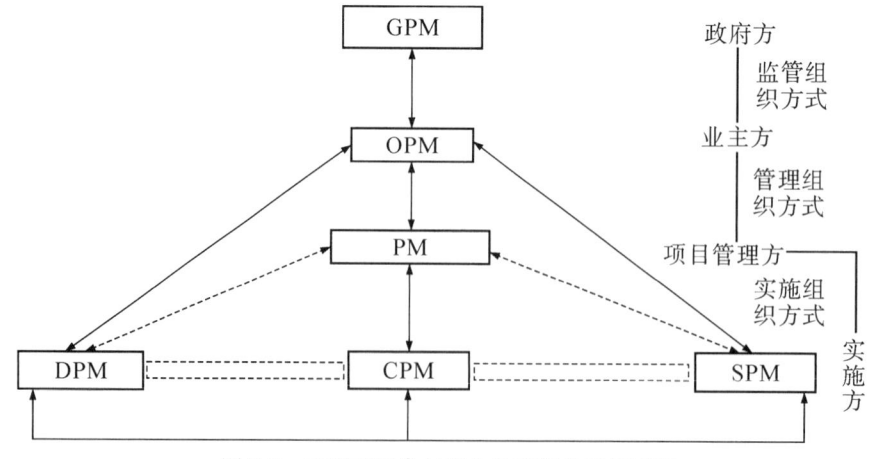

图 2.8　工程项目参与各方的组织关系示意图

第2章 政府代建项目管理部门的项目监管模式

（3）工程项目管理的业务范畴

以上各方开展项目管理的业务范畴如图2.9所示。

	决策阶段	实施阶段			使用阶段
		准备	设计	施工 动用准备	
业主方	DM	PM			FM
管理方	DM	PM			
设计方			PM		
施工方				PM	
供货方				PM	
使用方					FM

DM—Development Management（开发管理）；
PM—Project Management（项目管理）；
FM—Facility Management（运营管理）

图2.9 工程项目参与各方的业务范畴

（4）工程项目管理的目标

不同参与方的管理目标均不相同，参与各方项目管理目标服务于项目的整体利益和各方自身利益均衡的结果，主要包括质量目标、进度目标和费用目标三大目标，它们之间的关系是对立统一关系。

（5）工程项目管理体系

针对不同类型的项目面临不同的技术特征、外部环境和组织条件等，决定了其开展项目管理的具体内容均存在一定差异，具体内容及其业务流程如前所述。工程项目管理的体系框架如图2.10所示。

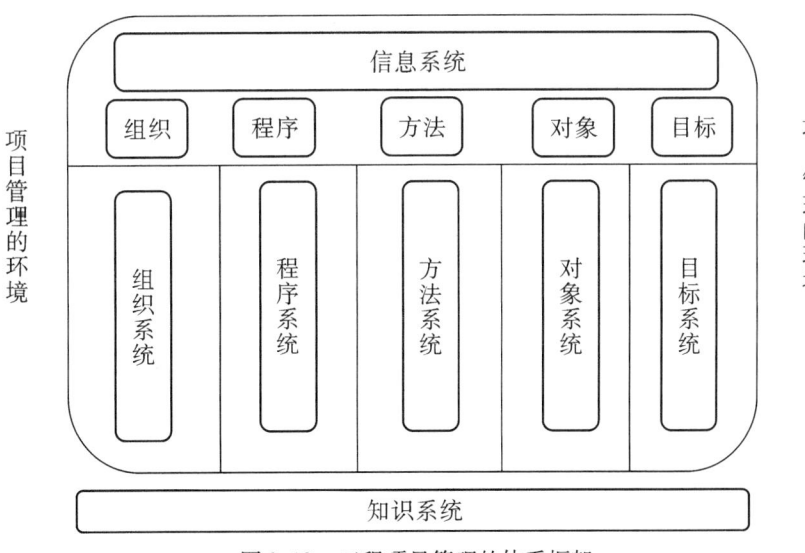

图2.10 工程项目管理的体系框架

2. 工程项目管理组织模式

(1) 项目管理组织方式

项目管理组织方式是指承担相关项目管理职责的组织模式，主要包括以下类型：

① 使用单位自管模式：使用单位自行组织项目管理机构进行全过程项目管理。

② 委托协管模式：使用单位以自身力量为主实施管理的过程中，针对国家规定或自身条件限制委托外部咨询公司（顾问公司）从事部分管理委托业务的模式，如可行性研究、造价咨询、招标代理、施工监理等模式。

③ 项目管理委托模式：工程项目管理企业接受使用单位委托，代表使用单位对工程项目进行全过程或若干阶段的管理和服务。可按照委托业务范畴划分为全过程委托和分段委托等类型；按照合同权责属性划分为项目管理服务（PM）和项目管理承包（PMC）等类型。

④ 工程代建模式：主要由专业项目管理公司接受政府委托承担政府出资建设的各类非经营性公共基础设施项目的工程项目管理服务。代建制是工程项目管理模式在政府投资项目上的一种具体运用模式和管理制度。

⑤ 设计—管理模式（DM）：由承包人向发包人提供设计和施工管理服务。

⑥ 建筑管理模式（CM模式）：也称为快速路径法，包括风险型和代理型两种常用形式，其特征在于将设计工作分若干阶段完成，每一阶段设计完成后，就组织相应工程内容的施工招标，其中由CM承包商负责项目的规划、设计和施工的组织和管理工作。

⑦ PFI或PPP建设模式：利用民间机构的资金、人员、技术和管理等优势，从事公共项目的开发、建设和经营的建设模式。其重点强调引入民间资金投资政府项目所形成的包含融资、建设和运营一体化的管理模式，可以划分为BOT、BOO、BTO、BOOT等具体应用模式。

⑧ Partnership合同伙伴模式：由两个及以上的组织之间为了获得特定的商业利益，充分利用各方资源而做出的相互承诺。其建立在发包人和参与各方的相互信任和资源共享的基础上。

⑨ 其他模式：包括D-D-B模式、D-B-FM模式、F-P-D-B-FM模式等。

(2) 承发包实施模式

承发包实施模式是指在使用单位方或管理方与具体实施方之间所发生的组织模式，主要包括以下类型：

① "设计—施工"分离式：平行承发包模式、设计—招标—建造模式（D-B-B模式）、设计总承包模式、施工总承包模式等。

② "设计—施工"一体式（工程总承包或项目总承包模式）：D-B、EPC+Turn-Key等模式。

3. 工程项目管理服务模式

工程项目管理企业作为从事工程项目管理的企业，接受使用单位方委托，对工程建设全过程或若干阶段提供专业化的管理和服务，随着我国工程建设管理体制改革的不断深入和建筑市场细分的持续发展而面临广阔的发展空间。

新中国成立以来，我国以计划经济为主的政府投资管理模式采用的基本是使用单位自管的建设组织模式，其生产组织方式主要按照政府部门权力范围进行组织，投资决策、物资供应、设计勘察、施工生产和运行维护分别归属于不同的政府部门进行管理,条块分割、管理僵化,难以形成整体优势。改革开放以来,我国建设领域进行了一系列的改革(包括项目经理制、招投标制、监理制、项目法人制、工程项目管理制、代建制等),首先是项目法施工在建筑企业的逐步推行,开始出现接受投资主体委托进行项目前期管理工作的工程咨询公司,紧接着由工程监理公司承担工程实施过程中的管理工作,工程造价咨询、工程招标代理乃至工程项目管理服务和项目代建管理等相继出现,工程项目管理由以政府行政管理为主走向以市场管理为主,由专业性不强的使用单位自管模式走向以项目管理专业化为核心能力的工程项目管理模式,由分段管理模式走向全过程管理模式,大量新型建设组织管理模式创新不断涌现,推动我国工程项目管理水平不断提高。

随着建设投资领域的不断开放、投资权力的不断下放、建筑市场的深入发展和投资主体的多元化,各类投资人的主体地位得到了不断的加强,投资人为了提高投资效益,对建设组织的专业化和全程化等产生了客观的需要,投资人对于工程总承包模式和工程项目管理模式等的迫切需要已成为推动我国建设组织模式改革的根本动力,工程项目管理将由使用单位自管模式逐步过渡到委托工程项目管理企业管理。国务院 2004 年 7 月发布的《关于投资体制改革的决定》、建设部 2003 年 2 月发布的《关于培育发展工程总承包和工程项目管理企业的指导意见》、2004 年 11 月发布的《建设工程项目管理试行办法》以及各地各部门颁发的各类工程项目管理办法等文件,极大地促进了我国工程项目管理企业的发展。

随着工程建设组织实施模式的日益多样化,建设项目的规模和复杂性的日益增强,投资人的要求日益增加,专业细分造成的组织协调日益复杂等,我国工程项目管理企业面临如何针对这些特点构建适当的管理模式以提高项目管理水平的紧迫问题。

在西方发达国家,社会化、专业化的项目管理服务业已成为成熟产业,项目管理公司可受投资人委托从事工程建设前期阶段的决策分析(投资机会分析、建设项目建议书、可行性研究等)、工程建设准备、工程勘察设计、工程施工监理、竣工验收、投资后评价等各阶段的咨询管理工作,国外的工程项目管理企业具备较全面的工程管理能力,能提供高质量、全过程项目管理服务并对整个管理成果承担责任。而由于各种条件的制约,我国的工程项目管理服务水平同国际水平相比还存在较大差距,国内的很多工程项目管理企业只是承担一些阶段性的工作,如办理项目前期手续、从事可行性研究、承担施工监理等,全过程项目管理尚未普遍开展,十分缺乏提供全面工程管理和技术服务以及具有统筹管理、经济、商务、法律方面的系统知识和综合协调管理能力的专业人才,导致在项目总体策划、全过程综合管理、市场调查、经济评价、风险分析等能力的不足,影响到项目管理的科学性,最终影响到项目管理目标的最优实现。

为了提高我国工程项目管理服务的水平和效果,就必须充分认识到我国工程项目管理服务的自身特点,基于认知采取合适的建设和改进对策。以下针对我国工程项目管理服务的几个关键特点进行分析,为认识和把握我国工程项目管理服务模式提供一些指导建议。

首先,工程项目管理企业是接受使用单位委托开展相应业务,因此,使用单位和工程项目管理企业之间的责权利益关系就成为影响我国工程项目管理服务模式建立和发展的关键因素。工程项目管理单位接受使用单位的委托,为使用单位提供多方位和多阶段的专业服务,维护使用单位的合理利益。但双方的责权并非完全吻合,工程项目管理单位不能完全替代使用单位管理，而只能行使和承担委托合同所约定的权责，因此，双方一定要基于合理的、共同的认知模式，在委托合同中界定清楚双方的地位和权责，这是建立工程项目管理服务模式的基础。

其次，工程项目管理企业需要完成使用单位委托的全方位和全过程的管理任务，就必须建立起与之相适应的组织模式和管理能力。由于我国工程咨询业起步晚、水平低，工程建设全过程的管理和咨询服务长期被分割在不同的职能机构，如可行性研究由工程咨询公司提供、勘察设计由工程设计单位提供、招标代理由招标代理机构组织、造价咨询由造价咨询机构提供、施工监理由工程监理公司承担等，这种职能分割造成相关参与机构仅从本组织参与的阶段着眼，缺乏整体观念，缺乏完整一贯的组织制度和信息支持。因此，我国工程项目管理服务水平提高的前提在于建立适合其发展的建设组织模式，大力促进有能力的建筑企业、工程咨询单位、监理单位、设计单位等在业务范围和功能构建上向综合性的工程建设公司转变，形成一体化的组织生态。

最后，针对我国工程项目管理企业项目管理能力薄弱的问题，需要加紧企业制度建设，推进现代项目管理理论的行业应用，同时管理必须因地制宜，注重创新，结合行业发展和企业自身能力建设，逐步形成适合我国国情的工程项目管理服务模式。

工程项目管理服务主要包括以下两种基本模式。

第一种，项目管理服务（PMS）。工程项目管理企业按照与使用单位的合同约定，在工程项目决策阶段，为使用单位编制可行性研究报告，进行可行性分析和项目策划；在工程项目实施阶段，为使用单位提供招标代理、设计管理、采购管理、施工管理和试运行等服务，代表使用单位对工程项目进行质量、安全、进度、费用、合同、信息等方面的管理，工程项目管理单位按照合同约定承担相应的责任。

第二，项目管理承包（PMC，也称为全过程委托管理）。工程项目管理企业按照合同约定代表使用单位对工程项目进行全过程、全方位的项目管理，包括进行工程的整体规划、项目定义、工程招标、选择 EPC 承包商，并对设计、采购、施工全过程进行全面管理，但一般不直接参与项目的设计、采购、施工和试运行等具体工作。

4. 工程项目管理理论模式

（1）PMBOK 建筑拓展部分（Construction Extension to the PMBOK Guide）的知识框架

PMI 根据 PMBOK 在各个行业实际应用的需要，分别发布了多个行业或组织的 PMBOK 应用指南。PMI 在 2003 年发布了 Construction Extension to the PMBOK Guide 第 1 版（建立在 PMBOK 1.0 上），2005 年发布了第 2 版（建立在 PMBOK 2.0 上），2007 年发布了第 3 版（建立在 PMBOK 3.0 上），其在表 2.3 的基础上增加了以下四个方面的内容，如表 2.6 所示。

表 2.6　PMBOK 建筑拓展的增加内容

项目知识领域	项目管理过程组				
	启动阶段	计划阶段	执行阶段	控制阶段	收尾阶段
项目安全管理		安全管理规划	实施安全规划	监控与报告	
项目环境管理		环境管理规划	环境保证	环境控制	
项目财务管理		财务规划		财务控制 监控与记录	

(2)建设工程项目管理规范(GB/T 50326—2006)的知识框架

建设工程项目管理规范是我国工程项目管理的国家标准,其通过借鉴国外项目管理的理论体系和实践经验,并经过我国长期实践和总结经验后编写而成。规范贯彻了ISO10006:1997《质量管理——项目管理质量指南》,突出了10类管理过程,涵盖了PMI的项目管理知识体系(PMBOK)的9大知识领域,综合考虑了我国工程管理的自身特点,具有很强的专业性,能够很好地满足我国工程项目管理的需要。该标准在2001年颁布,2006年进行了修订,包括7个阶段、16项管理任务和52项管理活动,如表2.7所示。

表2.7 建设工程项目管理规范的知识体系

管理任务	策划	勘察	设计	采购	施工	试运行	竣工验收和考核评价
项目范围管理	1. 项目范围确定; 2. 项目结构分析; 3. 项目范围控制						
项目管理规划	1. 项目管理; 2. 规划大纲; 3. 项目管理实施规划						
项目管理组织	1. 项目经理部; 2. 项目团队建设						
项目经理责任制	1. 项目经理; 2. 项目管理目标责任书; 3. 项目经理的责、权、利						
项目合同管理	1. 项目合同评审; 2. 项目合同实施计划; 3. 项目合同实施控制; 4. 项目合同终止和评价						
项目采购管理				1. 项目采购计划; 2. 项目采购控制			
项目进度管理	1. 项目进度计划编制			2. 项目进度计划实施; 3. 项目进度计划的检查与调整			
项目质量管理	1. 项目质量策划			2. 项目质量控制与处置; 3. 项目质量改进			

续表 2.7

管理任务	策划	勘察	设计	采购	施工	试运行	竣工验收和考核评价
项目职业健康安全管理	1. 项目职业健康安全技术措施计划	2. 项目职业健康安全技术措施计划的实施; 3. 项目职业健康安全隐患和事故处理; 4. 项目消防保安					
项目环境管理	1. 项目文明施工; 2. 项目现场管理						
项目成本管理	1. 项目成本计划			2. 项目成本控制; 3. 项目成本核算; 4. 项目成本分析与考核			
项目资源管理	1. 项目资源管理计划			2. 项目资源管理控制; 3. 项目资源管理考核			
项目信息管理	1. 项目信息管理计划与实施; 2. 项目信息安全						
项目风险管理	1. 项目风险识别; 2. 项目风险评估; 3. 项目风险响应			4. 项目风险控制			
项目沟通管理	1. 项目沟通程序和内容; 2. 项目沟通计划			3. 项目沟通依据与方式; 4. 项目沟通障碍与冲突管理			
项目收尾管理				1. 项目竣工收尾; 2. 项目竣工验收; 3. 项目竣工结算; 4. 项目竣工决算; 5. 项目回访保修; 6. 项目管理考核评价			

该项标准对我国工程项目管理知识体系和做法进行了规范,既满足了行业需要,又与 PMBOK 具有逻辑关联,本书将其作为工程项目管理模式建构的一个主要依据加以引用。但该标准也存在几个方面的问题,第一,该标准重点贴近施工项目管理层面进行规范,强调的是对项目实施阶段的管理,而作为工程项目管理企业,尤其是项目代建管理组织,其所侧重的是整体层面的管理规划、实施和控制层面的规范,强调的是对项目全过程的管理。针对其实施过细而整体不足的问题,本书在建立工程项目管理模式时将需要实施单位去细化管理的部分删减,需要工程项目管理单位加强的整体管理部分予以增补和强化。第二,该标准综合较多我国自身历史形成的管理做法,如项目管理规划、项目经理责任制、项目管理目标责任书、项目成本核算制、项目现场管理、项目资源管理等内容,与 PM-BOK 中的相关知识具有一定的差异。本书在尽量保留这些特色做法的基础上将其整合进

PMI 的相关知识要素中。

（3）建设项目工程总承包管理规范（GB/T 50358—2005）的知识框架

工程总承包（EPC）是指工程总承包企业受使用单位委托，按照合同约定对工程建设项目的设计、采购、施工、试运行等实行全过程或若干阶段的承包。工程总承包单位除了承担相应的承包业务以外，主要从事整个项目的管理工作，其接近于全过程的项目管理，同工程项目管理企业开展的活动具有很大的相似性，因此，该标准对建构工程项目管理模式具有很大的借鉴价值。工程总承包管理包括项目部的项目管理活动和工程总承包企业职能部门参与的项目管理活动，该标准主要包括 8 个阶段、13 项管理任务和 49 项管理活动，如表 2.8 所示。

表2.8　建设项目工程总承包管理规范的知识体系

管理任务	项目启动	项目初始阶段	设计阶段	采购阶段	施工阶段	试运行阶段	合同收尾	项目管理收尾
工程总承包管理的组织	1. 任命项目经理和组建项目部； 2. 项目部的职能； 3. 项目部岗位设置及管理； 4. 项目经理的任职条件； 5. 项目经理的责、权、利； 6. 项目经理目标责任书							
项目策划		1. 项目策划内容； 2. 项目管理计划； 3. 项目实施计划						
项目设计管理			1. 设计计划； 2. 设计实施； 3. 设计控制； 4. 设计收尾					

续表 2.8

管理任务	项目启动	项目初始阶段	设计阶段	采购阶段	施工阶段	试运行阶段	合同收尾	项目管理收尾
项目采购管理				1. 采购工作程序； 2. 采购计划； 3. 采买	4. 催交与检验； 5. 运输与交付； 6. 采购变更管理； 7. 仓库管理			
项目施工管理					1. 施工计划； 2. 施工招标； 3. 施工进度控制； 4. 施工费用控制； 5. 施工质量控制； 6. 施工安全管理； 7. 施工现场管理； 8. 施工变更管理			
项目试运行管理						1. 试运行计划； 2. 试运行实施； 3. 保修与回访		
项目进度管理		1. 进度计划	2. 进度控制					
项目质量管理		1. 质量计划	2. 质量控制 3. 质量改进					
项目费用管理		1. 项目费用估算； 2. 项目费用计划	3. 项目费用控制					
项目安全、职业健康与环境管理		1. 安全管理； 2. 职业健康管理； 3. 环境保护管理						
项目资源管理		1. 人力资源管理； 2. 设备材料管理； 3. 机具管理； 4. 技术管理； 5. 资金管理						
项目沟通与信息管理	1. 沟通管理； 2. 信息管理； 3. 文件管理； 4. 信息安全及保密							
项目合同管理	1. 总承包合同管理； 2. 分包合同管理							

注：以上各阶段存在一定程度的合理交叉和相互协调。

工程总承包方既要对项目整体进行管理，又要对具体承包业务进行管理，要全面考虑工程总承包管理所涉及的各项工作，规定比较细致。其在项目整体管理和全过程管理方面的规定成为对建设工程项目管理规范的良好补充，项目代建管理知识体系应重点吸收该规范这个方面的内容，忽略侧重承包管理方面的内容。该标准在管理任务划分方面，将项目各阶段管理和项目各职能管理罗列在一块，难免造成较多交叉，整体架构不够清晰，本书中采用多级指标分类方法，将两者划分到不同级别进行处理，在保证整体架构清晰的条件下，尽量减少相关指标的交叉。

（4）PMC（Project Management Contractor，项目管理总承包）的知识框架

PMC 是单纯工程项目管理服务模式的一种衍生模式，指工程项目管理企业除了向使用单位提供工程项目管理服务以外，还承担部分的设计甚至施工承包业务，具体承包业务基本采取分包方式，其主要从事整个工程项目的管理，并向使用单位负总体责任，这是其与工程总承包模式的主要差别所在，项目代建管理模式相较工程总承包模式更接近于 PMC 模式。相关文献提出的 PMC 管理总承包管理框架包括组织实施（实施框架和流程）、合同管理、项目控制、质量管理、HSE 与可持续发展管理、设计管理、物资采购管理、施工管理、信息与文档管理、其他职能管理（融资管理、财务管理、人力资源管理）。

这种 PMC 管理框架建立在大量 PMC 案例操作的基础上，相关内容及做法比较贴合实际，特别注重引入了 PMI 对于项目组合管理和项目集管理的部分管理过程，同时又兼顾到了建设工程管理的特殊性，本书吸收了其中的部分要素和具体做法。

（5）使用单位项目管理的知识框架

项目代建管理模式发源于使用单位管理模式，同样致力于实现使用单位所期望的各项目标，两者之间在知识体系建构上具有相当大的重合度。比较具有代表性的标准是英国特许建造师学会（CIOB）制定的《使用单位开发与建设项目管理实用指南》（Code of Practice for Project Management for Construction and Development），1991 年发布第 1 版、1996 年发布第 2 版、2001 年发布第 3 版，该标准是代表使用单位的项目管理，而不仅仅是由使用单位开展的项目管理，其目的在于通过专业化的工程建设全过程管理更好地维护使用单位的利益。

代表使用单位利益的项目管理在国际上已经成为一个日益受到重视和迅速发展的领域，英国政府还为此制定了《使用单位项目管理职业资格标准》。该标准所建立的项目管理知识框架如表 2.9 所示。

该标准在维护使用单位利益的前提下，从全过程、全要素提出了相应的要求，具体条款与工程建设实际的结合程度高，相关规定严谨实用、可操作性强，具有很好的参考和借鉴意义。只是项目代建管理也要站在政府投资人、社会政治经济环境、实际管理实践的政策和运行现状上，与主要基于使用单位利益的管理模式还是存在较大差异。但随着代建制的推行，有些项目出现使用单位介入的积极性和程度减弱的情况，如何关注使用单位的利益和需求，也需要在代建项目管理中通过开展相应工作予以强化。

此外，基于对现有各类使用单位项目管理公开出版物的分析发现，其主要按照项目生命周期建构知识体系，包括前期阶段管理、实施阶段的项目策划、实施阶段的项目采购管理与合同管理、勘察设计阶段管理、施工阶段管理、运营准备阶段管理、工程竣工验收与后评价阶段管理、工程项目风险管理和工程项目信息管理等。体系较严谨、过程较清晰，

表2.9 使用单位开发与建设项目管理使用指南的知识体系

概念阶段	可行性研究阶段	策划阶段	施工前准备阶段	施工阶段	调试/试运行阶段	竣工、移交与交付使用阶段	竣工后评价/项目总结报告阶段
1. 使用单位的目标； 2. 使用单位内容； 3. 团队对人员的管理	1. 使用单位的目标； 2. 项目总纲要； 3. 选址与获取场地； 4. 详细的项目大纲； 5. 详细的设计大纲； 6. 方案设计； 7. 融资及投资评价； 8. 项目/市场适应性	1. 使用单位的目标； 2. 与可行性研究的内在联系； 3. 项目团队管理结构； 4. 项目团队成员的选择； 5. 策划大纲的形成； 6. 项目组织和控制； 7. 发包； 8. 项目团队的任命	1. 使用单位的目标； 2. 与前几个阶段的内在联系； 3. 设计管理； 4. 对设计管理者任务的建议； 5. 项目经理在此阶段的职责； 6. 项目协调与进度管理； 7. 设计班子会议； 8. 对专业顾问活动的管理； 9. 办理审批手续； 10. 详细设计及发生产信息； 11. 招标活动； 12. 开工前会议； 13. 质量管理； 14. 争议的解决	1. 使用单位的目标； 2. 与前几个阶段的内在联系； 3. 项目团队成员的角色； 4. 合同安排； 5. 现场建立； 6. 承包商的计划； 7. 控制和监督系统； 8. 价值工程； 9. 试运行以及操作与维护手册	1. 使用单位的目标； 2. 与施工阶段的内在联系； 3. 试运行概述； 4. 试运行设备的采购； 5. 调试和试运商的角色； 6. 调试过程及运行过程及计划； 7. 调试与试运行的区别； 8. 主要任务	1. 使用单位的目标； 2. 竣工； 3. 项目管理的行动； 4. 顾问工作； 5. 计划编制和进度安排； 6. 程序； 7. 使用单位试运行和交付使用； 8. 操作试运行； 9. 使用单位使用	1. 使用单位的目标； 2. 介绍； 3. 项目审计； 4. 费用和进度评价； 5. 人力资源方面评价； 6. 执行情况评价； 7. 项目反馈

对本书建立项目代建管理知识体系可提供一定的借鉴。

（6）《建设工程项目管理》（一级建造师考试培训教材）的知识框架

该书提出了建设工程项目管理的一般框架，包括7项任务（安全管理、投资控制、进度控制、质量控制、合同管理、信息管理、组织与协调）、5个阶段（设计前的准备阶段、设计阶段、施工阶段、动用前准备阶段、保修期）的划分框架。本书在建构项目代建管理的知识体系时将借鉴这种管理框架的建构方法，将阶段性管理与职能性管理有效结合起来，以建构一个既全面又清晰的管理体系架构。

2.2.3 项目代建管理的职责范围

项目代建管理模式的构建还要建立在我国现阶段对代建制的政策落实上，项目代建制作为一种新的项目管理模式，现已经过试点阶段，走向推广阶段。但目前尚存在两方面的推行障碍：第一，适合我国国情的代建管理理论还不完善，缺乏系统化的代建管理理论指导，参与各方在实践工作中缺乏统一认识，存在责权利方面的重大分歧，从而造成制度推行的诸多障碍（各地的管理模式和管理组织形式参见第1章的研究内容）；第二，在管理实践活动中，缺乏具体的管理办法，各行各业和各级政府的要求均不统一，从而造成项目代建单位和其他参与单位对代建管理模式的重点和做法理解不一，缺乏对具体实施模式的规范化指导，实践中存在一些重大问题，让参与各方无所适从。

下面对我国主要地区的代建管理办法进行比较分析，找到其中的共性因素，作为项目代建管理体系分析的基础。我国各地的项目代建管理职责范围如表2.10所示。

表2.10 我国主要地区代建单位职责范围

各地代建制管理办法	代建单位职责范围
北京市政府投资建设项目代建制管理办法	1. 前期工作：组织编制可行性研究报告，组织开展勘察设计的招标，组织开展初步设计的编制，办理项目相关手续报批工作； 2. 实施阶段：组织施工图设计，组织施工、监理和物资采购招标，办理竣工前的各种手续，合同洽谈和签约，全过程管理，向政府报告投资计划和用款计划，组织工程验收，编制决算报告和办理资产交付手续
上海市市政工程建设管理推行代建制实行规定	1. 工程前期征地、拆迁和市政配套等的管理、协调； 2. 办理开工前所需的各种手续； 3. 组织工程设计、施工和采购招标工作； 4. 向项目法人提供全面的技术咨询服务，参与合同谈判、负责设计图纸的审查和优化； 5. 负责合同管理、组织工程建设； 6. 统一管理工程质量、进度，安全、文明施工，实施监理； 7. 编制投资计划和用款计划； 8. 审查在批准范围内的工程变更； 9. 组织竣工验收、备案、项目试运行及移交使用； 10. 开展后评估

续表2.10

各地代建制管理办法	代建单位职责范围
广州市政府投资建设项目代建制管理实行办法	1. 项目前期工作：依据项目建议书批复内容组织项目可行性研究报告的编制和报批，负责办理各种报批手续，负责其他有关前期协调工作； 2. 工程设计管理工作：负责设计的联络和协调，组织设计优化和报批，负责设计施工技术交底和技术协调，提出变更方案并报批，其他设计管理工作； 3. 组织监理、施工和采购等招标和合同起草、谈判、签约和管理工作； 4. 进度管理：编制进度总体计划并报批，实施进度计划并组织召开工程例会，按时上报有关情况； 5. 质量管理：按照规定建立质量保证体系，严格管理，对质量事故处理，组织工程验收，其他工程质量管理工作； 6. 投资管理：招标时设定投标限价，施工时严格管理，编制资金计划和支付计划，严格控制变更，其他工程投资管理工作； 7. 负责按照有关规定进行安全管理和文明施工管理； 8. 负责项目的建设档案和信息管理； 9. 负责设立项目基建专户，严格会计核算和财务管理； 10. 负责办理总体竣工验收和移交手续； 11. 负责其他代建管理工作
广东省政府投资省属非经营性项目代建管理办法（试行）	1. 依据批准的项目建议书组织开展项目可行性研究报告编制及报批工作； 2. 组织开展工程勘察、设计等招标工作，并将招投标情况和中标通知书报省代建项目管理部门备案； 3. 组织开展项目初步设计及概算的编制及报批工作； 4. 组织施工图设计文件的编制及报审工作； 5. 组织工程施工、监理和设备、材料采购招标，并将招投标情况和中标通知书报省代建项目管理部门备案； 6. 办理计划、规划、土地、拆迁、施工、环保、消防、水电、园林、绿化和市政等有关报批手续； 7. 负责工程合同的洽谈与签订； 8. 编制项目年度投资计划和年度基建支出预算，报送省代建项目管理部门和使用单位； 9. 按省发展改革部门下达的投资计划和省财政部门批准的年度基建支出预算，提出项目拨款申请送省代建项目管理部门审查后报省财政部门；代编项目年度财务决算报表，并按月向省财政部门、代建项目管理部门及使用单位报送工程进度和资金使用情况； 10. 向省建设行政主管等有关主管部门报告工程质量安全情况； 11. 组织工程中间验收和竣工验收，并将验收结果报告省代建项目管理部门； 12. 编制项目竣工财务决算报告，经省代建项目管理部门审查后报省财政部门审批。负责将项目竣工及有关项目建设的技术资料完整地整理汇编移交，并按批准的资产价值向使用单位办理资产交付手续

注意：该表罗列的是代建单位的管理职责，而不是政府代建项目管理部门的，因为这里研究的是如何做好代建管理工作，所以需要从整体上认识做好代建管理的整体模式，在此基础上再按不同参与组织的职责划分在相应管理职责上的具体分工和责任。

第2章 政府代建项目管理部门的项目监管模式

由此可以归纳出我国目前各地代建管理还是以全过程代建为主，按照实施阶段可以划分为前期管理、设计管理、招标管理、施工管理和竣工验收管理；按照管理任务可以划分为质量管理、进度管理、费用管理、安全管理、合同管理、采购管理、现场管理、信息管理、财务管理和风险管理等；按照管理职能可以划分为项目策划、项目实施、项目监控和项目收尾等。

目前，代建制的组织模式基本走向以常设组织为主的模式，即政府部门设立专门机构，将政府投资项目进行适当的集中、统一管理，从而提高政府投资项目管理的专业化水平。因为通过政府投资主管部门、建设行政主管部门、行业主管部门、使用单位或临时成立的建设机构委托社会专业化管理机构"代建"公共工程，并没有解决发包方分散的问题，各地模式不同，也限制了社会专业化管理服务市场的发育成长。因此，设立事业性质的建设管理单位，并由其作为政府投资项目建设实施阶段的责任主体和集中统一建设项目，可从根本上解决长期以来政府投资项目建设单位特别是工程发包方分散的问题：工程勘察、设计、施工和设备采购等工作或任务的发包方不再是临时性建管机构或项目使用单位，也不是投资主管部门、建设主管部门、行业主管部门或使用单位，而是由该专业化的代建机构统一全权负责。而且事业性质的建设管理单位为非营利性机构，政府可直接核定其事业经费，从而减少项目建设管理费支出；而企业性质的代建机构，需要通过实施项目管理活动获得利润，因此政府所需支付的项目建设管理费要高得多。从各地实践看，实行政府投资项目代建制的地区，绝大多数开始选择组建常设性事业单位的代建制组织方式。

各地常设政府代建项目管理部门的管理组织模式主要有两种：一种是自管模式，如安徽、深圳等地；一种是委托管理模式，如广州、厦门等地。广东省代建制的主要政府管理部门有投资主管部门、项目行业主管部门或使用单位、政府财政主管部门、政府建设行政主管部门、政府代建项目管理部门，直接相关的部门是政府投资主管部门、项目行业主管部门、使用单位、政府代建项目管理部门，一般前两者作为委托人出现，政府代建项目管理部门对其负责，并为使用单位提供监管服务。目前各地代建制实施的范围还不太确定，建议将除了一些规模较大、专业性较强的项目交给建设部门或成立专门组织负责外，其他政府所属范围内的公共建设工程都应纳入到代建制管理范畴中。同时为了提高代建管理效益，应尽可能按照全过程负责的原则从事代建管理工作。当前我国各地区政府代建项目管理部门的编制规模和组织正规化程度与发达国家和地区相比还有很大差距，普遍存在代建机构的人员规模偏小、承担的建管任务偏重的问题。建议今后应该逐步扩大代建机构人员规模，在事业经费核定上适当加大投入，使其能在自有编制不足的情况下，聘用一些非事业编制或临时性的专业项目管理人员。

各地代建项目管理办法中规定的代建管理要求主要包括履约保证金的数额，代建管理的范围，代建管理的质量、进度、投资和文明安全施工的目标，代建项目管理的服务期限，代建工作的主要内容，代建工作的其他内容等。若主要委托社会专业化管理机构（即代建单位）全权负责代建项目建设管理的话，代建单位的项目管理能力就成为保证项目成功的关键所在，如何引导和培育代建管理服务市场不断发展壮大，也成为政府部门的一项重要任务。

可通过招标采购代建评标方法中加强对管理方案和管理能力的重视，引导该类组织的发展，如根据代建管理费的投标报价、项目管理规划、项目管理机构及人员配备、类似业绩、现场答辩等设置评价指标及评分标准，并加大管理方面的权重值。对项目管理规划方案的评价，主要按照具体开展的项目管理工作所对应制定的质量管理措施、进度管理措施、投资管理措施、安全管理措施、项目管理的重点和难点进行分析及提出建议，对工作程序的合理性、管理措施的完备性和有效性、管理机构的组织形式和人员配置、承担类似项目的工程特征和管理绩效等综合加以评价。对代建单位普遍反映的代建费偏低的情况组织成本调查，根据实际情况和发展需要调整有关的取费标准，逐步使其依据管理水平和管理承诺等走向市场化。

同时，政府代建项目管理部门应加强组织监管制度和监管能力建设，指导和监督代建单位按制度和合同要求开展工作，通过有效开展检查、评审、考核、协调和相关服务等，保证代建目标的顺利完成。

2.2.4 项目代建管理模式

我国各地实施的代建组织模式的类型区分见第1章的研究内容，虽然不同代建管理的不同组织模式对各自的代建管理模式建构产生一定影响，但这里主要做一般层面代建项目管理模式的理论研究，不考虑各类组织形式的具体要求。

项目代建管理主要依托专业化的项目管理单位，工程项目管理企业不仅是承担代建项目的关键力量，其管理体系和运作模式也是其他代建项目参与各方所依据、受控的对象，代表了该行业项目管理的实际水平。但同国外所谈到的工程项目管理服务不同（也可称为工程咨询服务或顾问服务，其可以泛指接受使用单位委托所提供的所有业务类型），由于我国工程项目管理的主要业务环节归属不同的政府部门，目前对于工程项目管理服务、项目代建管理服务等具体范畴和权责还在逐步深化之中。前者侧重工程项目的实施阶段管理，归属于建设部负责；后者侧重于工程项目的全过程管理，由发改委进行规范。项目代建管理与工程项目管理服务存在一定的差异，主要包括以下几个方面：

第一，合同主体不同。在工程项目管理服务模式中，工程项目管理企业只和使用单位签订工程项目管理合同，不直接与实施单位签订合同，仅代表使用单位对工程项目的组织实施进行管理和服务，工作范围窄，承担责任小，拥有权力少；在项目代建管理服务模式中，代建人除了和使用单位签订项目代建合同外，还与实施单位签订设计、采购和施工等合同，依据合同独立开展项目管理工作，工作范围广，承担责任大，拥有权力多。

第二，决策主体不同。工程项目管理服务模式中，工程项目管理企业的主要责任是为使用单位提供合理的建议，帮助使用单位分析、提出解决问题的方法等，最终决策权掌握在使用单位手中。而项目代建管理服务模式中，代建人拥有决策权，直接管理与实施单位有关的各种事宜。

第三，使用单位参与程度不同。工程项目管理服务模式中，工程项目管理企业与使用单位共同管理项目，而项目代建管理服务模式中，使用单位方不直接参与项目管理，代建人的工作相对独立。

第四，履约保函额度不同。工程项目管理的履约保函是以工程项目管理合同的合同额为取费基数的，而项目代建管理的履约保函是以项目的总投资估算为取费基数的，两者数额相差很大。

1. 项目代建管理的体系要素

这里综合前面所阐述的6种工程项目管理模型结构提出表2.11中所示的项目代建管

第2章 政府代建项目管理部门的项目监管模式

理的体系架构,将项目代建管理划分为15个知识领域,将代建项目实施过程划分为6个阶段。

表2.11 项目代建管理的体系架构

知识领域/应用领域		项目过程与项目管理过程					
		前期阶段	设计阶段	招标阶段	施工阶段	竣工验收阶段	总结评价阶段
		启动过程、规划过程、执行过程、监控过程、收尾过程					
整体与收益管理	单个项目						
	项目集						
	项目组合						
范围管理	单个项目						
	项目集						
	项目组合						
进度管理	单个项目						
	项目集						
	项目组合						
费用管理	单个项目						
	项目集						
	项目组合						
质量管理	单个项目						
	项目集						
	项目组合						
组织与人力资源管理	单个项目						
	项目集						
	项目组合						
沟通管理	单个项目						
	项目集						
	项目组合						
风险管理	单个项目						
	项目集						
	项目组合						
采购与研发管理	单个项目						
	项目集						
	项目组合						

续表2.11

知识领域/应用领域		项目过程与项目管理过程					
		前期阶段	设计阶段	招标阶段	施工阶段	竣工验收阶段	总结评价阶段
		启动过程、规划过程、执行过程、监控过程、收尾过程					
合同管理	单个项目						
	项目集						
	项目组合						
（融资）和财务管理	单个项目						
	项目集						
	项目组合						
信息管理与制度化建设	单个项目						
	项目集						
	项目组合						
资源管理	单个项目						
	项目集						
	项目组合						
安全管理	单个项目						
	项目集						
	项目组合						
环境管理与可持续发展	单个项目						
	项目集						
	项目组合						

如果将项目代建管理体系理解为一个由许多过程模块所构成的整体，表2.11中的每个模块是依据以下条件来排列其所在位置：将每个模块划分为2个维度，第一个维度是管理活动所处的6个阶段，第二个维度是管理活动所在的15个知识领域；在此基础上，将第一维度分解为两个层次，第一层是6个项目阶段，第二层在每一个项目阶段内部又划分为5个管理过程组；将第二维度也分解为两个层次，第一层是15个知识领域，第二层在每一个领域内部又划分为3个应用领域。两个方向维度再加上每个方向的两个层次纵横相交，就构成了每个管理活动模块的属性关系，如图2.11所示。

针对所建立的项目代建管理体系架构的说明如下：

第一，该结构遵循了PMI的3个最新标准的管理体系框架，便于同国际做法保持一致并持续更新。

第二，扩展了6个知识领域，PMBOK建筑拓展增加了财务管理、安全管理、环境管理和索赔管理四个领域。索赔管理是建筑企业需要关注的一个重要的知识模块，但对项目代建单位并不是很重要，可将其纳入到合同管理部分，因此，该结构能与PMBOK的建筑拓展保持良好的衔接，便于同国际做法保持一致并持续更新。

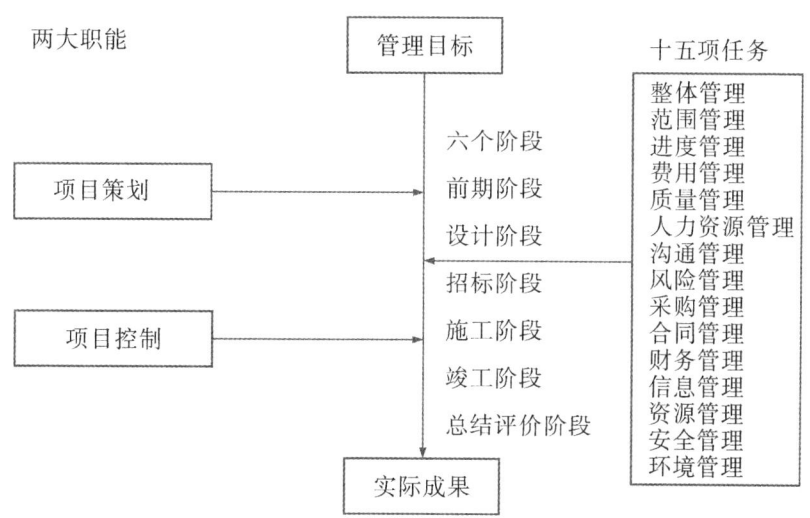

图 2.11 每个管理过程模块的属性关系示意图

第三，该结构吸收了《建设工程项目管理规范》的主要知识领域，其中整体管理在该规范的项目管理规划基础上进行一定的扩展，项目管理组织与人力资源管理在该规范的项目管理组织和项目经理责任制的基础上进行一定的扩展；取消了该规范的项目收尾管理，因为该项工作属于项目阶段工作，可安排在横向的项目过程划分上予以解决；增加了项目财务管理知识领域。

第四，该结构吸收了《建设项目工程总承包管理规范》、PMC 的知识框架、使用单位管理知识框架等观点和做法，首先由于代建管理工作阶段跨度大，管理职能的行使分散于前期、设计、招标、施工、竣工验收和总结评价等不同阶段，不像设计单位或施工单位等只从事单个阶段管理，只需强调各项管理活动开展的知识即可，故需要增加其他阶段的管理模块；本结构增加了《建设项目工程总承包管理规范》中所缺少的前期工作阶段、招标阶段和总结评价阶段的内容，因为这些工作不是工程总承包单位的职责范围，故需增加其缺少的整体管理、财务管理和风险管理等内容。

第五，该结构在以上基础上做了以下创新。

① 在整体管理的基础上引入了项目集主题管理中的收益管理模块。收益管理在这里也可命名为前期运营管理，因为目前实施的代建项目大都是投资规模巨大、建筑功能复杂的公共建筑，未来运营维护成本很高，因此如何能够制定一项对策提前选择未来运营方并让其合理参与项目决策过程，动态考虑项目收益的识别、跟踪和评估，并以此为依据在决策者之间分配责权和恰当进行工程变更决策，具有十分重要的现实意义。

② 对范围管理和整体管理在代建领域的应用的不足提出了较具体的解决方法。目前这两个部分的内容在实际编制的各种工程项目管理方案中基本上没有或不全面，如现有的代建管理方案基本没有范围管理的内容，缺乏完整的工作分解结构列表和必要的确认过程，对于整体管理采用项目策划来代替，但缺乏目标论证、计划体系设计、主计划和专项计划的衔接等重要内容。

③ 在组织管理的基础上引入人力资源管理模块。代建管理作为一项责任重大、要求

很高的专业化工作,必须由专业人士来承担主要工作,但由于历史原因,相关企业中工程项目管理能力较强和经验丰富的人才比较缺乏,这就对管理组织的建设、人员聘用、培训、考核和团队建设等工作提出了更高的要求,而目前组织策划只是简单描述项目的组织构成和一般权责,需要加强这些方面的工作。

④ 在采购管理的基础上引入了研发管理模块。调研的大量代建项目都表明了项目在实施全过程中面临很多的技术难题,代建方对此投入了巨大的精力,承担着很大责任,因此,如何将其合理地纳入项目管理体系就显得十分重要。

⑤ 引入了融资和财务管理模块。由于目前代建项目主要采用政府财政资金支付,不需考虑融资问题,这里主要对财务管理模块进行阐述。由于代建项目的资金用量很大,代建方由于忽视这一点,缺乏长远规划和必要监控措施,在实际工作中产生了很多问题,所以,代建方必须重视编制资金的预算计划和使用计划的工作,并对此过程实施必要监控。

⑥ 在信息管理的基础上引入了制度建设工作。根据前面的介绍可以知道,项目代建管理工作环节多、责任大,如何针对项目体系和工作流程进行系统分析,识别出需要建立制度的各个环节,建立起标准化和规范化的规章制度,是代建方必须完成的一项重要工作。

⑦ 在环境管理的基础上引入了可持续发展理念。可持续发展是指项目既能满足现在的需要,也能适应未来发展的要求,项目代建管理组织在进行项目管理时,也应考虑项目可持续发展方面的要求。如对项目的社会效益、生命周期、经济效益、资源利用情况、可改造性、对环境的影响、科技进步和可维护性等进行研究,以建立和实现项目可持续发展目标。

综上所述,本书所建构的项目代建管理体系架构由6个阶段管理模块和15项管理任务模块组成,如果编制成项目代建管理策划文件,可以划分成21个章节进行描述。针对数量过多的问题,该结构重点着眼于从理论角度建构一个较完善的体系,并与国际上通行的理论和做法保持协调,方便理解和根据需要进行扩展深化;在代建管理实践工作中,各类组织可以根据具体需要对该框架进行必要的删改和补充,建立一个更为简单、实用的框架,如针对安全、环境、资源等知识模块,由于代建人处于总控的地位,主要是制定相关政策,并在招标文件和合同文件中体现出来,重点是由承包人组织落实,代建人只需在重要环节加强监控即可,这些内容就可以适当地进行合并和简化,如安全和环境管理就可以合并为一个模块,资源管理和采购管理也可以合并为一个模块,也可以将部分管理任务模块并入实施阶段模块中。

下面分别针对每个项目管理知识模块的具体工作进行分析,给出项目代建管理知识体系的具体管理工作描述。需要强调的是,由于项目组合管理在代建管理中的应用模式尚不清晰,所以对项目组合管理工作仅作简单描述;由于代建管理单位同时承担的代建项目有限,代建项目之间的逻辑关联不强,目前项目集管理还没有被整合进项目代建管理体系中,因此,以下重点针对单个代建项目管理体系的具体工作进行描述,以后可以根据组织项目管理的需要扩展到项目集和项目组合两个领域。

2. 项目代建管理的过程模块

基于以上所建构的项目代建管理知识框架,将每一个需要开展的管理领域单列开来进行研究,建立各自的管理目标、组织、过程、流程、制度、技术和文档等实施性细则,从

而形成项目代建管理理论模式的管理手册(使用手册、使用或实用规程或指南)。不同知识领域的管理过程模块主要有:

① 整体管理与收益管理知识领域的管理过程模块;
② 范围管理知识领域的管理过程模块;
③ 进度管理知识领域的管理过程模块;
④ 费用管理知识领域的管理过程模块;
⑤ 质量管理知识领域的管理过程模块;
⑥ 组织与人力资源管理知识领域的管理过程模块;
⑦ 沟通管理知识领域的管理过程模块;
⑧ 风险管理知识领域的管理过程模块;
⑨ 采购与研发管理知识领域的管理过程模块;
⑩ 合同管理知识领域的管理过程模块;
⑪ 融资与财务管理知识领域的管理过程模块;
⑫ 信息管理与制度化建设知识领域的管理过程模块;
⑬ 资源管理知识领域的管理过程模块;
⑭ 安全管理知识领域的管理过程模块;
⑮ 环境管理与可持续发展知识领域的管理过程模块。

3. 项目代建管理体系策划模型

在以上研究的基础上,结合国家颁布的相关标准与项目代建管理实践做法建立的项目代建管理体系策划模型如图 2.12 所示,具体内容见表 2.12。

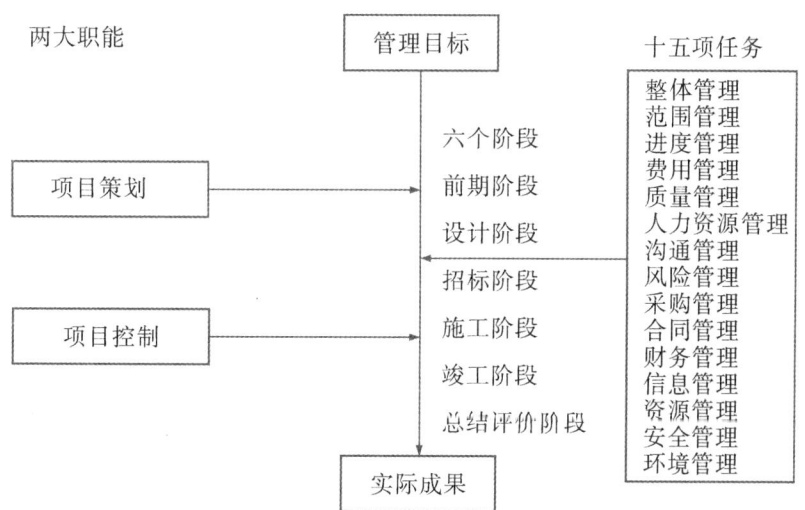

图 2.12　项目代建管理体系策划模型

表 2.12 项目代建管理体系策划的主要内容

项目实施过程	项目策划		项目控制	
1. 前期阶段； 2. 设计阶段； 3. 招标阶段； 4. 施工阶段； 5. 竣工阶段； 6. 总结评价阶段	1. 整体策划； 2. 范围策划； 3. 进度策划； 4. 费用策划； 5. 质量策划； 6. 人力资源； 7. 沟通策划； 8. 风险策划；	9. 采购策划； 10. 合同策划； 11. 财务策划； 12. 信息策划； 13. 资源策划； 14. 安全策划； 15. 环境策划	1. 整体控制； 2. 范围控制； 3. 进度控制； 4. 费用控制； 5. 质量控制； 6. 人力资源； 7. 沟通控制； 8. 风险控制；	9. 采购控制； 10. 合同控制； 11. 财务控制； 12. 信息控制； 13. 资源控制； 14. 安全控制； 15. 环境控制

这里只是提供一个从事项目代建管理策划的基本框架，以理解项目代建管理各个要素之间的逻辑关系，具体策划文件的编制可以将三个部分之间的内容综合起来组合成不同的章节，以满足实际策划的需要，其中每项工作的具体内容可参照表 2.13 的内容进行扩展深化。

表 2.13 项目代建管理的知识框架

知识领域/ 应用领域		项目过程与项目管理过程					
		前期阶段	设计阶段	招标阶段	施工阶段	竣工验收阶段	总结评价阶段
		启动过程、规划过程、执行过程、监控过程、收尾过程					
整体管理	单个项目	项目管理计划	执行计划、整体监控、变更控制				
	项目集	收益管理					
	项目组合	战略评估	战略变更				
范围管理	单个项目	范围规划	范围核实、范围控制				
	项目集						
	项目组合						
进度管理	单个项目	进度计划编制、实施与控制					
	项目集						
	项目组合						
费用管理	单个项目	费用估算	费用计划		费用控制		
	项目集						
	项目组合						
质量管理	单个项目	质量计划	质量控制、质量改进				
	项目集						
	项目组合						

第 2 章　政府代建项目管理部门的项目监管模式

续表 2.13

知识领域/应用领域		项目过程与项目管理过程					
		前期阶段	设计阶段	招标阶段	施工阶段	竣工验收阶段	总结评价阶段
		启动过程、规划过程、执行过程、监控过程、收尾过程					
组织与人力资源管理	单个项目	项目经理部组建、人力资源规划	项目团队建设、绩效考核				
	项目集						
	项目组合						
沟通管理	单个项目	沟通规划	信息发布、利害关系者管理、绩效报告				
	项目集						
	项目组合						
风险管理	单个项目	风险识别、风险评估、风险响应	风险控制				
	项目集						
	项目组合						
采购管理	单个项目	采购规划、发包规划、研发计划	采购控制、研发计划的实施与控制				
	项目集						
	项目组合						
合同管理	单个项目	招标和签约阶段的合同管理	履约阶段的合同管理、合同收尾				
	项目集						
	项目组合						
财务管理	单个项目	财务规划	财务监督与控制、经济效益分析				
	项目集						
	项目组合						
信息管理与制度化建设	单个项目	信息管理计划、信息管理系统、制度化建设方案	文件管理、信息安全管理、制度的实施与控制				
	项目集						
	项目组合						
资源管理	单个项目	资源管理计划	资源管理计划的实施与控制				
	项目集						
	项目组合						

53

续表 2.13

知识领域/应用领域		项目过程与项目管理过程					
		前期阶段	设计阶段	招标阶段	施工阶段	竣工验收阶段	总结评价阶段
		启动过程、规划过程、执行过程、监控过程、收尾过程					
安全管理	单个项目	安全管理计划	安全管理计划的实施、安全检查与控制、安全事故处理				
	项目集						
	项目组合						
环境管理与可持续发展	单个项目	环境保护计划、可持续发展规划	环境计划的实施与监督、可持续发展规划的实施				
	项目集						
	项目组合						

2.3 政府代建项目管理部门的管理模式构建

政府代建项目管理部门的管理模式应当建立在对项目整体组织结构各层次参与单位的权责划分、整体与个体目标、监控关系、工作关系、制约条件、工作流程、沟通安排、合同与信息管理等诸多因素的准确和完整的认知与把握上。

由于课题研究范围的限制，这里不准备将该项分析扩展过多，仅在三个层面进行研究，一个是对项目代建管理各层级参与组织的责权分析，另一个是在此基础上明确政府代建项目管理部门在代建管理工作中的具体位置，三是将此位置中应负有的责任与前面建立的项目代建管理模式中的相应管理工作建立对应的关系，明确政府代建项目管理部门应开展的具体管理工作和工作要点。

2.3.1 项目代建参与各方的组织关系研究

1. 政府发包层面的组织关系分析

代建制下，代建单位替代政府机构成为政府投资项目的负责单位，但代建单位毕竟是市场主体，以追求利益最大化为目标，代建单位掌控的项目范围越大、程度越深，政府相关部门对代建项目的监控和参与也会随之而减少、减弱，因此造成极大的信息不对称，可能会造成代建单位与政府博弈，产生各种道德风险，从而损害公共利益。由此有效的组织方式、监管机制和防范信息失灵的机制，是代建制实施获得良好效果的保障。这就涉及使用产权理论、委托代理理论、沟通与信息理论等分析代建制的组织方式、监管机制、信息沟通机制等，从而在法律规定、合同约定、政府监督和市场调节等层面建立相应的调节和监督机制，以保障该制度的有效运行。这里不打算对上述问题做理论上的深入分析，仅介绍一下相关理论的分析结论。

代建制下的产权关系是政府投资部门享有资金分配权和投资的监督权，代建单位获得

第2章 政府代建项目管理部门的项目监管模式

资金使用权，使用单位基于所有权人的身份获得使用权，财政部门拥有资金支付的控制权，建设部门具有行业监管权，其他如劳动、环境、国土资源等职能部门具有相应的审批和监督权，审计和监察机关具有法律规定的监督权等。使用单位不再享有公共资金的使用权，代建单位拥有公共资金的使用权，但没有占有权，公共资金的占有权归财政部门掌控，实行国库直接分批支付制度，有助于监督资金的合理使用，投资主管部门、代建项目管理部门、建设部门、审计部门等基于自身职能从不同角度对项目的实施过程进行监督。因此，代建制下的产权分配较均衡，形成了良好的制约机制。

代建单位是借助于市场形式参与到政府工程中的，在现有法律框架和政府行政监管体制下，市场运行层面的问题必须主要依靠市场机制加以解决，虽然各地方的代建管理办法都明确了代建单位的责权，但都是原则层面的，而不是操作层面的，具体权责的分配必须依靠代建合同加以明确。而且需要通过投资部门、代建项目管理部门、项目使用部门、财政部门和建设部门等对国有资产行使主要管理权力的部门基于产权的拥有、使用、管理和监督等的利益制衡机制，协商制定代建合同的合同主体、合同责权、任务分工、奖罚措施等的原则条款，如政府代建项目管理部门接受投资主管部门的委托开展代建项目实施及其监管工作，并不影响投资主管部门的决策权，其对代建项目管理部门还是拥有监督、在一定程度上参与并提供投资管控建议和相关服务的责权。政府代建项目管理部门作为代建项目的实施和监督部门，负责代建单位的选择和全过程监控，则应建立完善的组织机构和管理能力，明确部门职责，建立监管的实施程序，完善相关制度，信息公开，接受社会监督等，其他相关部门的责权等都需要按此原则加以细化和明确，使产权的关键部门承担起应该由其行使的责权，防止责任不清和推诿塞责，同时建立起相关的配套制度，以保证责权的落实。

代建管理属性是提供工程项目管理服务，代建合同属于委托合同，这就产生了委托和代理的法律关系。对于前期代建、实施期代建和全过程代建三种模式，参与环节时间越靠前，有关项目的技术经济等信息就越不完全，同时不同主体之间的信息也存在不对称的问题，在这一前提下，各方不可能做出最优选择，而处于信息优势的代理人则可能基于自身利益最大化的企图损害委托人的利益。这里主要分析政府项目代建管理部门与代建单位之间的委托代理关系。这一层关系的重点在于如何建立对代建单位的经济行为、管理行为和其他经营行为的信息采集制度，以减少信息的不完全和不对称的问题出现，以及设计合理的奖罚机制和有效的监督机制，当然这三者的制度安排是紧密相关的。代建项目管理部门、项目使用单位和代建单位的主体关系分析见表2.14。

表2.14 代建项目管理部门、项目使用单位和代建单位的主体关系分析

	代建项目管理部门	项目使用单位	代建单位
优劣势	具有政策、权力和协调层面的优势；缺乏项目管理能力，无法实施对项目的有效监控	具有项目运营方面政策、权力和专业层面的优势，熟悉项目市场和功能；缺乏项目管理能力	具有较强的项目管理能力和相关专业背景；身份不清、权责不明，系统整合能力可能不足，过于强调投资控制
期望	投资少、工期短、保证质量	功能配置合理、运营成本低	报酬合理、较低风险、必要权力

续表2.14

	代建项目管理部门	项目使用单位	代建单位
责权	审批管理方案,审核资金使用计划,审查工程变更,监督代建单位,保证工程款按期支付	提出使用功能要求,协助配合并参与监督代建单位的工作,参与工程验收,负责接收竣工建筑物及其使用和维护	对项目前期、建设期实施全过程管理,维护投资人利益,接受其监督,确保投资项目目标顺利实现

在监督方案设计时需要注意的问题及其对策包括以下几个方面:

① 信息不完全和不对称的问题:建立信息披露制度、对提供不实信息的处罚制度、信息交流的标准化和信息化制度等,根本办法是通过主动参与、扩大信息来源、强化虚假信息的识别机制等予以防范。

② 代建单位的信用和实力不足的问题:建立代建单位准入制度,包括资质等级制度、登记备案制度、市场退出制度、信用考核和公开制度、社会举报制度、使用单位的监督制度等。

③ 代建单位与其他参与单位串通的行为:这是实际工作中监督防范的重点,防止代建单位与设计单位、施工单位和供货单位等串通,谋取非法利益。可通过严格信息申报制度、审核制度、变更的咨询和评议制度、资金支付制度、举报制度和处罚制度等加以防范,重点在于政府监管机构应当制定严格的监管方案,熟悉项目监控的重点,基于此开展对应的检查、评议和审核工作,对于由代建单位负责招标采购的部分应严格采购制度,必要环节介入,加强监督检查等予以防范。

④ 代建单位管理方案和执行效果不规范的问题:我国代建单位工程管理的组织和能力建构还很不健全,无法或不愿尽职尽责地完成本职工作,同时其为了实现投资限额和提取结余奖励,也存在压低造价和降低质量标准等问题。这就要求在招标文件、评标组织、代建合同、信用担保、过程监管等方面建立相关制度,重点是对招标文件中代建管理方案制定的合理性、方案执行的有效性、存在问题的及时性等加以控制。

2. 工程发包层面的组织关系分析

目前制度规定,这一层面的组织关系由代建单位负责组织建立,主要包括与设计单位、监理单位、供货单位、承包单位等的关系,可以采用不同类型的工程总承包、设计或施工总承包等承发包模式进行。代建单位和相关主体之间的组织关系分析如表2.15、表2.16所示。

表2.15 代建单位与监理单位主体关系分析

	代建单位	监理单位
优劣势	具有项目整体控制与项目整体协调能力;缺乏对项目现场细部监督的能力	具备对项目现场施工的监督、协调能力;缺乏对本项目特殊专业的监督经验和外部协调能力
期望	及时获得用于决策的信息,保证现场施工的顺利进行	合理的报酬、参与特殊专业论证研讨,获得代建单位的必要协助
责权	对监理单位上报的诸事项进行审核,协助监理单位的相关工作	具有对项目现场管理、资金使用的监督权和一定的确认权

表2.16 代建单位、施工总承包单位和设计单位的主体关系分析

	代建单位	施工总承包单位	设计单位
优劣势	掌握全局、总体策划与协调能力强;缺乏对实现过程的细部控制,参与单位之间的协调环节多、专业性强、难度大	具有施工策划、实施和控制能力;关注自身利益、对设计意图理解和工程变更缺乏有效控制手段,资源、组织、专业和工作界面复杂	熟悉国家相关标准,工程设计理解全面,具有较强设计问题解决能力;缺乏施工经验和协调职责,对施工和变更影响考虑不多
期望	项目实施单位按预定计划顺利进行,减少自身风险	合理收益,施工的良好组织以及较低的施工风险	合理收益,设计质量和进度保障,较低的设计风险
责权	承担项目整体策划、组织和控制责任,维护投资人利益,具有选择和管理项目实施参与单位的权力	按合同负责项目的设计施工和材料采购等工作,对工程的进度、费用和质量向代建单位负责	设计方案及其变更,满足使用单位需求,设计方案落实,具有设计自主权和一定的技术指导权

这里对代建单位与下层组织关系的合理性不做深入讨论,下面仅强调一下政府代建项目管理部门在其中的作用。

代建项目的成败虽然取决于建设管理主体的管理成效,但这需要落实到具体的可行性研究、设计、物资采购、施工生产、验收和试运行等建设活动上才能真正发挥成效。因此,政府项目代建项目管理部门必须加强对这一层面的监督工作。

主要存在的问题包括以下几个方面。

① 关于监理单位的选择和监管问题:现在诸多的"小使用单位、大社会"类型的组织模式讨论,都把大社会的重点放在监理单位身上,这是由于监理单位在现场的一线管理位置所决定的。现阶段代建单位从事现场管理包括办理其他诸多事务均在很大程度上借助于监理单位的力量,监理单位掌握着大量与项目有关的确切信息,也对保障工程设计和实体质量具有关键性的影响,由于是代建单位选择监理单位,政府代建项目管理部门很难从监理单位处获得各种有效的监管信息。最好的解决办法是由政府代建项目管理部门选择监理单位或签订三方监理合同,其次是建立与监理单位的沟通渠道,要求监理单位定期直接上报政府部门所需的监管信息,及时掌握准确的项目信息。

② 关于设计单位的选择和监管问题:设计变更是造成功能缺陷和投资失控的主要原因,政府代建项目管理部门如果忽视对设计单位的选择和监管,就无法真正掌控项目。政府监管部门在关键环节,如设计招标、设计方案评审、设计变更审核等环节加强控制,除了配置必要的专业人员以外,可建立专家数据库,借助于外部专家的力量做好相应工作。

③ 关于供货单位的选择和监管问题:物资采购的品种多、资金量大、采购分散,是容易出现监管失控和贪污腐败的重要环节,政府代建项目管理部门应采取制定严格的采购制度、制定防范措施、参与关键环节进行监督等措施加以防范。

④ 关于承包单位的选择和监管问题:工程承发包工作的好坏是对工程质量、投资、进度、安全等的关键影响因素,政府代建项目管理部门应当要求代建单位制定完善可靠的

工程承发包制度，并对相关的招标环节和履约环节实施必要的监管，以督促代建单位加强相关工作，防范相关问题的出现。

2.3.2　政府代建项目管理部门的管理定位

基于以上两个层面的理论分析，政府代建项目管理部门应重点监控与代建单位之间的责权关系，适度介入代建单位与下层单位之间的权责关系，严格制度、重在参与、掌控信息、发现问题、督促改进。下面以广东省代建项目管理局为例进行探讨分析。

1. 管理定位的政策依据

粤府〔2006〕12号和粤府函〔2009〕96号两份文件是广东省代建项目管理局开展工作的政策依据。

《关于完善省属非经营性项目代建制的意见》除了划分清楚有关的责任事项以外，针对政府代建项目管理部门还强调了以下管理要求。

① 建立政府投资管理的长效机制，改善建设实施方式，改革与代建制不相适应的各种管理体制和运行机制，加强代建项目实施的管理和监督，完善落实省代建项目管理局的协调管理职责，不断改进工作方法，加强部门协调配合，认真总结工作经验，采取有效措施解决好代建项目实施中出现的问题。

广东省代建项目管理局作为项目代建的政府主管部门，第一点是明确了本部门在代建制发展中的重要地位，建立和完善相关制度和管理体系成为本部门的重要管理职责。

② 项目代建期间，由省代建局和代建单位履行传统意义上的项目建设单位的建设管理职责。除明确赋予代建单位的权利和义务外，代建单位的其他权利与义务由省代建局通过合同方式与代建单位约定。

第二点针对12号文没有明确的具体责权事项，给予广东省代建项目管理局细化和制定相关政策的权力，容易造成职责不清，无法界定管理责任。

③ 省代建局要加强专业管理力量，不断完善内部监督机制，提高协调管理工作水平和效率。

第三点对广东省代建项目管理局的发展提出了管理要求。

④ 充实完善代建招标文件及代建合同内容，进一步完善代建单位招标文件，尽快出台代建单位招标管理办法。进一步充实完善代建合同内容，细化代建合同条款，确保代建合同双方责任清晰等。

第四点对广东省代建项目管理局需要开展的重点工作做出了布置安排。

⑤ 省有关部门要按照职能分工，加强代建项目招标投标、资金拨付、质量管理等重要工作环节的监督。省代建局和代建单位要加强与有关部门的衔接沟通，主动接受监督，及时通报情况。省监察厅要对相关政府部门依法履行职责情况加强监督检查，督促建立工作责任制和责任追究制度。省重大项目监察特派员办公室要加强代建项目实施的动态监测，按季度向有关部门报告代建项目实施进展情况，加强代建项目实施建设过程的检查和监督。

第五点对相关部门的管理责权也提出了要求，但强调了协调沟通的主体还是广东省代建项目管理局，并对其责任的履行确立了监督和责任追究制度，因此，本部门落实监管责任、加强能力建设已经成为当前急需完成的首要任务。

2. 管理定位的行动框架

基于以上分析,以下内容是在一般层面上提出组织管理工作开展的行动框架。管理实践中,没有解决不了的问题,只有怠于思考和懒于行动。

① 基于部门职能定位,建立组织的远景和中长期的发展目标,基于各处室的职责进行目标分解制定各处室的目标体系文件。

② 基于过程管理理念,各处室建立完成目标的工作组织方式和业务流程,识别工作重点。

③ 基于系统管理思想,认识到开展工作所需的各类管理要素,如人力、制度、技术、协调、能力、条件等,统筹考量、系统设计,制定行动方案。

④ 持续改进,在实践中不断发现问题、观察其成因、学习、思考、讨论、决策,制定改进方案。

3. 管理定位的主要任务

主要包括组织与制度建设、代建项目监管两个层面的主要任务,这两个层面的工作也是相互交融的。

① 组织与制度建设。根据广东省代建项目管理局职责定位的政策依据,这一部分的主要任务包括建立适合代建项目监管的组织队伍,包括各部门的责权划分、岗位编制、工作制度和考核办法等。这里强调的制度建设除了部门内部的岗位工作制度以外,主要是指在政府层面和代建项目层面明确本单位的管理范畴、管理权责和协调方式等的制度,虽然省府的两个文件已有相应的规定,但需要根据实际出现的问题和未来需要在现有框架内细化和拓展有关规定,以满足实际工作的需要。因为不属于研究范围,这里不对其进行深入讨论。

② 代建项目监管任务。这项任务把需要开展的工作限制在两个方面,一个方面是基于项目管理框架,无论是对一系列项目(项目集或项目组合)还是单个项目,研究本单位监管好具体项目的实施需要开展的管理工作,管理工作的要点在于识别和建立监控体系、明确监控要点、制定监控方案、落实监控资源、展开监控活动;另一方面是作为监管部门,不从事具体的项目管理工作,只是对相关机构管理开展工作的体系建构、管理方案策划和行动落实成效进行监督,其中的要点就是建立相关标准来约束参与单位的这些工作,并结合标准要求对建构的体系、策划的方案和执行的成效进行检查,以保证相关方的工作按要求进行,成果满足预期要求。

因为代建项目监管任务是本书讨论的重点,虽然上面将其划分为两个方面的工作,但在识别以上两个方面的具体工作时应该遵循这样的认识顺序:首先,全面认识代建项目管理的整体模式框架,即代建单位采取哪种模式开展代建项目管理,才能完成设定的项目目标和符合现有的制度和管理规范,即认知力和判别力;其次,针对分析得出的代建项目管理的重点环节和主要影响因素,完善监管体系,制定监管目标和监管规划,开展监管活动;最后在其间需要制度和标准管控,如流程标准化、文件标准化、工作标准化等,按照实际需要制定相关准则,然后颁布施行,即行动力和创新力。

2.3.3 政府代建项目管理部门的管理工作

下面结合表2.13归纳的代建项目管理知识体系框架以及表2.6~表2.9的几个工程

项目管理标准所划分的管理过程，简要归纳出广东省代建项目管理局的管理模块和主要管理工作，但这里不做解读，具体工作可以结合部门职责由各部门详加制定。关于项目建设的管理工作在后面内容中再进行具体划分。

这里强调一下解读的原则，上面提到的代建监管的两个方面的任务，一是在理解代建单位管理模式的基础上建立自身在代建项目管理中的监管体系和监管工作；二是针对其中需要规范的工作、程序、文件等对相关要求、做法、格式等制定相应的制度和标准。

针对下面模块所列出的管理过程，可以做如下解读：第一，解读每个管理模块的开展对代建项目管理的重要作用，以及其实现的具体形式和较好的实现方法，从而找到做好代建管理的要点所在；第二，在识别的要点上进行第二层解读，即在识别的管理要点上如何开展监管活动，包括监管工作、监管流程、监管体系、监管方式方法和监管文件格式等的确立；第三，为保证监管效果，需要针对有关监管对象、工作、流程、做法和文件等制定相应的制度和规范。

1. 整体管理模块的管理工作

整体管理模块的管理活动如表 2.17 所示。

表 2.17 整体管理与收益管理领域的管理活动

知识领域/应用领域		项目过程与项目管理过程					
		前期阶段	设计阶段	招标阶段	施工阶段	竣工验收阶段	总结评价阶段
		启动过程、规划过程、执行过程、监控过程、收尾过程					
整体管理	单个项目	项目管理计划	执行计划、整体监控、变更控制				
	项目集	收益管理					
	项目组合	战略评估	战略变更				

2. 范围管理模块的管理工作

范围管理模块的管理活动如表 2.18 所示。

表 2.18 范围管理领域的管理活动

知识领域/应用领域		项目过程与项目管理过程					
		前期阶段	设计阶段	招标阶段	施工阶段	竣工验收阶段	总结评价阶段
		启动过程、规划过程、执行过程、监控过程、收尾过程					
范围管理	单个项目	范围规划	范围核实、范围控制				
	项目集						
	项目组合						

3. 进度管理模块的管理工作

进度管理模块的管理活动如表 2.19 所示。

第2章 政府代建项目管理部门的项目监管模式

表2.19 进度管理领域的管理活动

知识领域/应用领域		项目过程与项目管理过程					
		前期阶段	设计阶段	招标阶段	施工阶段	竣工验收阶段	总结评价阶段
		启动过程、规划过程、执行过程、监控过程、收尾过程					
进度管理	单个项目	进度计划编制、实施与控制					
	项目集						
	项目组合						

4. 费用管理模块的管理工作

费用管理模块的管理活动如表2.20所示。

表2.20 费用管理领域的管理活动

知识领域/应用领域		项目过程与项目管理过程					
		前期阶段	设计阶段	招标阶段	施工阶段	竣工验收阶段	总结评价阶段
		启动过程、规划过程、执行过程、监控过程、收尾过程					
费用管理	单个项目	费用估算	费用计划		费用控制		
	项目集						
	项目组合						

5. 质量管理模块的管理工作

质量管理模块的管理活动如表2.21所示。

表2.21 质量管理领域的管理活动

知识领域/应用领域		项目过程与项目管理过程					
		前期阶段	设计阶段	招标阶段	施工阶段	竣工验收阶段	总结评价阶段
		启动过程、规划过程、执行过程、监控过程、收尾过程					
质量管理	单个项目	质量计划			质量控制、质量改进		
	项目集						
	项目组合						

6. 组织与人力资源管理模块的管理工作

组织与人力资源管理模块的管理活动如表2.22所示。

表 2.22　组织与人力资源管理领域的管理活动

知识领域/应用领域		项目过程与项目管理过程					
		前期阶段	设计阶段	招标阶段	施工阶段	竣工验收阶段	总结评价阶段
		启动过程、规划过程、执行过程、监控过程、收尾过程					
组织与人力资源管理	单个项目	项目经理部组建、人力资源规划	项目团队建设、绩效考核				
	项目集						
	项目组合						

7. 沟通管理模块的管理工作

沟通管理模块的管理活动如表 2.23 所示。

表 2.23　沟通管理领域的管理活动

知识领域/应用领域		项目过程与项目管理过程					
		前期阶段	设计阶段	招标阶段	施工阶段	竣工验收阶段	总结评价阶段
		启动过程、规划过程、执行过程、监控过程、收尾过程					
沟通管理	单个项目	沟通规划	信息发布、利害关系者管理、绩效报告				
	项目集						
	项目组合						

8. 风险管理模块的管理工作

风险管理模块的管理活动如表 2.24 所示。

表 2.24　风险管理领域的管理活动

知识领域/应用领域		项目过程与项目管理过程					
		前期阶段	设计阶段	招标阶段	施工阶段	竣工验收阶段	总结评价阶段
		启动过程、规划过程、执行过程、监控过程、收尾过程					
风险管理	单个项目	风险识别、风险评估、风险响应	风险控制				
	项目集						
	项目组合						

9. 采购与研发管理模块的管理工作

采购与研发管理模块的管理活动如表 2.25 所示。

第 2 章 政府代建项目管理部门的项目监管模式

表 2.25 采购与研发管理领域的管理活动

知识领域/ 应用领域		项目过程与项目管理过程					
		前期阶段	设计阶段	招标阶段	施工阶段	竣工验收阶段	总结评价阶段
		启动过程、规划过程、执行过程、监控过程、收尾过程					
采购与研发管理	单个项目	采购规划、发包规划、研发计划	采购控制、研发计划的实施与控制				
	项目集						
	项目组合						

10. 合同管理模块的管理工作

合同管理模块的管理活动如表 2.26 所示。

表 2.26 合同管理领域的管理活动

知识领域/ 应用领域		项目过程与项目管理过程					
		前期阶段	设计阶段	招标阶段	施工阶段	竣工验收阶段	总结评价阶段
		启动过程、规划过程、执行过程、监控过程、收尾过程					
合同管理	单个项目	招标和签约阶段的合同管理				履约阶段的合同管理、合同收尾	
	项目集						
	项目组合						

11. 财务管理模块的管理工作

财务管理模块的管理活动如表 2.27 所示。

表 2.27 财务管理领域的管理活动

知识领域/ 应用领域		项目过程与项目管理过程					
		前期阶段	设计阶段	招标阶段	施工阶段	竣工验收阶段	总结评价阶段
		启动过程、规划过程、执行过程、监控过程、收尾过程					
财务管理	单个项目	财务规划	财务监督与控制、经济效益分析				
	项目集						
	项目组合						

12. 信息与制度化管理模块的管理工作

信息与制度化管理模块的管理活动如表 2.28 所示。

表 2.28 信息管理与制度化建设领域的管理活动

知识领域/应用领域		项目过程与项目管理过程					
		前期阶段	设计阶段	招标阶段	施工阶段	竣工验收阶段	总结评价阶段
		启动过程、规划过程、执行过程、监控过程、收尾过程					
信息管理与制度化建设	单个项目	信息管理计划、信息管理系统、制度化建设方案	文件管理、信息安全管理、制度的实施与控制				
	项目集						
	项目组合						

13. 资源管理模块的管理工作

资源管理模块的管理活动如表 2.29 所示。

表 2.29 资源管理领域的管理活动

知识领域/应用领域		项目过程与项目管理过程					
		前期阶段	设计阶段	招标阶段	施工阶段	竣工验收阶段	总结评价阶段
		启动过程、规划过程、执行过程、监控过程、收尾过程					
资源管理	单个项目	资源管理计划	资源管理计划的实施与控制				
	项目集						
	项目组合						

14. 安全管理模块的管理工作

安全管理模块的管理活动如表 2.30 所示。

表 2.30 安全管理领域的管理活动

知识领域/应用领域		项目过程与项目管理过程					
		前期阶段	设计阶段	招标阶段	施工阶段	竣工验收阶段	总结评价阶段
		启动过程、规划过程、执行过程、监控过程、收尾过程					
安全管理	单个项目	安全管理计划	安全管理计划的实施、安全检查与控制、安全事故处理				
	项目集						
	项目组合						

15. 环境管理与可持续发展模块的管理工作

环境管理与可持续发展模块的管理活动如表 2.31 所示。

表 2.31 环境管理与可持续发展领域的管理活动

知识领域/ 应用领域		项目过程与项目管理过程					
		前期阶段	设计阶段	招标阶段	施工阶段	竣工验收阶段	总结评价阶段
		启动过程、规划过程、执行过程、监控过程、收尾过程					
环境管理与可持续发展	单个项目	环境保护计划、可持续发展规划	环境计划的实施与监督、可持续发展规划的实施				
	项目集						
	项目组合						

2.4 结论

本章重点对一般项目管理和工程项目管理的各种管理模式进行比较研究，提出了代建管理的理论模型，希望通过该模型建立起对代建项目管理体系建构的理解，能够把握开展代建项目管理的重点；然后分析代建管理的两层组织关系和广东省政府对省代建项目管理局的政策要求，目的在于根据广东省的代建制度环境和广东省代建项目管理局自身特点建立起具有针对性的广东省代建项目管理局代建项目监管规范（当然由于实际情况的限制，还远没达到这一程度）。

因此可见，代建单位的代建项目管理规范和政府代建项目管理部门的代建项目监管规范是开展具体分析的认识基础，这两个规范与现实结合得越紧密、编制得越合理、条文越规范，则对管理实践的认识和指导就会越深刻、越顺畅。

虽然本章的分析方法和研究成果还有些粗糙，并存在一定缺陷，还不能与政府代建项目管理实践建立直接的对应关系，但其能够为后面两章的研究工作提供理论认识上的准备，便于建立后续研究的系统认识结构。

第3章 政府代建项目管理部门的四大目标监管模式

3.1 引言

综合前面的研究,代建项目的整体目标是通过政府监管方的项目监管体系、代建方的项目管理体系和实施层的项目管理体系三个层次逐级予以保障实现,如图3.1所示,双向实箭杆表示指令型的控制和汇报关系,双向虚箭杆表示监管型的控制和汇报关系。

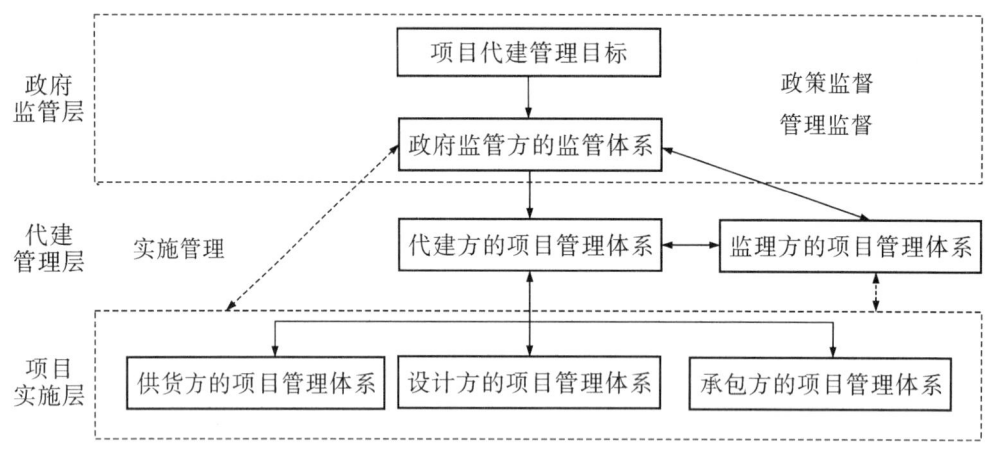

图 3.1 代建项目管理系统模式

由图3.1可知,代建项目包括政府监管层、代建管理层和项目实施层(工程承发包层)等三层管理主体,只有三层主体各安其位、各尽其责、各管其事,项目代建管理目标才能有效实现。前一部分的研究已经构建了政府代建项目管理部门监管体系的整体框架,这里不准备进行全局跨度的细部研究。这一部分主要研究政府代建项目管理部门的投资、质量、进度和安全四大目标管理体系模式的构建,重点放在责任体系、过程体系和文件体系的构建上。

这一部分主要针对以下三项内容进行阐述:
① 四大目标监管体系框架;
② 四大目标监管体系的策划;
③ 四大目标监管体系的实践。

3.2 四大目标监管体系框架

传统的工程项目管理理论和实践一般定位为"三控制、两管理、一协调",也就是开展"质量、进度、成本三大目标控制,合同、信息两项管理,一项沟通协调"六项管理活动。这是一种经验性的提法,在实践中存在管理展开思路不清、系统建构不足、管理流程不畅、管理技术缺乏等诸多问题。这里首先阐释项目管理体系的建构机理,然后结合建构机理提出的分析方法对四大目标监管体系的组成、组成要素及其关系机理进行研究,最后提出构建四大目标监管体系应开展的主要工作及工作流程分析框架。

3.2.1 项目管理体系的建构机理

工程项目管理体系是以工程项目为管理对象而建立的管理体系。其包含了工程项目管理理论与实践所需的全部要素,是项目管理所需的目标、过程、程序、资源、环境、制度和方法等的总和。四大目标监管体系的建立和运行的基本形式和实现模式应建立在识别管理要素和建立整体结构的基础上。

这里通过对管理体系构建的思路、工作流程和技术方法的阐释和应用,建立四大目标监控体系的建构思路。

1. 项目管理体系的建构思路

管理活动的开展主要是依照确定意图、制定方案、配置资源、落实行动、检查调整等环节展开。这容易给我们造成一个假象,即工作是事前已经确定、安排好的,只要做好本职工作,一切就万事大吉了。但仔细思考一下就会发现以上工作首先需要找到目标,而要找到目标就需要跟利害相关人沟通,要沟通就要开展信息交流,沟通是建立在技术、经济等要素的方案落实上,方案的确立还要经过各种评估,投入各种资源;具体工作的开展需要组织过程,安排得力的人手采取行动,还要考虑环境因素的制约和不确定性,讲求工作和人员之间的协作配合,采取奖罚措施,等等。如何系统地考虑和落实这些因素呢?管理体系给我们提供了一种系统认知和解决以上问题的原理和方法。

前一部分提出的一般项目管理模式、工程项目管理模式和代建项目管理模式就体现了对不同类型项目的系统认知和实践方式。对管理模式的理解包括理论模式和实践模式两个层面,理论模式也可成为知识体系,其包含了该行业领域已经被普遍接受和应用的理念、实践、工具、技术和其他相关内容,以提供具体管理的基本参考,它代表了理论上的系统认知;而理论指导实践必须形成实践应用模式,理论模式上的条文必须结合实际需要进行具体化、因繁就简和删减补充,形成管理的制度、计划和行动等。我们可以结合ISO9000族标准进行理解,该标准就是一种标准化理论模式(当然比上面的项目管理知识体系标准的可操作性和可验证性强很多),结合企业实际所编制的质量手册和质量计划等文件就是文件化的管理体系,通过宣贯实施,就形成了现实的管理体系或叫运行的管理体系,针对运行的管理体系进行检查,评估其与文件化的标准体系和再上一层标准化的知识体系的符合程度,针对不足再对文件化的质量体系和运行中的管理体系进行改进,保证三个管理体系的一致性,这样就在实践中落实了原来的系统认知,解决了全部所涉及的各类问题,管理的成效就得到了整体改善,管理水平也得到了根本性的提高。由此可见,管理体系是一种结构化或系统化的管理方法,是一种组织管理展开的范式或模式结构,它的建立与我们开展管理的目标是一致的。因此,可以把开展管理活动看成是建构管理体系的活动。但应注意到,管理体系是开放的,具有多种多样的形式,随着管理实践的发展,管理体系也在不断发展,知识体系也在不断地更新。

2. 项目管理体系的建构原理

理论来源于实践，又高于实践。项目管理理论来源于实际工作的经验提炼和理性分析，是管理过程理论、社会协作理论、系统理论、决策理论、组织理论、经验理论、科学理论和项目相关专业理论等诸多管理理论在项目管理领域的综合，其既有自身的研究范围和知识范围，也广泛吸收了其他学科的相关知识和方法。由于现有的管理体系理论主要建构在系统理论的基础上，这里将不阐述一般系统理论的原理，主要通过对体系模型建立的介绍，使读者获得对代建项目管理体系模型的适当理解。

我们可以这样来理解项目管理体系模型，就像建筑结构体系是由地基、柱、梁、板和其他构件组成，这些构件可以称作这一体系的要素，建筑垂直荷载由楼板传递给梁，再由梁传递给柱，再由柱传递给基础，最后由基础传递给地基土，这些要素之间遵循一定的作用机理，可通过结构力学理论等加以认识，这就建构起建筑结构体系的认知模型，即理论模型，还可以按照主要受力构件的材料不同划分为木结构体系、砖石结构体系、钢结构体系和钢筋混凝土结构体系等不同类型的认知模型。一个具体建筑物的建筑结构体系设计就是基于以上认识，结合具体要求和环境条件等进行选型计算，绘制出表示各种构件位置、形状、尺寸、用料等信息的施工图纸，构建出该实体模型，如果据此施工建造就可以生成现实的建筑物。项目管理系统是由目标、组织、过程、流程、资源、文件、制度、方法等要素构成的，类似于建筑结构体系中的各类构件，这些要素之间的机理遵循相关管理理论，针对一个具体项目的要求、条件和特点等使用这些理论对这些要素进行设计（或称为策划）形成相应的计划文件，这些计划文件就构成了文件化的管理体系，只要付诸实施，就会形成运行中的管理体系。

代建项目可以从诸多角度划分为不同的类型和层次，从而形成多种类型和层次的管理体系模型，如从管理主体的角度划分为使用单位方的项目管理模型、政府代建管理方的项目管理模型、代建方的项目管理模型、监理方的项目管理模型、实施方的项目管理模型；从项目生命周期的角度划分为可行性研究阶段的项目管理模型、设计阶段的项目管理模型、实施阶段的项目管理模型、运行阶段的项目管理模型；从项目范围的角度划分为建设项目的管理模型、单项工程的管理模型、单位工程的管理模型、分部分项工程的管理模型等。管理者越是处于项目管理层次的上层位置，就越需要面对系统整合的问题，很显然，政府代建项目管理部门构建的是整个建设项目整个建设期间的总控模型。而整合的核心在于认识各类子系统对整体的作用和地位，以及相互之间的关系及作用机理，并使之通过有秩序的组织安排和开展对应的沟通协调加以实现，而这就首先需要建立一套通用语言，让所有的项目参与者、各类专业人员都理解和一致赞同，作为计划、控制、沟通和协调的基础，这就是在上一部分提到的建立代建项目管理模型的目的所在。在这里需加以强调的是，这种模型必须被受该模型影响的各类组织所理解和接受，并受其制约。很显然，代建单位是代建项目的整合中心，政府代建项目管理部门作为上一层的监控中心而存在，沟通和协调主要集中在政府各部门这一层面，这就出现了一个问题，关键决策的做出和关键信息的产生都集中在代建单位建立和控制的体系内，作为政府代建项目管理部门应如何介入其间，实现合理的控制呢？即政府代建项目管理部门的监管体系究竟该如何定位，这是后面要研究的重点内容。

下面着重对这样一种管理体系模式建构理论发展的趋势进行介绍。项目管理体系模型的产生和发展基于这样一种事实,随着组织面临的任务日益从简单走向复杂、组织环境从稳定走向多变,组织不得不考虑如何重构新的组织结构和管理方法的问题,而项目管理就成为一种日益重要的解决方案。在实际工作中,由职能型管理向项目型管理的转向是逐步演进的,组织基于需要,逐步对目标和部门之间的传统安排做出更多的调整,构建起职能部门之间良好协同关系的跨职能部门的协作组织,在这类非正式的项目管理中,大部分共同目标及协同意愿的达成往往依靠良好的组织文化、人际关系和私下协商机制等予以实现。但随着组织活动的规模和复杂性的增加,传统的职能型组织越来越难以完成业务整合的需要,越来越多的组织开始抛开非正式的项目管理,建立起正式的项目管理程序,项目团队和任务小组在处理复杂问题上将会越来越普遍。项目管理模式在组织的推行使组织能够基于所开展的一次性任务建构起完整的控制链条,目标更加统一、责任更加明确、协作更加规范、结果的可预期和可实现性更好,从而使组织更容易适应日益变化的环境。因此,当组织上层越来越难以掌控组织发展动向并对其施加必要影响时,固定的组织结构就日益被临时性的组织结构所取代,项目团队或任务小组将越来越普遍。

组织要管理好项目,就必须建立基本的项目管理原则,设计出适当的项目管理组织形式和项目管理程序,而这些都可以统一到项目管理体系的设计中。

3. 项目管理体系的建构方法

项目管理体系可以从目标体系的建构方法、组织建构方法、管理过程建构方法和全要素构建方法四个层面进行识别和构建。

(1) 项目管理目标体系的建构方法

项目目标的形成如图3.2所示。

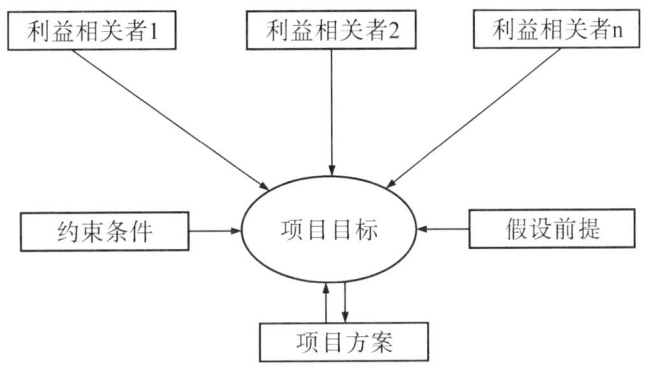

图3.2 项目目标的形成

项目起源于需求,对于前期或全过程代建也涉及部分需求识别和项目方案设计的工作,根据需求确定项目功能,再基于项目功能提出项目建设方案,对项目方案进行构思成型,再经有关部门组织评估论证,提出意见进行修改,直到最后定案,这是项目实体目标及相应深度建设方案形成的过程。在实体目标形成过程中,对建设方案的市场、技术、经济、时间、质量等进行衡量和控制,以满足市场接受、投资合理、客户满意等方面的要求,这就需要在这些关键制约因素上建立控制指标,如市场销售指标、技术经济指标、投资控制指标、环境保护指标和社会发展指标等,我们可以将其视为前期阶段的管理目标;如果建设方案均合乎以上管理目标的控制要求,就可通过批准进入到实施环节,即确定各级实施组织完成该项方案,包括政府代建项目管理部门、代建单位、各方参与单位等都作为项目方案实施的一部分参与到整个项目的实施活动中,那就必须给各级的实施主体确定管理目标(或责任考核目标),其一个来源就是前面建设方案所附带的各类指标需要由实施主体落实的部分,这类指标需要结合实施环节的要求进行相应转化。另一个来源就是基于良好的管理能力所能够达到的绩效指标,如代建项目管理部门监管的绩效目标、代建单位管理的绩效目标、实施主体的相应绩效目标,主要集中在质量、进度、成本、安全等四个方面,最终项目实际完成成果的考核,不仅仅取决于实体目标的完成,关键取决于四个管理目标实现的好坏,前者是技术性的,后者是社会性的,前者是后者的基础,后者是前者的衍生,两者相互依赖、不可分割。

综上所述,目标不是一个单一的概念或数据,而是一系列要求和责任形成的目标体系,它是逐步演化的,而不是一开始就生成的,它是我们任务和责任的来源,也是组织和人际关系建立的来源。其确定过程遵循:需求分析、问题定义、提出目标因素(包括问题结构及其解决程度、条件限制因素等)、目标系统的建立(确定主要目标和相关目标体系)、研究目标系统各个因素之间的关系等诸项工作,各阶段都需要制定所需的项目目标文件(P.O.D,包括项目说明书、各种限制条件和假设前提条件等内容)。从整体目标到局部目标再到单个目标需进行目标的分解,目标的一般分解层次如图 3.3 所示。首先设立项目总目标,采用系统方法将总目标分解成可执行目标(具体的和可计量的目标),并将它们落实到各时间区段和各责任人(定义个体的管理职责),建立自上而下、由整体到分部的目标控制体系,并通过一系列的管理活动来保证总目标的实现。

因为本书不针对具体代建项目,只讨论代建监管所需要的管理过程(其在实际工作中也应遵循同样的机理,可以解决具体开展管理工作时对所需要开展的工作类型、展开程度、工作的方式方法等不清楚的问题),而一般性的管理过程在不同项目之间具有相似性和规律性,即第 2 章提出的管理过程模块。

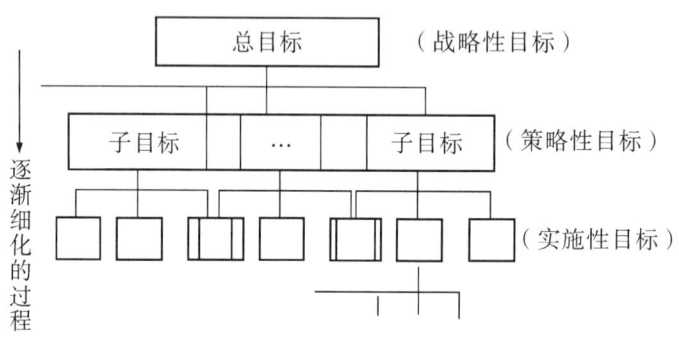

图 3.3　目标分解结构

因此,这里只对前面识别出来的管理过程模块进行筹划安排,不讨论具体项目的目标体系构建问题。但需要注意目标是全局因素,是工作和责任的来源,在实际工作中应当重视这项工作的开展。

(2) 项目管理体系的组织建构方法

项目管理体系的组织建构方法如图 3.4 所示。

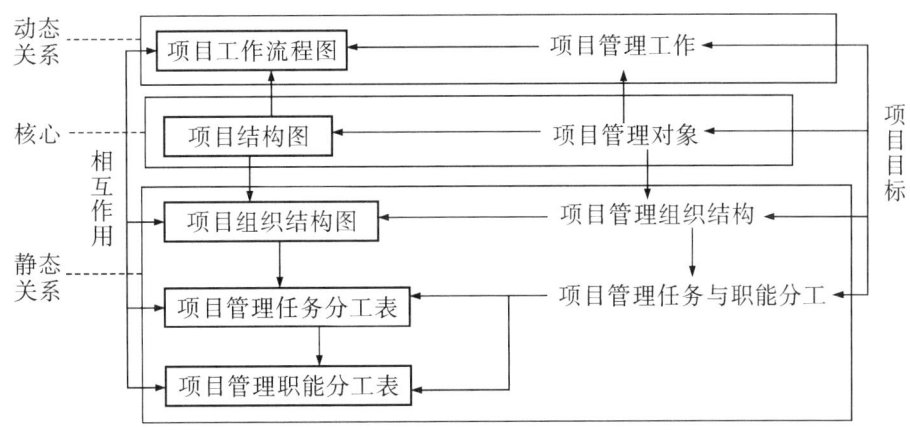

图 3.4　项目管理体系的组织建构方法

该方法的建构流程是，首先确定项目的实体目标（最终的产出物成果），其次是采用 PBS 和 WBS 的分解方法，将项目管理对象分解为需要开展的具体工作，形成项目结构图；然后根据划分工作的专业属性、工作量大小和沟通协作等方面的要求设计项目管理的组织结构，确定部门、岗位及其工作联系，形成项目组织结构图；在此基础上，建立对应管理任务和职能的分工（需要按照项目管理知识体系进行识别和划分），形成项目管理任务分工表和项目管理职能分工表两份文件；确定了任务和组织后，最后再明确任务和组织在开展工作中的方式、方法，建立工作之间的逻辑排列关系（受到工作划分、组织关系、技术方法、限制条件等诸多影响），形成工作流程图。

（3）项目管理体系的管理过程构建方法

项目管理体系的管理过程构建方法如图 3.5 所示。

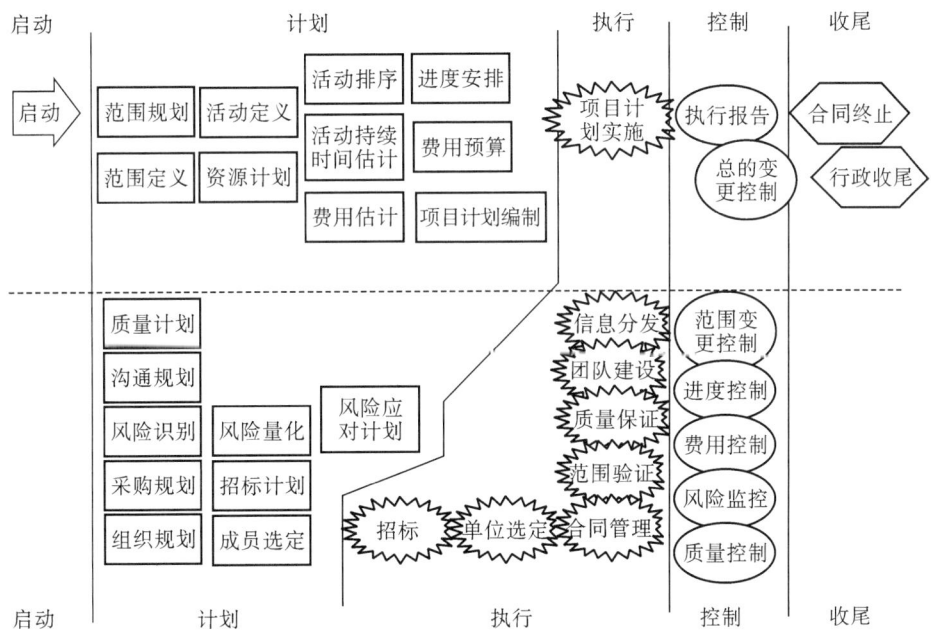

图 3.5　单个项目管理过程划分及其逻辑关系

第 2 章阐释的管理模式是建立在管理过程上的，包括三个应用领域、五大管理过程组和具体的管理子过程。图 3.5 描述的是单个项目管理过程划分及其逻辑关系，可以将其按照逻辑关系的强弱划分为两大类，一类叫依赖性管理过程，处于图形的上半部分，这些管理过程之间具有很强的前后逻辑制约关系，前一个没有完成，后一个就无法开始；处于图形下半部分的，被称为辅助性管理过程，这些管理过程之间的逻辑制约关系较弱（相对而言，不能理解为逻辑关系可有可无，只要是工作，就有逻辑制约，只有明显与否、涉及因素多少等的区分），必须结合具体情况，如项目特征、组织形式、资源条件、环境因素等综合加以确定，具有很强的可变性和灵活性。

（4）项目管理体系的全要素构建方法

以上所阐述的项目管理体系的三种构建方法只是对项目管理的目标、组织和过程等的策划方法，除此以外，还需要对相关资源配置、政策制定和信息系统等进行相应设计并整合到整个体系之中。这些管理要素的设计可以根据需要穿插在以上三种管理体系构建方法的展开过程中。

3.2.2 四大目标监管体系的构建内容

1. 四大目标监管体系的结构分析

四大目标监管体系的构建应建立在对管理体系理性认知的基础上，即认识项目管理体系的诸要素及其相关关系、运行规则和运行方式等。该项研究将研究范围主要限定在四大目标监管体系的组织和目标体系要素、过程和流程体系要素、信息和文件体系要素等三类核心体系要素上，构建起四大目标监管体系的分析和实施框架。

（1）组织体系要素分析

有关组织模式在第 1 和第 2 章已做分析，这里主要针对建立四大目标监管体系的需要，对政府代建项目管理部门的管理职能、任务和对应责权分工加以具体明确。

根据图 3.1 的组织关系可知，代建项目管理目标的实现有赖于所有参与单位的各安其位、各负其责、各管其事，必须建立起相关的制度措施才能保证以上原则的有效实现。虽然以上三层主体关系基本上是民事主体关系，以合同规范相互之间的管理行为，是以民事权力的行使和责任的承担为核心的。但由于项目的公共属性，除了须遵循工程建设的有关行政法规以外，政府还设立了专门的监管机构，制定了专门的管理办法，即在代建项目中存在特殊的行政关系，以及对应的行政权力的行使和行政责任的承担问题。

行政法规要求政府机构及其人员在行政活动中应履行相应的权力和承担应尽的义务，既要有所作为，又要有所担当。政府代建项目管理部门是以行政责权的履行为主，还是基于政府相关委托事项和代建合同以民事责权的履行为主？如何确定行政权力行使和行政责任追究的范畴和界限？对这些问题，当前代建项目管理还分不太清楚。因此，政府代建项目管理部门是以行政主体和民事主体的双重身份来履行监管责权的。而且代建项目行政责权涉及诸多政府部门，如对参与代建项目的各类民事主体的资质管理、准入管理、行政处罚等权力都是由其他政府部门行使的，但具体到代建项目，该类行政责任又落在政府代建项目管理部门身上，大多数情况下，该部门只能作为一个协调机构，对项目中需要行使的行政责权需与相关机构进行协商制定恰当的处理办法，其自身所具备的行政权力较弱，当然其具有的相应行政责任也较轻。

第3章 政府代建项目管理部门的四大目标监管模式

当然，基于现有的行政制度，不可能将代建项目监管的所有行政权力都集中到政府代建项目管理部门组织框架下，而且作为使用单位，也在逐步脱离原有的行政组织框架，逐步构筑起基于政府权力委托的监管框架。权力的过分集中和分散都不可行，权责的分配应适度。实际上，有关委托事务的经济责任、行政责任，甚至刑事责任等，都只是承担法律责任的形式，需在具体情境中加以选择，而不宜简单地分配给某一方，所以，粗略的规范代建项目中的法律责任是不合适的，应当在现有行政组织框架下，根据各方在相关事务中的地位划定范围，再根据需要划分各方应当承担法律责任的具体内容和原因，构建起具体领域内的法律责任体系，这是最好的解决之道。

基于以上责任界定的目的，下面重点对政府监管层、代建管理层、项目实施层的权责进行一定程度的分析，为后面四大目标监管体系建构的责权分配提出一些总体性的看法。

① 以政府代建项目管理部门为核心、其他部门为辅助的监管层权责分析

广东省代建项目管理局作为政府代建项目管理部门，应当承担起保证投资主管部门批复的使用单位投资计划得以完成的责任，如果使用单位要调整原计划，应该由使用单位与投资主管部门进行协商。但在前两者没有改变的前提下，项目目标落实和实现的责任应该由政府代建项目管理部门承担。由此可见，政府代建项目管理部门不光是一个以政策制定、落实和完成审批为主的行政部门，而且还是以完成政府投资管理部门下达的项目建设任务为目标的项目主管机构，必须适当地参与到每一个项目建设环节中行使必要的管理权力以保证项目的顺利实施和项目目标的有效实现，只要是有利于该项责任落实的所有选择都应该是合理的。由此可见，政府代建项目管理部门主要应以民事主体的身份介入代建项目管理，履行相应的管理权责。

虽然依据广东省政府颁布的12、96号文的规定，项目代建管理的主要责权是由代建单位来承担和行使的，但不能因此而形成这样一种认识，即政府代建项目管理部门不应过多干预代建单位的管理权责的行使，否则就会使政府代建项目管理部门牵扯入更多细部工作、更多纠纷的处理，造成相关责任不清和更多的问题。这种认识是错误的，作为保证代建项目目标实现的第一层位的权责部门，如何在现有政策制度框架下，建立和完善与之相适应的管理模式是政府代建项目管理部门的管理责权所在，介入管理事务的环节、事项、程度、责权等应根据参与单位的能力强弱、政策空间、问题大小、项目特点等综合考虑后加以确定，管理的前提不能建立在代建单位能够很好地履行管理权责的基础上，代建单位作为市场主体，是以追求利益最大化为目标的，而政府代建项目管理部门是以追求公共利益最大化为目标的，两者目标是不一致的，所以，如何根据现实情况和政策空间进行制度创新、改善实施方式、强化管理体系建设，这也是96号文重点强调的。

但政府代建项目管理部门作为政府设立的职能机构，对上和对下均是以政府部门的身份出现的，行政责权的履行是其存在的制度基础。基于前面的分析，作为代建项目的主管部门，如何在现有政府组织行政权责划分和制度框架下，针对代建项目管理的现状，具体问题具体分析，通过相关制度的制定、完善和落实，构建起能够为各方所理解、认同和协调运作的行政权责系统，树立本部门在政府建设行政组织系统中的权责地位，这也是当前政府代建项目管理部门迫切需要开展代建项目行政管理法规建设的重点所在。

现有政府监管各方对代建项目实施的行政管理权责分工如图3.6所示。本书不拟对政府监管层各方主体之间权责分工的安排及相关法律制度的制定做深入探讨，以下只对项目

层面监管体系的建立进行研究。

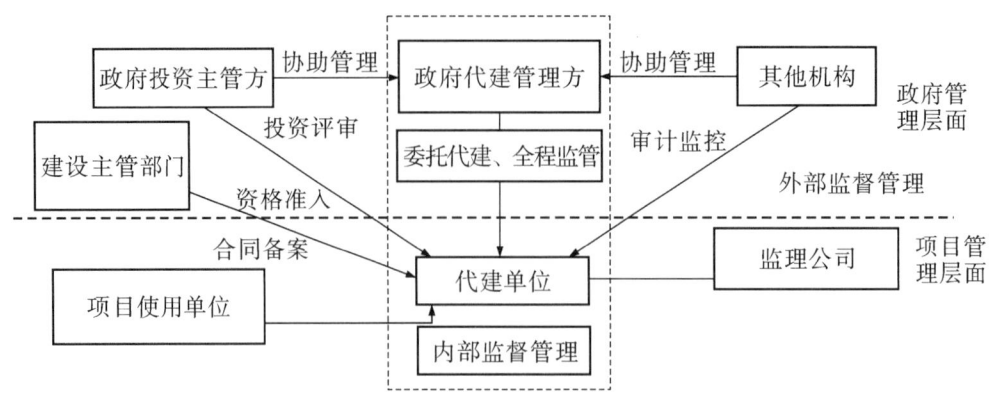

图 3.6 代建项目政府监管各方的行政管理权责划分

在项目管理层面，代建项目的各种经济关系和相应的权利义务都是由合同加以约定的，代建项目中的法律责任主要表现为合同违约责任，政府代建项目管理部门对上承担的是行政责任，对下承担的是合同责任。对上从接受委托开始，针对投资主管部门批复的可行性研究报告和控制指标，必须将其细化形成发包事项和管控事项，分层分阶段地组织实施，并对各阶段的工作和成果进行监控，通过自身的努力有效完成委托事项。这里将其工作过程划分为前期的组织事务、中期的监管事务和后期的收尾事务三个部分。其工作要点如表 3.1 所示。

表 3.1 政府代建项目管理部门的全过程代建监管责权划分

类别	前期的组织事务	中期的监管事务	后期的收尾事务
工作目标	接受和落实代建任务	实施和完善监管体系	结束项目和管理总结
工作内容	接手项目、组织安排、制度建立、代建委托、相关手续、总体监管规划	细化监管方案、项目监察、收集信息、整体控制、利益协调、监管决策	项目的验收和移交，管理绩效的评估与考核，经验总结、体系和制度改进
权责要点	向上明确代建监管的责权；自主选择良好的落实方式、制定完善的权责考核制度；向下落实代建实施的相关责权	行使监督检查的权责、保证相关要求和承诺的落实；健全制度规范，与相关政府部门协调进行相关行政执法检查	组织开展中间阶段和竣工阶段的工作和成果的评估和验收，向上接受考核，向下开展考核，建立和落实相关责任制度
组织方式	以政府代建项目管理部门为主、负责组织落实	以代建单位和其他咨询机构为主，负责监控	以政府代建项目管理部门、使用单位、其他政府部门和第三方咨询机构为主，负责责任考核和奖罚落实

第3章 政府代建项目管理部门的四大目标监管模式

如果将项目监管划分为内部监管和外部监管两种类型的话，相关政府部门主要是通过履行相关的审批、核查和处分等责权进行外部监管，而政府代建项目管理部门可以通过协调借助于外部监管的手段，但重点还是通过建立和健全对整个代建项目的监管体系和监管制度措施的内部监管来实现自身权责。

因此，政府代建项目管理部门必须根据现状在管理原则和目标设定、管理范围和权责行使方式、管理任务设定和分工落实、各管理层次的各项管理活动管理绩效评估等方面进行制度建设和内部管理模式的系统建构，以满足自身责权承担和行使的需要。管理的模式选择、管理的方式和方法是丰富多样的，但源头只有一个，我们把自己看成什么，如何确定自己的位置，这是后面选择的出发点和基础。

基于目前政府代建项目管理部门在代建管理体系中的位置，其管理是以提出要求、方案审查和加强监管三种方式为主。提出要求是指代建单位和其他参与单位的工作计划必须遵循国家现有的政策制度和满足本部门基于管理需要提出的有关制度，有些细部要求可以在代建合同中以必要的条款列入；方案审查是指对相关参与单位编制的各种技术、经济、管理文件是否符合要求进行检查，以保证参与各方按相关要求规范化地开展各项工作；加强监管是指通过监督检查了解各项计划的落实执行情况，应根据需要设置必要的检查制度，分阶段全面评估项目参与单位履行相关制度和合同要求的情况，加强中间考核处理，保证问题的及时解决。这里将政府代建项目管理部门的管理工作划分为总控和关键环节控制两个方面进行管理体系设计。

② 以代建单位为核心、其他咨询单位为辅助的项目管理层权责分析

依据广东省的代建管理办法，代建单位承担了项目管理的主要权责。但需要注意，期望代建单位完全依靠自身力量承担起全部管理责任在现阶段是不现实的，如何将设计监理、施工监理、招标代理、管理评审、造价审核、质量和安全监督等诸多机构的力量合理引入和系统整合到代建项目管理组织框架中，具有十分重要的意义。如此而言，代建项目层管理就不仅仅是代建单位一家的管理，其涉及代建单位根据代建合同和管理需要外包出去的管理事务，还包括政府相关机构负责开展的管理，还包括政府代建项目管理部门根据需要委托外部咨询机构开展的管理。现阶段监理单位承担着项目管理层的重要责权，这里将其纳入到项目管理层中，分析两者与政府代建项目管理部门的权责关系划分。

首先，是由政府代建项目管理部门选择合适的代建单位，再由代建单位选择监理单位，两者共同实施对项目的管理责权。对代建单位的选择采用市场化的方式，存在准入机制、信用机制、处罚机制和退出机制等不够健全的诸多问题。目前的选择范围过于狭窄，基本都是由大型的国有企业，如建筑集团公司、设计院、投资与建设公司等中标，限制了竞争，制约了代建市场主体的发育成长，因此，应在加强制度建设和强化管理的前提下，适当降低准入门槛，如降低履约保证金数额或引入其他更灵活的担保方式，吸引其他主体的广泛参与。这就需要与建设主管部门协商，建立代建管理单位的资质管理办法，对其组织建制、人员配置和设施条件等进行规范。建设部2004年发布的《建设工程项目管理试行办法》中规定"项目管理企业应当具有工程勘察、设计、施工、监理、造价咨询、招标代理等一项或多项资质"，这项规定对代建项目管理而言太过粗略，对于全过程代建而言，应当要求代建单位熟悉全过程的工程技术经济业务并具有相应的管理能力。为了有效督促代建单位做好代建管理工作，承担起相应的责任，应当建立信用制度，将代建单位的

违规和违约事项记录并公布，并制定处罚规则，对代建管理费进行相应扣减及对其以后参与代建项目投标进行限制，直至将其驱离代建市场，这就需要建立代建单位的"黑名单"制度，建立市场的退出机制。

其次是对代建单位的选择标准。既然是通过市场选择方式择优选择，就必须确立良好的选择标准和适当的评估方式。这需要开展两个方面的工作，一个方面是制定代建项目管理规范以及代建管理标准（本书第2章给出了代建管理规范设计的基本框架），另一个是通过制定招标文件范本规范投标人的技术、经济和管理方案的编制，制定合理的评估标准、评估方法和合同范本，规范投标人的投标行为。

最后是监控体系的设计。主要是针对代建项目管理规范制定政府代建项目管理部门的监管制度，从总控制度和关键点控制两个方面对代建单位实施监控。关于两项制度的设计参见监管体系策划的内容。这里强调一下"工程项目管理咨询"在政府代建项目管理部门的应用，由于政府代建项目管理部门相关资源的不足和能力、经验的欠缺，除了加强必要的资源和能力建设以外，由于代建项目涉及诸多行业和专业领域，要建构起所有专业能力不可能也没有必要，因此政府代建项目管理部门应通过相关服务采购来获得相关能力和经验，这就需要制定相关制度对需要采购的外部工程咨询服务的环节、业务、主体、标准、资金安排等进行评估，从而做出统筹规划。

由于监理单位承担大量的四大目标监管业务，对现场的各种信息和存在的各类问题了解得比较充分细致，如何通过监理单位获得第一手的现场信息来对现场的重点环节实施更全面及时的监控，可考虑在代建单位和监理单位订立的监理合同中增加对政府代建项目管理部门的服务条款。针对指定的重点事项，监理单位除了向代建单位汇报外，必须同时通知政府代建项目管理部门，政府也可针对发现的问题直接要求监理单位提供原始文件和出具相关分析报告。

代建项目管理涉及众多单位和事务，形成多层次、多跨度的管理结构，需要使用先进的管理计划，将工程设计、采购、施工、试运行等全部子系统进行集成管理。代建单位与监理单位之间必须建立良好的职责分工，取长补短，依据科学管理的需要（按照代建项目管理规范的要求），共同建立起完整的管理系统。

政府代建项目管理部门必须明确代建项目管理的实施规范，建构起相应的制度和管理框架，加强沟通，建立统一的信息平台和知识系统，加强伙伴关系建设，建立良好的工作关系，形成良好的代建项目管理文化环境。利用行政管理和项目管理两项手段，在项目不同阶段采取不同的组织方式，强化项目风险意识，有针对性地采取预控措施，建立风险共担、利益共享的机制，主持制定全项目的责任制度和绩效考核制度，从而落实监管责任。

③ 实施层的权责分析

设计单位、施工单位和供货单位作为代建项目的实施单位，由代建单位负责采购和管理，考虑到政府代建项目管理部门和代建单位的权责划分，政府代建项目管理部门不能直接指挥实施单位的具体工作，但实施单位的设计、供货和施工等活动量大面广，其成效如何，对代建项目四大目标的实现起着决定性的作用，代建单位的管理策划和实施效果的好坏也是以对实施单位的有效管理为基础的。

作为整个项目的监管单位，政府代建项目管理部门必须了解实施单位主要工作事项的相关策划方案和执行的进展状况，并据此评估项目的整体状况，及时发现代建单位和实施单位的违规、违约和存在重大问题之处，采取处罚、指正、督促等手段保证代建项目的顺利进行。

因为实施单位的重要性，政府代建项目管理部门必须设立相关制度，对相关实施单位的文件策划和实施行为进行制约和监督。对设计单位、施工单位和供货单位的监管模式，可以采取直接参与和专业咨询委托的方式对监管重点实施必要的监督，分阶段、分重点地编制评估报告，以了解和控制相关工作。

④ 代建项目管理组织体系的综合分析

如果将以上三层代建项目参与主体的组织关系放入到一个更大的组织框架（可称为"全组织或全团队"的组织框架）中进行整体组织规划，将会对三者的组织关系建构建立更深刻的认知。

项目的全团队管理可以用通常所说的 Partnering（合同伙伴关系）模式加以解释。该模式是在充分考虑建设各方利益的基础上确定建设工程共同目标的一种组织模式，其要求使用单位与参建各方在相互信任、资源共享的基础上达成共识（订立项目伙伴关系合同），通过建立合作组织（项目伙伴关系团队，即全团队）加强合作，及时沟通以避免争议和诉讼的产生，共同解决建设工程实施过程中出现的问题，共同分担工程风险和有关费用，以保证参与各方目标和利益的实现，其组织模式如图 3.7 所示。

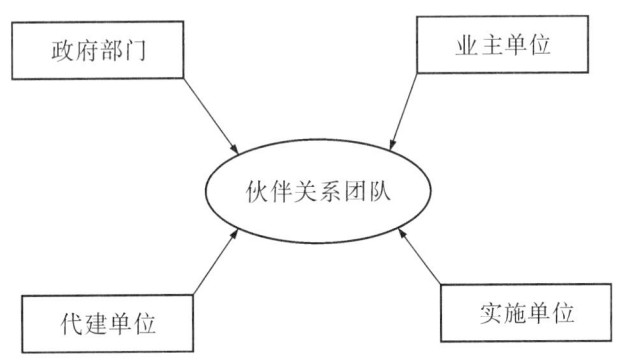

图 3.7 项目伙伴关系团队的组织模式

政府代建项目管理部门应当站在全局的角度考虑代建项目全组织综合管理规划，在追求项目整体目标的前提下综合平衡各方的利益关系，通过建立全项目的沟通平台和全团队的协调机制保证信息的畅通和争议的解决，实现共赢。这种组织过程要求在策略制定上，将建立伙伴关系的原则和标准设计放到比较重要的位置上，按照机会选择、项目过程与伙伴关系设计、伙伴选择、伙伴关系形成、运行、解体、清算等组织步骤开展相应工作。代建项目有关参与各方的权责分工如表 3.2 所示。

表 3.2 代建项目管理组织体系的权责分工表

主体	使用单位方	政府方	监管方	代建方	实施方
责权	提出功能要求 参与质量监督	履行审核手续 提供必要支持	制定管理制度 监察制度落实	建立管理体系 实施全面管理	组织业务开展 保障实施成效

（2）目标体系要素分析

项目是围绕着目标展开的，目标管理的过程是一个参与式的过程，由上层组织设定总体目标，该目标作为以下各层组织制定各自计划的依据，上层组织定期对工作结果进行评价。目标起到指导、约束、激励和评价等作用，目标具有一致性、层次性、渐进性、多目标等属性，遵循SMART（清晰、测量、接受、现实、时限）的编制原则。制定目标、过程划分和方案编制之间的关系如图3.8所示。

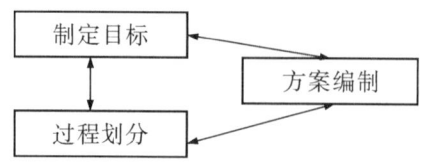

图3.8 目标、过程与方案之间的关系图

广东省政府代建项目管理部门设立初期的职能定位是指导、协调和服务，处于项目代建的辅助位置，核心工作是协调多方主体利益，寻找平衡点，实际上是以代建单位为中心，具体的管理权责完全由代建单位负责；随着政策的推行和相关问题的出现，必须建立和健全相关的制度规范，深入监管各参与主体的管理任务和管理责任的完成和履行情况，形成以政府代建项目管理部门为总控管理中心、代建单位为实施管理中心的模式，逐步进入到以健全制度、加强监管为重点的成长期；最后，通过能力建构，建成以本部门为中心的模式，根据项目需要，进入自主程度和管控能力高、灵活度和可选择面大、多层次和多种形式监督管理并存的成熟期，建立起长效发展机制，从而保证本部门的发展能够不断适应形势发展和实际管理的需要。

按照政府代建项目管理部门为总控中心、代建单位为实施中心的设想，可将目前政府代建项目管理部门的目标体系设置划分为以下两个部分。

① 总控模式的目标体系设置

项目总控模式是通过在项目上层设置一个综合性的监控主体，如政府代建项目管理部门，它的日常工作主要是从事信息处理工作，工作的主要成果是项目进展和控制报告，据此做出项目总体分析与决策。政府代建项目管理部门作为代建项目最高层的控制者，需要及时了解项目信息以做出整体判断。从理论上讲，决策者的时间分布应该是20%的时间用于信息采集、50%的时间用于分析、20%的时间用于采取措施、10%的时间用于成果控制，而实际情况大多是80%的时间浪费在信息采集，仅有20%的时间用于开展其他工作。这里提出的总控模式可以实现以下两大目标：第一，设立整个项目综合信息平台，成立相应的信息管理组织机构，这一平台和组织可以在政府代建项目管理部门的平台上设置，也可以委托外部机构完成，还可以要求代建单位按总控模式要求负责建设；第二，在前者信息平台的基础上，在政府代建项目管理部门内部建构起信息分析组织机构、信息分析流程、相关技术体系、指标控制体系和预警体系等，信息处理的内容以投资计划、资金使用审核、资金计划、费用计划、进度计划、质量计划、安全计划及其实际执行信息等为主，主要包括开发信息的组织、信息处理模块、信息分析模块、编制报告和输出各类报告等五个方面的功能。当然这需要借助于现代信息技术、开放的信息接口（从项目相关方获得及时信息）来加以实现，从而为最高监管层提供信息和决策支持。

由于政府代建管理单位不具有对实施单位的指挥权，但又要承担其间的大量协调工作，工作性质具有宏观性和指导性，因此掌控全局信息、做出整体形势判断就显得格外重要。代建单位主要负责组织物质流的活动，项目总控主要负责组织项目信息流的活动，两者实现有效的衔接，基于信息流的组织与分析来实施有效监督正好满足政府代建项目管理部门的需要。项目总控与代建单位开展的项目管理、工程建设监理的区分如表3.3所示。

表3.3 项目总控、代建管理和工程监理的关系

	管理主体	管理对象	工作内容	工作方式	人员结构
项目总控	政府方	项目整体 重点工作	决策支持	信息处理 信息分析	人员少
代建管理	代建方	全过程工作 全方位工作	全面管理	项目策划 项目实施	人员中等
工程监理	监理方	施工生产	施工监管	现场管理	人员较多

由于政府代建项目管理部门的现有组织结构和技术水平与真正意义上的总控模式的要求存有很大差距，这里不准备对该模式的整体建构进行研究，仅在后面四大目标监管模式策划中设置局部的总控工作做个别阐述。

② 监管重点的目标体系设置

本书的出发点是通过明确政府代建项目管理部门的职能，罗列出代建项目实施四大目标管理的工作框架，从中定位应当介入的重点环节和工作，从而开展必要的监管工作，制定相关政策措施和文件体系，通过建立部门内容的权责分工体系和监管工作流程，通过在具体代建项目中对监管工作进行策划、落实、跟踪、检查、评估和考核，掌控代建项目发展的全局状态，履行自身的权责。

这就需要建立从组织整体目标到具体目标的分解框架，并建立相应的验证体系（包括验证指标和验证方法），如表3.4所示。

表3.4 四大目标监管体系的目标体系划分

目标层次	验证指标	验证方法	相关制度
整体目标			
具体目标			
产出结果			
管理过程			
行动方案			

这里强调一下整体目标的设置要求，组织整体目标可以理解为组织要实现的管理范围、管理介入程度、管理绩效水平等中长期和短期内的目标构想，必须提出较长期的发展要求。这种整体目标的设置要考虑政策环境、资源水平、技术条件、行业现状、参与主体的利益和能力等诸多因素。这里按照前面所作的分析进行系统设计，但并不代表目前组织

应当完全遵照执行,应通过综合权衡来制定现阶段的发展规划,从而有选择地介入某些监管环节,后面将会在实施的重点阶段和重点工作上提出建议,但并不代表与未来的实际做法相一致。

(3) 过程和流程体系要素分析

① 过程体系要素分析

任何目标的实现都要划分为具体工作,即过程,我们可以把具有一组共性特征的过程称为阶段和过程组。为了便于展开具体分析,这里引入前面研究的结论,将面向产品实现的过程(即生命周期)划分为三个阶段,将面向管理的过程划分为四个管理过程,其组合关系如表3.5所示。

表3.5 四大目标监管体系的过程划分

过程划分	前期的组织阶段	中期的监管阶段	后期的收尾阶段
质量管理	以建设前期接受委托、制定实施方案、代建招标等组织工作为主	以建设实施期的设计、采购、施工等监管工作为主	以建设试运行、验收、管理评估、绩效考核和工作总结等收尾工作为主
费用管理			
进度管理			
安全管理			

表3.5中的管理过程和实现过程的对应关系如下:实现过程是面向于最终成果的运作过程,而管理过程是对实现过程开展的分解、筹划、落实、检查、分析和调整,即如果前者是组织面向获得成果的行动,后者则是对行动的全过程思考和组织安排。前者主要使用WBS方法进行划分,后者主要遵照第2章所提出的理论模型进行划分。参考第2章的研究内容将管理过程按照知识领域进行分解,即形成具体的管理工作。因为本书主要是针对四大目标监管体系的构建进行研究,这里将表3.5的管理过程研究限制在质量管理、进度管理、费用管理和安全管理等四个知识领域内,不做过多的扩展。

后面体系策划部分将按此思路对四大目标监管体系进行详细分解,以定位具体的监管环节和工作规范。后面的分析遵循这样一条思路:首先列出代建单位(包括必要的实施方工作)四大目标管理的过程和做法,找出监管的重点,然后设计监管工作和做法。

② 流程体系要素分析

在建构了实现过程和管理过程的对应关系,规范了实现过程和管理过程的做法后,就应建立与之相适应的组织机构,配置相关资源,制定相关制度,将以上两类过程落实执行。这就需要使用如图3.4所示的组织分析工具,在前面过程分解的基础上,通过建立管理工作分工表、管理职能分工表和工作流程图,策划和落实该项工作。

工作流程或业务流程的确立是工作能否展开和有效展开的基础,目前流程重组和流程再造的概念已广为人们所认识。我们可以这样理解这一概念,从项目生命周期演进的角度,我们可以看到最终成果或中间成果是由一系列的实现过程和管理过程前后、交叉或平行等逐次衔接而共同实现的,这一系列的过程逻辑组合就是流程。传统的职能型组织强调专业分工,结果造成面向最终成果的工作流程被切分成分隔开来的一系列片段,各部门各自为政,只关注部门内的工作成果,结果造成部门之间的各种矛盾,阻碍了工程流程推进的整体性,不利于组织整体目标的实现。而项目管理是一种以流程为导向的管理模式,强调的是流程的整体性和分工合作,虽然代建项目实施流程中的各个参与单位以及内部的各个部门均是完成目标任务中的一个环节,关注自身目标的实现,但工作流程组织将单位和部门利益统一到整体目标下,强化项目活动的整体性,关注组织间和组织内部的工作与信息流动,并与价值流、信息流、物质流、资金流等融合起来,从而实现跨单位、跨部门和跨工作边界的工作组织,以提高项目的整体绩效。参与单位越多,工作划分越复杂,工作流程的组织就越重要。工作流程组织的重要意义在于指导人们确定最好的工作方式,改善僵化的工作组织模式,在需求和组织活动中建立起整体性更强、更有效、适应性更强的工作组织模式。

基于上述以流程为导向的理念,这里重点介绍针对四大目标监控体系的职能分工和工作流程组织的策划思路。因为职能分工是建立工作流程的前提,因此在进行工作流程组织前,首先建立前述WBS过程分解的管理任务分工和职能分工表,在此基础上建立如表3.6所示的工作流程组织图,以建立明晰的工作组织框架,定位责权分配、工作策划、信息传递、协作要求和绩效考核等要点。

表3.6 管理流程的组织

部门 工作	使用单位	投资主管部门	政府代建项目管理部门	代建单位
例如:建设方案	提出	审批	落实	执行

工作流程图可按照整体组织到参与单位或由决策层到业务层、由上一级整体工作到下一层具体工作划分为不同层级,如一级流程图为整个项目的综合级流程图、二级流程图为各参与单位的组织级流程图、三级流程图为各单位内部的部门级流程图、四级流程图为部门内具体工作的流程图,以此对应可以进行现有流程的分析、关键流程点(节点)的识别、流程图的定性和定量分析、与参照模式的流程比较、流程的改进或重组(甚至再造)等。而流程的改善包括清除、简化、整合和自动化等多项处理技术。

详细的代建项目各层级工作流程分析,是一项较大和复杂的工作,本书主要侧重对代建项目综合级、政府代建项目管理部门级两级工作流程图做一般分析,找出有效组织四大目标管理工作的方案,对于其他层级不准备做规范性分析。

(4)信息和文件体系要素分析

在明确工作流程以后,基于任务和责权分工将各项工作分配给相关部门和岗位人员,就可以展开具体工作,形成具体成果。在工作流中形成有关费用、质量、进度、安全等信息流动,表征着各项工作的进展状态。这些信息产生于各类组织、各级部门、各个岗位和各项活动当中,呈现出分散、无序的特点,无论上层组织、职能部门或前后工序都需要掌控与各自有关的工作信息(可划分为战略层的决策信息、职能层的管理信息和业务层的作业信息)。为了满足各方信息交流的需要,则必须规范相互之间的信息流程,组织合理的信息流,保证信息真实、及时和可靠地传输。这就需要规范以下两个方面与信息有关的工作。

① 建设项目信息模型与信息管理

整个代建项目从开始到结束的整个过程中，与项目有关的技术、经济、管理、市场、法律等各方面信息从无到有、从粗到细，经历了复杂的不断积累增加的变化过程。由于项目建设的周期长、业务多、专业复杂，参与工程建设的各类组织和人员在项目前后没有直接关系，需要借助于信息管理工作了解相关的工程信息，这就需要建立统一的项目信息平台，其模型就是 BIM（建筑信息模型），信息处理模型是 PMIS（项目管理信息系统），网络沟通模型是 PIP（项目信息门户），从而将工程建设全过程的各类信息整合到一个统一的信息平台上，创建、管理和共享完整的工程信息，减少工程建设各阶段衔接和各参与单位之间的信息丢失，减少沟通障碍，并基于该信息平台展开自动化的信息处理和网络协同。

这就需要基于工作流对代建项目的信息流进行深入分析，进行数据收集和数据分析，通过 U/C 矩阵（功能/数据矩阵）、E–R 模型（实体关系模型）、数据流图、数据字典、系统功能模块结构图等建立系统信息逻辑模型，再通过数据处理过程设计、输入输出设计、存储设计、系统软硬件平台设计等进行信息系统的开发，以构建起满足代建项目信息管理需要的信息平台及其组件。这些可以通过购买软件产品和局部功能委托开发的策略得以实现。

② 文件体系的设计与管理

本书的重点是规范四大目标监管体系的具体工作，各类文件就成为掌控项目信息、了解项目进展情况和开展沟通交流的主要信息来源，成为监管工作规范化的重要内容。文件体系可按照建设管理的需要、档案管理的需要和竣工验收备案的需要多种角度进行理解和构建，我们这里仅从建设管理的需要考虑，其文件体系主要包括技术、经济、管理等文件，可细分为各类法规、制度、标准、规范、批件、计划、函件、记录、报告等，包括书面、录音、照片、录像、电子等多种形式，应当基于各层主体管理需要进行设计，开展收集、撰写、汇总、分析、反馈等管理活动，其设计思路是：依据过程划分、工作流程组织和信息模型等，通过对每项实现过程和管理过程的分析，开展文件体系的设计和管理工作，建立与工作流程图对应的项目文档路线图。

后面策划部分基于第 2 章在理论模式中提出的文件体系框架，对代建单位的管理工作（包括实施单位的必要工作）的文件体系提出要求，在此基础上提出政府代建项目管理部门的文件体系。

2. 四大目标监管体系的结构框架

基于以上分析，四大目标监管体系按照目标体系、过程体系、流程体系、文件体系等的设计流程展开，划分为代建单位管理体系和政府代建监管体系两个层级进行分析，如图 3.9 所示，以项目目标和项目范围为核心对质量、费用、时间和安全四大目标监管模型进行研究。

为了规范过程分析，这里借鉴 ISO9001：2008 中的过程方法，提出如图 3.10 所示的四大目标监管体系的过程方法，以便于建立与该标准相对应的阐述方式，以利于相关要素的理解和执行。

基于此过程方法，对每一个管理过程的评价也可以按照以下四个方面进行：过程是否已被确定？过程的职责是否已明确？过程的程序是否实施和保持？过程实施的结果是否

第3章 政府代建项目管理部门的四大目标监管模式

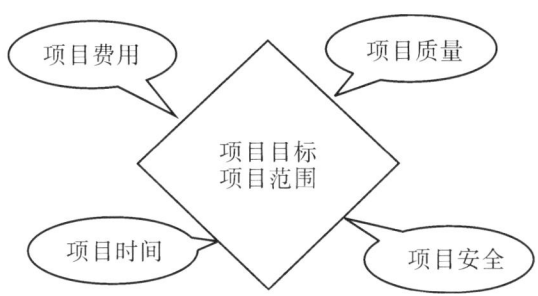

图3.9 四大目标监管体系研究框架

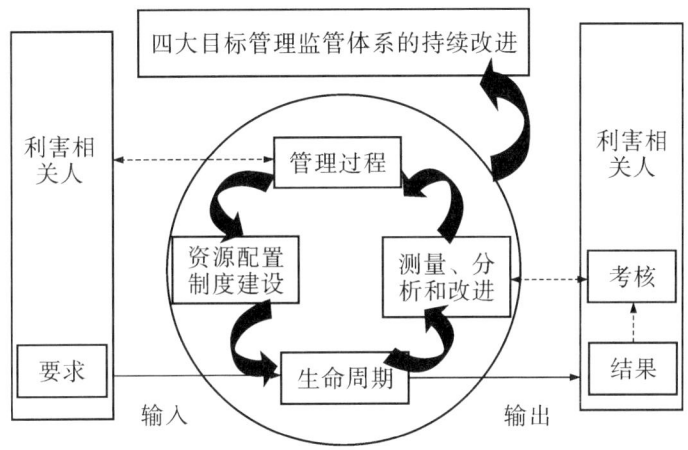

图3.10 四大目标监管体系的过程方法

有效？

也可据此建立代建项目管理体系评价的四种模式：内部审核、客户审核、第三方审核和管理者评审。同时建立测量、分析和改进程序，通过持续改进不断追求管理体系运行水平的提高。这些内容的讨论放到第4章进行。

因此，四大目标监管体系按照以下三个方面进行设计：

① 前期工作阶段的四大目标监管体系设计：目标体系设计、过程体系设计、流程体系设计、责任体系设计、文件体系设计，其过程体系设计按照图3.10所示的过程方法进行分析，第4章对相关要素进行阐述，并提出规范化的要求。

② 建设实施阶段的四大目标监管体系设计：同上。

③ 验收总结阶段的四大目标监管体系设计：同上。

3.3 四大目标监管体系的策划

这里主要建立四大目标监管体系策划的流程、要点、监管方式、规范化管理的制度框架，具体监管工作的开展方式和规范化做法见第4章的内容。

3.3.1 前期工作阶段监管体系设计

1. 前期工作阶段的业务范围

项目代建划分为全过程代建和实施阶段代建两种类型。

（1）全过程代建

从项目建议书批复后开始（对已批复可行性研究报告的项目，从可行性研究报告批复后开始）至项目竣工验收、竣工决算、移交和缺陷责任期结束之日止的建设全过程代建管理。

根据粤府 96 号文规定，实行代建的省属非经营性项目应由项目使用单位委托具有工程咨询资质的机构编制项目建议书，项目建议书应达到可行性研究报告深度，并详细提出项目使用需求和使用功能配置要求，细化建设内容和单项工程投资，报项目审批部门审批。对实行全过程代建和前期工作代建的项目，使用单位要根据经项目审批部门批复同意的项目建议书（或可行性研究报告）确定的建设规模和投资规模，对项目方案进行修正。项目初步设计方案报投资主管部门审查同意后，有关单位应根据初步设计审查意见对初步设计方案进行修改完善，编制初步设计概算报投资主管部门审批，项目初步设计不得超过可行性研究报告批复的建设规模、标准和范围。

（2）实施阶段代建

从项目初步设计概算批复后开始，至项目竣工验收、竣工决算、移交和缺陷责任期结束之日止的建设实施阶段代建管理。

对实行建设实施阶段代建的项目，使用单位要根据经投资主管部门批复同意的项目初步设计概算修改完善项目建设方案，并提交省代建局作为代建单位招标、代建合同签订和投资控制的依据。

这里主要针对全过程代建进行分析，全过程代建涉及投资主管部门、使用部门、代建管理局、代建单位、工程咨询单位、初步设计单位、概算评审单位等，根据前述规定，各类主体的工作分工和责权划分比较明确。

2. 目标体系设计

（1）使用单位的目标

前期阶段是使用单位明确需求的关键阶段，使用单位通过组织良好的可行性研究工作应该能够较好完成这一目标。但在实际工作中也存在以下普遍问题：

第一，非经营性代建项目的使用单位往往是工程建设专业技术和经验比较缺乏的单位，前期阶段往往出现需求描述不当、项目范围不全和功能标准认识不清等问题。

第二，全过程代建在项目建议书报批完成后就进入到代建环节，虽然要求项目建议书达到可行性研究的深度，但较粗略的项目方案还是与深化后的初步设计具有较大的差距，使用单位出现一定的纰漏在所难免。

（2）政府代建项目管理部门的目标

代建项目审批完成并委托给政府代建项目管理部门负责实施以后，相应责权也都转移到本部门身上。本部门主要通过与使用单位和投资主管部门加强协调，以实现既满足使用单位合理的要求，又避免项目超出原控制规模的目标。但相当多的情况下，这成为一个两难的问题，实际上只能放弃一方的目标。如在对安徽省公益性项目建设管理中心调研时，该中心提出了他们的解决办法。

第一种做法，提前介入可行性研究工作。用该部门的专业性替代使用单位的非专业性，但这一阶段该部门只是接受使用单位的专业委托进入，不参与任何合同和报批等工作，这些工作依旧由使用单位完全负责。这种做法的好处是该部门较早地介入项目，后期的很多管理难题都与该阶段的工作不完善有着千丝万缕的联系，通过更专业的操作，将使用单位的真实需求反映给工程咨询单位，并对工程咨询单位的工作及成果进行有效监督，从而尽量避免后期调整需求造成的各类问题。

第二种做法，对于使用单位后期变更需求造成的投资变化进行评估，对于超支部分，由使用单位负责向投资主管部门进行协调，不管是增加投资还是由使用单位自筹资金，完全由使用单位负责解决相关问题。如果可行的话，可以进行相应需求变更，以满足使用单位的需要。

（3）代建单位的目标

政府代建项目管理部门接受投资主管部门的项目委托以后，展开代建招标工作，选择代建单位，由代建单位负责开展相关工作。主要包括以下工作内容：

① 办理规划、用地、征用拆迁等手续，完成《建设用地规划许可证》《建设工程规划许可证》《建设用地通知书》《建设用地批准书》《国有土地出让合同》《国有土地使用证》等用地规划和权属确认手续，办理人防、卫生、市政、绿化、消防等相关报批手续。

② 根据项目建议书批复内容，组织开展项目可行性研究报告、环境影响评价、节能评估及地震安全性评价等文件的编制报批。

③ 根据批准的可行性研究报告，组织初步设计及概算的编制报批。

④ 按照有关招标投标法规及批准的招标方式开展勘察、设计招标工作。

作为专业化的项目管理单位，应当注重在可行性研究工作、初步设计工作中主动征求和考虑使用单位的合理要求，完成好该阶段的主要工作。

（4）其他单位的目标

其他单位主要包括投资主管部门、工程咨询单位、初步设计单位、概算评审单位等。政府投资主管部门依据政府发展规划审批使用单位报送的项目建议书，并委托独立咨询企业进行评估，审查项目建设的必要性，从而确定项目是否立项建设。其他三家作为该阶段的主要实施单位，需要引起注意的是虽然前期阶段各项实施工作开展的时间短、费用少、以文字性和技术性成果为主，但其从项目整体技术、经济和管理上的重要性而言，比后期阶段更为重要。

本阶段开展的需求调查、项目方案策划、宏观和微观各层面的技术经济分析等业务工作，主要以务虚、方案创新、社会调查研究、重大工程技术、偏重于宏观和中观研究等为重要表现形式，对这些工作的管理手段与后续阶段有较大不同，应重视该阶段的管理组织工作。

以上前期工作阶段的主要参与单位之间的关系如图3.11所示。

3. 过程体系设计

政府代建项目管理部门在该阶段的主要工作如表3.7所示。下面分别论述每个环节工作的监管要点、监管方式和规范化管理的框架。

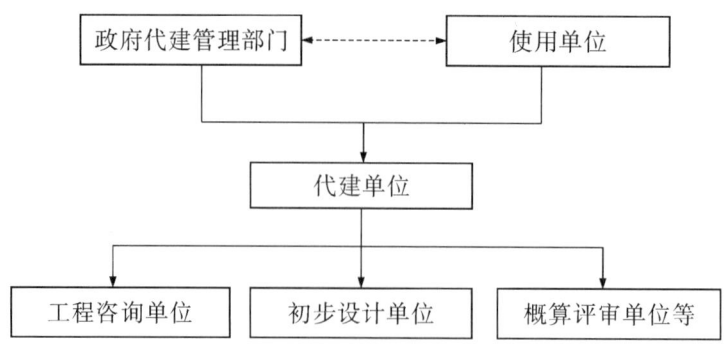

图 3.11　前期阶段主要参与单位之间的组织关系

表 3.7　前期工作阶段的工作划分

前期工作阶段的工作划分	1. 接受委托	质量管理 费用管理 进度管理 安全管理
	2. 组织安排	
	3. 制定计划	
	4. 代建招标	
	5. 可研监管	
	6. 初设监管	
	7. 审批监管	

(1) 接受委托环节的工作

① 业务内容：根据广东省政府 12 号文规定，使用单位按规定提出项目建议书并按基本建设程序办理项目建议书审批手续。省发展改革部门在批复项目建议书时确定项目实行代建制的方式和代建单位的选择方式。将实施代建制的项目委托给政府代建项目管理部门负责实施。

② 监管要点：项目建议书的主要功能和投资规模经批准以后，一般不允许突破，需考虑如何以恰当的方式提前介入，协助使用单位做好项目建议书的编制工作；针对第一部分提及的多种代建方式，根据实际需要，可与投资主管部门协商确定适当的代建方式和代建单位的选择方式。

③ 监管方式：以行政部门间的沟通协商为主，建立、健全前期的协作机制，组织自身力量，为相关部门提供专业化服务。

④ 规范化管理框架：项目建议书编制和审批环节的参与制度、针对不同类型代建项目的代建方式和代建单位选择方式的规范等。

(2) 组织安排环节的工作

① 业务内容：基于委托项目，进行组织安排，制定工作计划，明确相关责权的划分。

② 监管要点：建立代建项目的组织机构，落实人员和工作职责，注重部门之间的协作配合，制定和落实相关组织制度与措施。

③ 监管方式：以部门组织建设和权责制度配套为主，建立以项目为中心的沟通协作制度。

第3章 政府代建项目管理部门的四大目标监管模式

④ 规范化管理框架：代建项目监管的组织制度、责任制度、部门协商制度、工作计划制度。

（3）制定计划环节的工作

① 业务内容：应组织制定多层次、多阶段和分专业的组织和监管计划，如总体计划和局部计划、前期计划和中后期计划、技术经济计划和监管计划等。

② 监管要点：计划体系的完善和规范化，计划编制的组织、讨论和评估决策，计划的组织落实与变更协调。

③ 监管方式：以总体监管计划的制定和落实为主，建立多层次、多角度的计划体系，以计划作为工作开展的准绳。

④ 规范化管理框架：政府代建管理计划体系与组织责任制度、计划实施与监查制度、计划变更与审批制度。

（4）代建招标环节的工作

① 业务内容：选择采购方式、编写招标文件、组织招标、签订代建合同。

② 监管要点：严格规范招标文件和招标组织工作。

③ 监管方式：规范招标文件、组织招标工作策划和监督招标工作开展。

④ 规范化管理框架：招标文件格式要求和代建合同示范文本、招标工作策划和监督要求。

（5）可行性研究监管环节的工作

① 业务内容：对可行性研究工作及成效实施监督、有关协调工作。

② 监管要点：要求代建单位制定该阶段管理计划，对工程咨询单位的委托方式、与使用单位的沟通协商、可行性研究工作状况进行监督。

③ 监管方式：强化对代建单位管理方案的审查和执行情况监督，委托第三方对可行性研究工作及其阶段成果进行评估，提出建议和协调相关方的意见。

④ 规范化管理框架：代建单位管理方案的规范化、沟通协调机制的建立、委托第三方进行中间评估的制度。

（6）初设监管环节的工作

① 业务内容：对初步设计工作及成效实施监督、有关协调工作。

② 监管要点：要求代建单位制定该阶段管理计划，对初步设计单位的委托方式、与使用单位的沟通协商、初步设计工作状况进行监督。

③ 监管方式：强化对代建单位管理方案的审查和执行情况监督，委托第三方对初步设计工作及其阶段成果进行评估，提出建议和协调相关方的意见。

④ 规范化管理框架：代建单位管理方案的规范化、沟通协调机制的建立、委托第三方进行中间评估的制度。

（7）审批监管环节的工作

① 业务内容：对代建单位办理各种审批手续进行监管。

② 监管要点：代建单位制定审批工作计划、各类审批手续办理的流程、资料准备、报批方式的协商调整、履行相关的监察和审核手续、相关文件的归档。

③ 监管方式：规范报批流程和报批方式、监督代建单位按照相关法规开展工作、做好配合和协调工作。

④ 规范化管理框架：报批流程和方式的规范化、报批手续办理的核查和协调的规范化。

4. 责任体系策划

政府代建项目管理部门开展前期工作阶段的监管工作，一是严格按照有关法规办理相关的审批手续；二是代建招标的组织工作，严格规范代建单位的组织建构和项目管理规划等达到代建管理规范的要求；三是加强前期相关部门的协调，达成前期工作的共识，为中后期监管工作打下良好的基础。这一阶段主要采取的是依法行政和科学管理、加强指导和服务、强化监督和审查的监管方式履行相应监管责任。应建立激励机制、制约机制和保障机制，强化责任，调动各方的工作积极性。前期工作阶段各参与方管理权责的划分如表3.8所示。

表3.8 前期工作阶段工作的责任分工表

工作划分 \ 责任部门	广东省代建项目管理局			代建单位	使用单位	投资主管部门
	计划财务部	招标合同部	建设管理部			
1. 接受委托	□				●	▲
2. 组织安排	●	●	▲		□	□
3. 制定计划	▲	●	●		□	□
4. 代建招标	●	▲	●	△	□	□
5. 可研监管	●	●	●	▲	●	○
6. 初设监管	●	●	●	▲	●	○
7. 审批监管	●	●	●	▲	●	●

注：▲ 负责；○ 审批；● 辅助；△ 承包；□ 通知。

由表3.8可知，政府代建项目管理部门针对相关工作的责权分工比较模糊，缺乏相关部门之间的协作配合机制，对前面提到的相关核查、协调和服务的具体工作也没有相应的工作和组织计划加以规定和落实，也缺乏与相关政府部门之间的沟通事项和协调机制的制度化安排。

5. 流程体系策划

项目前期工作阶段的工作程序如图3.12所示，前期工作是否成功关系到后续工作能否顺利开展，代建单位应高度重视前期工作的推进，严格按照经政府代建项目管理部门批准的项目代建管理计划中前期工作计划的要求，制定前期工作流程，使前期工作有序推进，实现项目前期制定的工作目标并完成相关工作内容。

前期工作应根据代建项目前期工作的具体特点，结合项目建设总体进度控制计划的安排，落实项目管理组织架构，通过协调内部、外部各种关系，做好项目管理策划，完善设计，规划各项报建报批手续，做好场地"三通一平"工作，与进度配合做好前期工程采购和实施准备工作，为整个工程施工的顺利进行奠定基础。

代建单位开展可行性研究工作的管理流程和政府代建项目管理部门的监管要点如图3.13所示。

第3章 政府代建项目管理部门的四大目标监管模式

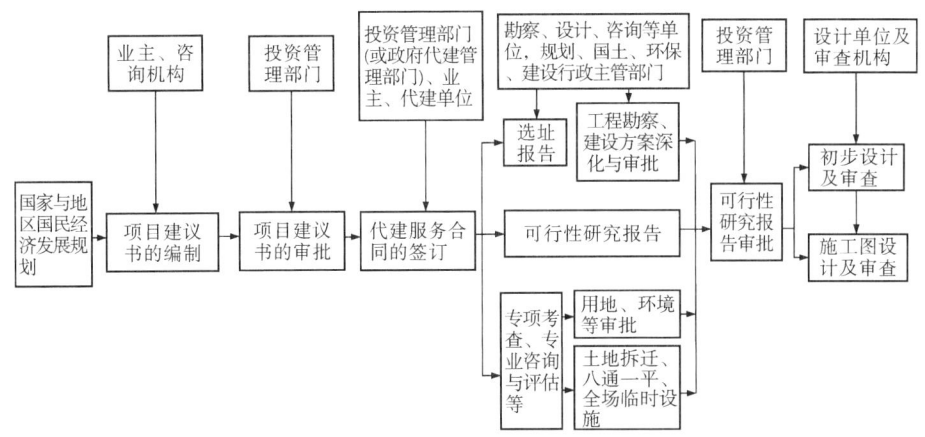

图 3.12 项目前期工作阶段的工作流程

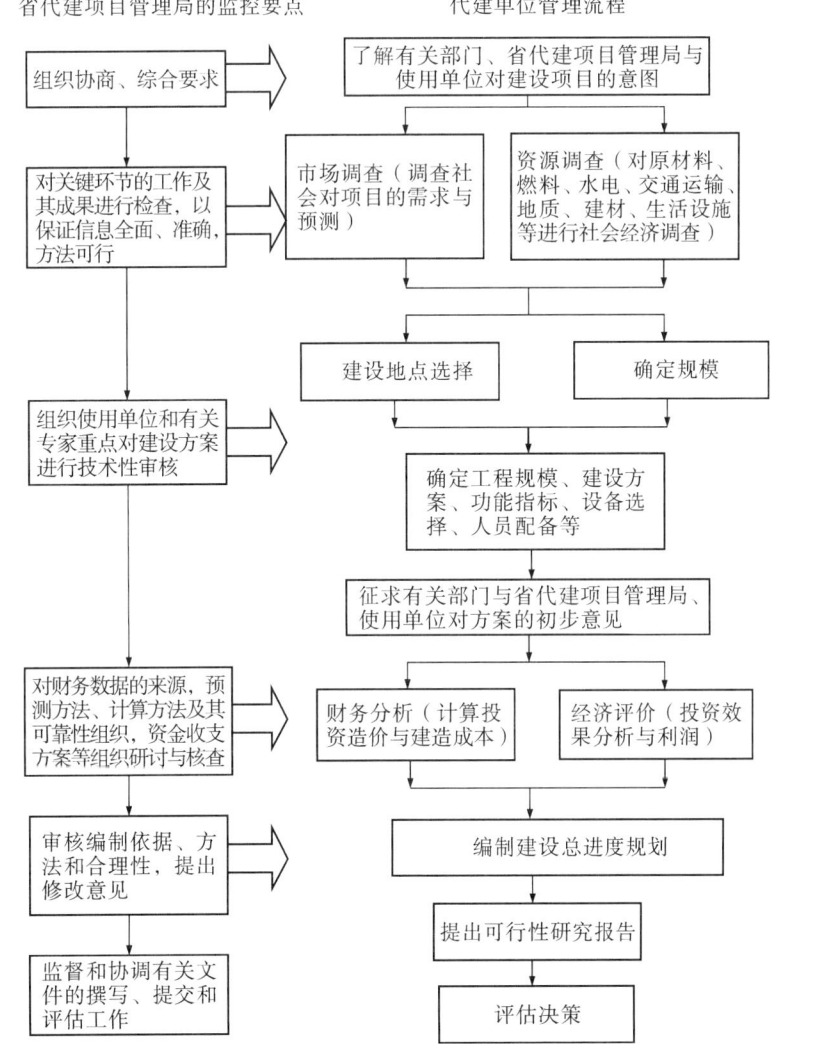

图 3.13 可行性研究环节的监管要点

6. 文件体系策划

前期工作阶段是技术定案、投资与进度定案、总体管理定案的关键阶段，相关工作的事先策划，文件体系的建立、评估和落实，是保证该阶段成效的关键所在。这一阶段的文件体系可按照以下分类方式组织策划：

① 按照管理主体不同：划分为政府代建项目管理部门文件体系、代建单位的文件体系、工程咨询单位的文件体系等。

② 按照管理业务不同：划分为技术文件体系、经济文件体系、管理文件体系等。

③ 按照文件属性不同：划分为合同类、计划类、报告类、评估类、检查类、审批类等。

具体文档目录参见政府颁布的有关归档管理的文件，这里不做详细罗列。政府代建项目管理部门需要开展三个方面的工作：一是设立自身的文件体系，以规范和指导本部门在该阶段的监管工作；二是按照相关规定要求以及补充细化相关规定，督查各参与单位按要求建立各自的文件体系；三是依靠自身力量或委托第三方对各参与单位的关键文件进行检查评估，以便做出相关判断和采取必要行动。

3.3.2 建设实施阶段监管体系设计

1. 建设实施阶段的业务范围

建设实施阶段主要包括以下四个方面的业务内容。

（1）项目管理业务

项目的采购和承发包业务是由代建单位负责组织和实施管理的（包括委托招标代理机构、工程监理单位、造价审核机构等开展的其他专项业务工作）。承发包业务的组织与管理，包括确定承发包模式（如工程总承包或施工总承包等）、采购规划、招标组织、合同管理、其他项目管理工作等。

（2）设计业务

由设计单位开展的初步设计、施工图设计以及施工过程中的设计管理工作。注意不同的工程承发包模式，两者的责任主体不同。

（3）采购业务

主要是指关键设备和材料的采购、施工承发包业务的采购，工程监理和造价审核等相关咨询服务的采购等。

（4）施工业务

由施工单位开展的施工生产活动。施工总分包模式不同，主体类型及其责任也有所不同。

2. 目标体系设计

（1）使用单位的目标

在该阶段，可行性研究报告中的建设方案逐步深化变成实物，使用单位也应参与其中（也要赋予必要的职权，以保证知情权和审查权），保证实现预期的使用目标。但目前只限于在规定规模和标准的前提下，对相关方案满足需求的程度进行审查和提出修改意见。由于前期工作的不完备和疏忽，以及需求产生变化，涉及需要调整原方案的，除由于所提修改意见造成投资超过限额一般不被考虑外，需要和相关主管单位协商加以解决。

（2）政府代建项目管理部门的目标

该阶段是本部门的监控重点，其建设时间长、涉及单位多、工作数量大、影响因素多、涉及专业面广等特点，决定了政府代建项目管理部门应投入大量的监管力量和制定涉及面更广的监管方案以保证代建项目目标的实现。

（3）政府相关部门的目标

该阶段也是其他政府主管部门介入最多的阶段，如财政部门、建设部门、环境部门、劳动部门和消防部门等，这些部门按照相关法规行使监督和审核职能，通过行政执法，保证相关政策措施的落实。

（4）代建单位的目标

代建单位通过全面的管理策划、完善制度建设、加强监督控制和沟通协调，以保证该阶段代建目标的实现。但是因为涉及监管方案和监管力量上存在不足，可能会出现各类问题，如何尽量避免相关问题出现，也是代建单位规避有关责任，扩大自身利益的目标之一。

监理单位作为施工监理业务委托的责任单位，承担了大量的现场监督管理工作，上有代建单位的压力，下有实施单位的各类问题纠纷，其维护自身管理权益的目标与代建单位并不一致。

（5）其他实施主体的目标

设计方的管理目标是在满足投资限额和使用单位需求的前提下，完成相应的投资控制、设计进度、设计质量和有关设计安全的目标；供货单位的目标是按合同约定及时和保质保量地保证物资供应；施工单位则存在施工生产过程中的施工成本、进度、质量和安全目标。

3. 过程体系设计

政府代建项目管理部门在该阶段的主要工作如表3.9所示。下面分别论述每个工作环节的监管要点、监管方式和规范化管理的框架。

表3.9 建设实施阶段的工作划分

建设实施阶段的工作划分	1. 项目管理业务的监管	质量管理
	2. 设计业务的监管	费用管理
	3. 采购业务的监管	进度管理
	4. 施工业务的监管	安全管理

（1）项目管理业务环节的监管工作

实施阶段的项目管理主体是由代建单位及其委托的监理单位共同承担。因此，对这两类管理主体的相关管理事项进行监督检查、分析评估、沟通和协调就成为政府代建项目管理部门在该阶段的工作重点。特别应重点开展以下三个方面的工作：

① 制定中期阶段政府代建项目管理部门的监管方案：对该阶段需开展的相关工作进行规划，建立组织和配置人员，分部门和分专业制定具体的监管工作计划，并对监管方案

进行评估和改进。

② 审查中期阶段项目管理层的项目管理方案：对其开展设计管理、采购管理、施工管理等业务分工的组织形式和责权结构，以及具体的管理任务安排、相关制度和措施的完整性和合理性进行审查，提出问题和修改意见，督促改进和落实。

③ 审查中期阶段项目管理层的项目管理成效：根据项目管理层提交的各类进展报告、专项报告和问题报告等，参与主要环节的工作，及时通过各种渠道了解项目管理的实际信息，制定管理绩效的评估机制，定期对项目管理层的管理成效进行汇总分析，发现问题及时沟通，督促改进和落实。代建单位的整体管理方案和监控要点如图 3.14 所示。因为监理单位承担了大量现场监管责任，所以必须注重对监理单位的监理大纲和分专业的监理实施细则进行审查，对其按计划实施监理的绩效制定对应的检查和评估办法。

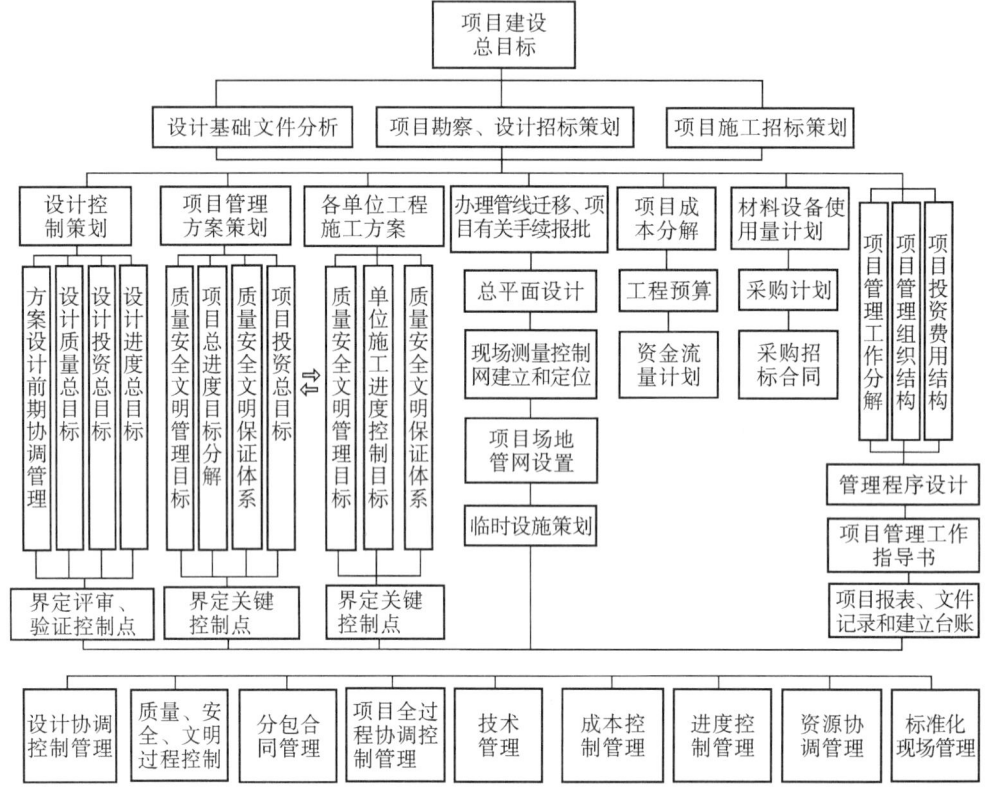

图 3.14　代建单位的整体管理方案和监控要点

（2）设计业务环节的监管工作

因为设计工作牵涉面较广，监控手段较为有限，主要利用对设计单位的信誉、核心设计人员的经验和能力、设计方案和设计图纸的阶段性评审等工作加以评估监控。代建单位对设计业务环节的管理工作如图 3.15 所示，可有针对性地制定相应的监控要点，制定设计环节的监管方案，指定部门及人员制定工作计划，并定期针对核查情况撰写专项分析报告，一旦发现问题及时解决。

（3）采购业务环节的监管工作

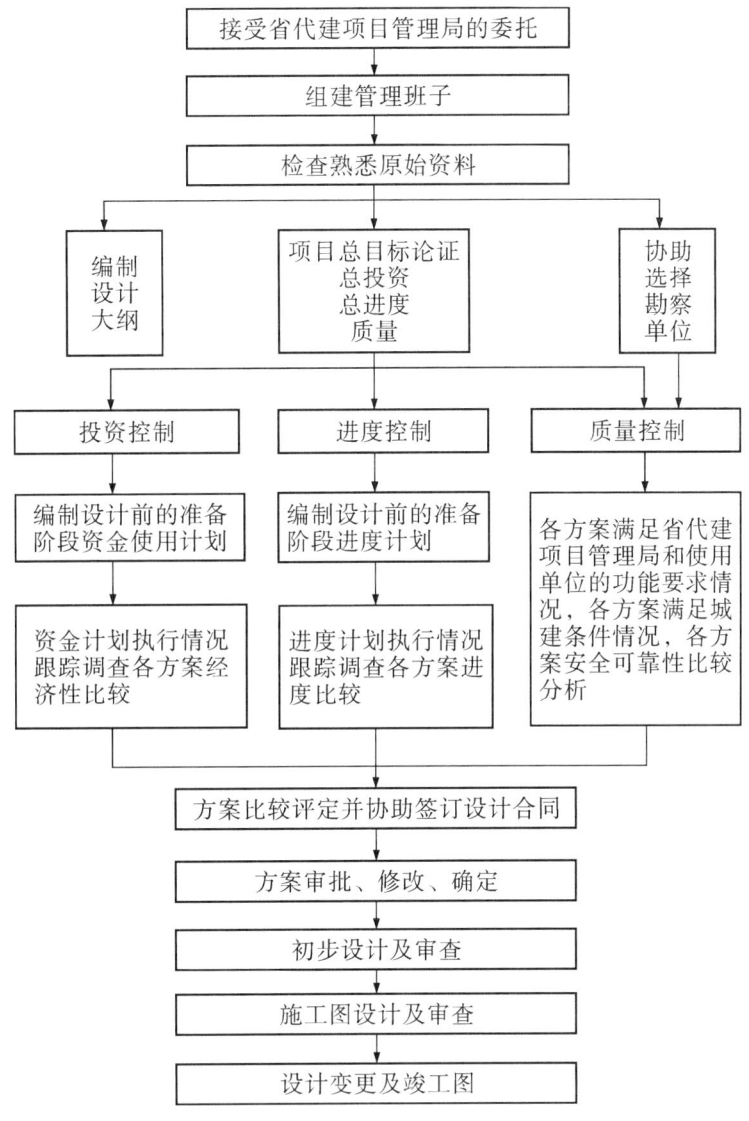

图 3.15　代建单位的设计管理工作要点

该阶段的采购业务环节应成为监控的重点，除了监督按照政府采购和建设工程采购法规和流程开展采购工作以外，应对采购方案的合理性进行重点审查，防止代建单位为追求单位利益而损害项目利益。

政府代建项目管理部门应制定专项的监管计划，组织专家对采购方案中的关键因素如采购方式、投标条件、合同条款、评标办法、评标组织方式等进行评估，并撰写对应的分析报告，提出措施建议；在采购环节，应制定监管办法和监管人员岗位职责，对采购实施环节进行监控，一旦发现问题及时处理，并撰写采购的监管报告。

(4) 施工业务环节的监管工作

施工业务环节的主要监管单位是监理公司，该阶段量大面广，涉及各类问题较多。虽然诸多问题的监管和协调解决有监理公司和代建单位负责，但由于该环节的技术、经济、质量、进度和安全等诸多因素对代建项目的顺利进行有较大影响,所以政府代建项目管理部门应建立该业务环节的监管组织制度,制定监管计划,落实组织和人员,从技术经济和管理文件(包括监理单位的监理方案和施工单位施工组织设计)的审查、现场实地检查两个方面实施有效监管,如图 3.16 所示。

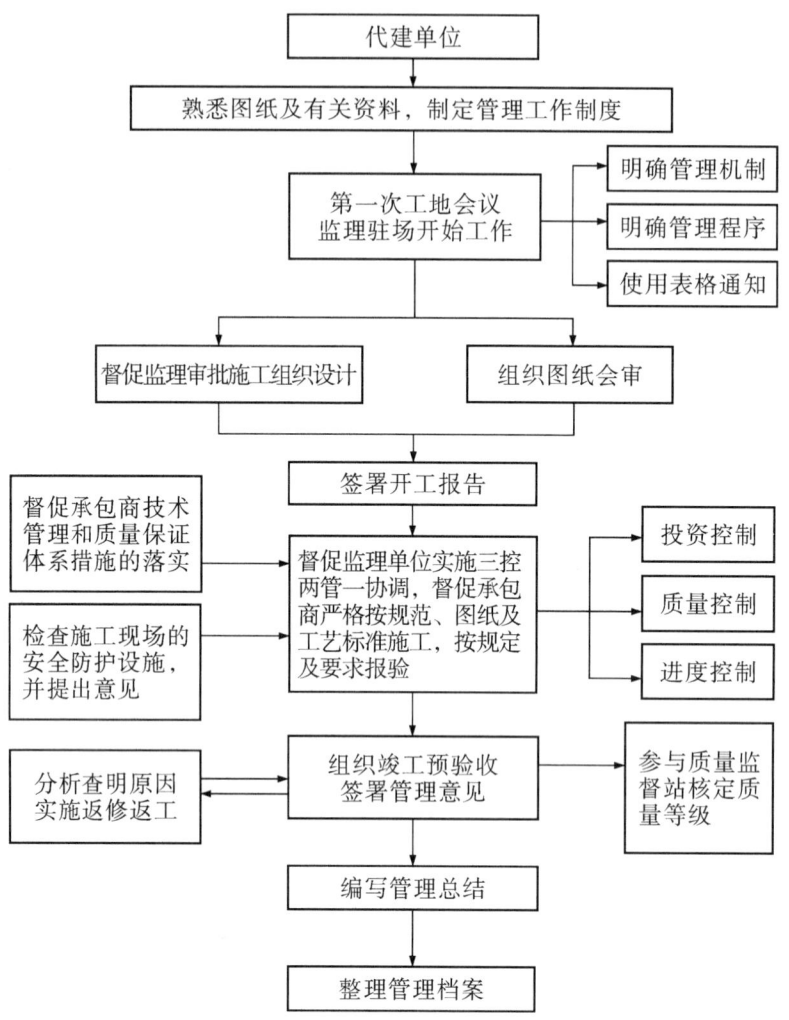

图 3.16 代建单位和监理单位的施工管理

4. 责任体系策划

政府代建项目管理部门开展中期阶段的监管工作主要有下面三个方面:一是严格检查各方对国家法规和强制性条文的执行情况,履行必要的审批手续;二是严格监督代建单位项目管理的开展情况,审查和督促代建单位规范编写和有效履行项目管理各类实施业务的专项管理计划以满足相关规定和管理需要;三是加强对现场实际工程状况的各类专项检查,发现问题及时协商解决。

要达到这一目标,政府代建项目管理部门应建立起对应的分工和协作的组织机制,制定该阶段的总体规划和分部门、分专业的专项监管计划,落实到岗位责任中,通过检查、分析和汇报总结等文件体系将有关工作常态化、规范化，要强化依法行政和科学管理、加强指导和服务、强化监督和审查，履行相应监管责任。建设实施阶段各参与方管理权责的划分见表 3.10。

表 3.10　建设实施阶段工作的责任分工表

责任部门 工作划分	广东省代建项目管理局			代建单位	使用单位	实施单位
	计划财务部	招标合同部	建设管理部			
1. 项目管理业务的监管	●	●	▲	△	●	
2. 设计业务的监管	○	●	●	▲	○	△
3. 采购业务的监管	●	○	●	▲	□	△
4. 施工业务的监管	●	●	○	▲	□	△

注：▲ 负责；○ 审批；● 辅助；△ 承包；□ 通知。

由表 3.10 可知，政府代建项目管理部门针对相关工作的责权分工比较模糊，缺乏相关部门之间的协作配合机制，也缺乏科学系统的监管计划，更缺乏与相关参与单位之间的沟通和协调机制的制度化安排。

5. 流程体系策划

项目建设实施阶段的工作流程，基本遵循设计、采购、施工等监管的整体顺序，因为每一项业务都由很多具体业务工作组成，如设计业务环节就包括设计过程的组织、设计要求的提出、设计工作的开展、设计方案的评审等诸多工作，工作之间存在着复杂的逻辑关系。在实际工作中，设计、采购和施工三者之间也存在较多的平行和交叉关系，这就要求监管方、管理方和实施方三者针对业务流程建立起密切的协作和监控体系，合理分工，注重完善管理方案，规范工作流程，通过监督检查保证计划的落实执行，并在实际工作中加强沟通、密切协作。

6. 文件体系策划

建设实施阶段是相关业务事项细化和落实的关键环节，涉及单位多、相互关系复杂、管理事项面大量广，所以必须强化各参与主体的相关工作策划，注重文件体系的建立、评估和落实。这一阶段的文件体系可按照以下分类方式组织策划。

① 按照管理主体不同：划分为政府代建项目管理部门文件体系、代建单位的文件体系、监理单位的文件体系、设计单位的文件体系、供货单位的文件体系和施工单位的文件体系等。

② 按照管理业务不同：划分为技术文件体系、经济文件体系、管理文件体系等。

③ 按照文件属性不同：划分为合同类、计划类、报告类、评估类、检查类、审批类等。

具体文档目录参见政府颁布的有关归档管理的文件，这里不详细罗列。政府代建项目管理部门需要开展三个方面的工作：一是设立自身的文件体系，以规范和指导本部门在该阶段的监管工作；二是按照相关规定要求以及补充细化相关规定，督查各参与单位按要求建立各自的文件体系；三是依靠自身力量或委托第三方对各参与单位的关键文件进行检查评估，以便做出相关判断和采取必要行动。

3.3.3 验收总结阶段监管体系设计

1. 验收总结阶段的业务范围

验收总结阶段主要包括以下两个方面的业务内容。

（1）项目试运行和竣工验收业务环节的工作

整个项目建成以后，广东省规定由代建单位负责组织对代建项目的单项工程和总体工程进行竣工验收，邀请项目使用单位参加各阶段验收工作，验收结果报省代建局备案。省代建局负责对代建单位完成的项目进行移交验收，并根据代建合同相关条款提出验收意见。代建项目竣工验收合格后，省代建局监督代建单位及时向使用单位移交项目使用权，代建单位应自竣工验收合格之日起6个月内向项目使用单位办理固定资产移交手续。竣工验收阶段代建单位应根据需要组织开展相应的调试和试运行工作，保证相关设施满足正常使用的要求。

（2）项目评审和总结报告业务环节的工作

项目评审是指政府代建项目管理部门基于代建合同，对代建单位在整个代建项目管理期间的管理绩效根据各种历史资料和竣工验收资料进行整体评估，对其履行代建合同的情况做出综合判断，基于相关政策规定和合同约定给予奖励和处罚，并对后续事项做出进一步安排，并通知使用单位和相关政府部门。

项目总结报告是指政府代建项目管理部门基于相关政策制度、监管计划文件和监管成效好坏对履行代建项目监管情况进行总结，依据相关的责任制度进行责任考核，并对相关政府部门的执法及配合情况给予综合评价，并通报相关部门，作为相关部门考核、后续政策制定和改善的依据，也通过总结不断吸收管理中的经验教训，不断提高代建管理水平。

2. 目标体系设计

（1）使用单位的目标

通过参与和监督竣工验收环节的工作，保证预期使用目标的实现。

（2）政府代建项目管理部门的目标

通过参与、监督和审查竣工验收环节的工作，使之符合法律和合同规定的要求，及时办理移交手续，顺利完成整个代建工作。

通过组织项目评审，对代建单位在技术、经济、管理、合同、法律和有关制度的履行情况进行评价，落实法律和合同规定的奖罚措施，终止代建合同。

通过项目总结报告，总结经验教训，完善有关行政法规和管理制度，不断提高代建监管水平。

（3）政府其他部门的目标

通过参与或了解相关信息，掌握项目的实际完成情况，并基于提供的信息对本部门执法监督和相关服务进行总结和考核，上级政府部门对相关责任部门给予相应的表彰或行政处罚。

（4）代建单位的目标

通过该环节的工作，保证项目能够通过竣工验收并移交给使用单位投入使用，通过自身内部评估和接受外部评估，认识到自己的不足之处，以利于以后工作的改善和提高。

(5) 实施单位的目标

参与相关工作，保证自身所完成业务符合政策和验收要求；通过自身评估和接受外部评估，认识到自己的不足之处，以利于以后工作的改善和提高。

3. 过程体系设计

政府代建项目管理部门在该阶段的主要工作如表 3.11 所示。下面分别论述每个环节工作的监管要点、监管方式和规范化管理的框架。

表 3.11 验收总结阶段的工作划分

验收总结阶段的工作划分	1. 项目试运行和竣工验收业务环节的监管工作	质量管理 费用管理 进度管理 安全管理
	2. 项目评审和总结报告业务环节的监管工作	

(1) 项目试运行和竣工验收业务环节的监管工作

当项目建设完成以后，应及时督促代建单位组织开展项目试运行和竣工验收环节的工作，根据代建单位编制的试运行计划和竣工验收的有关报告文件，组织专家和负责人员参与对实体运行状况和相关文件的审查，发现问题，及时协调，及时解决。在此过程中需要建立相关的监管制度及文件，落实部门和岗位人员责任，制定监管计划和相关措施，落实执行检查，行使必要的监管权力。

(2) 项目评审和总结报告业务环节的监管工作

应当建立项目后期的评审制度，制定项目代建管理报告的内容、要求和格式规范，督促相应工作的开展，与最终的合同结算和奖罚联系在一起，保证评审的全面、系统、公正、合理，最好将该项制度作为外部责任考核制度的一部分，向前期和中期延伸，加强中间管理绩效评审和中间考核，以起到督促和改进的作用。

同时应当制定政策，要求代建项目的各级参与单位都建立起较完善的上述制度，由合同委托单位对合同履行单位提出相关评审和考核的制度要求，通过事中和事后的动态评审和考核，督促建立和健全各层级的责任制度，持续完善和不断提高各自的经营管理水平，并使之常态化、制度化。

政府代建项目管理部门所作的项目总结报告，一个方面和前面的评审起到督促改善和提高的作用，另一方面是将反馈给代建项目的委托方（投资管理部门和上级部门）的总结汇报工作制度化、规范化，对其他相关政府部门的规定、执法和服务对代建管理的作用进行总结反馈，加强沟通，根据需要进行调整，以保证相关政策措施、执法检查和相关服务能够更好地满足代建项目管理的需要。

4. 责任体系策划

政府代建项目管理部门开展验收总结阶段的监管工作，应注重相关制度措施的建立和完善，通过建立有关的责任和奖罚制度，强化各自的责任，调动各方的工作积极性。该阶段评审和考核工作以责任的规范和落实为核心，该项工作的落实开展会对规范代建市场、完善相关制度、提高代建管理水平起到巨大的激励和制约作用。政府代建项目管理部门和相关政府部门应重视该项工作，逐步建立和完善相关政策措施。验收总结阶段各参与方管理权责的划分如表3.12所示。

表3.12 验收总结阶段工作的责任分工表

责任部门 工作划分	广东省代建项目管理局			代建单位	使用单位	投资主管部门
	计划财务部	招标合同部	建设管理部			
1. 项目试运行和竣工验收业务的监管	●	●	○	▲	●	□
2. 项目评审和总结报告业务的监管	▲	●	●	●	□	□

注：▲负责；○审批；●辅助；△承包；□通知。

由表3.12可知，目前在第二项业务环节上，政府各部门、各参与单位之间缺乏相应的评审和考核制度。政府代建项目管理部门在相关工作上的责权分工也不明确，缺乏开展相关监管工作的制度规范，也缺乏相关单位之间在以上业务事项上的协作配合机制，因此需要广泛征询意见，使相关工作制度化和规范化。

5. 流程体系策划

综前所述，以上两个业务环节的工作，前者是正式完工和可以投入使用的标志，为后者提供文件资料和业绩资料的支撑；后者是针对法规制度和合同约定的各方责任履行情况，结合自我评估和委托方评估两种途径进行综合评估，在项目展开全过程中定期开展，对应进行中间考核和竣工考核，以起到督促改进的作用。

6. 文件体系策划

验收总结阶段，特别是竣工验收的业务环节，其包括实体验收和文件验收两项内容，文件是验收的基础，实体是对文件的验证，因此必须根据制度要求（如各种审批、检查、竣工验收备案制度等对文件类型、内容和格式等的规定）建立完备的文件体系，当然，这一文件体系的大部分文件属于过程文件，有些是由施工单位负责建立，有些是由监理单位、代建单位等建立，现有政策制度对此有明确规定，这里就不详述了。这一阶段的文件体系可按照以下分类方式组织策划。

① 按照管理主体不同：划分为政府代建项目管理部门文件体系、代建单位的文件体系、监理单位的文件体系、设计单位的文件体系、供货单位的文件体系和施工单位的文件体系等。

② 按照管理业务不同：划分为技术文件体系、经济文件体系、管理文件体系等。

③ 按照文件属性不同：划分为合同类、计划类、报告类、评估类、检查类、审批类等。

具体文档目录参见政府颁布的有关归档管理的文件，这里不详细罗列。政府代建项目管理部门需要定期对相关单位履行文件体系建设的责任情况进行检查，及时发现、协商和解决问题。对于项目评审、考核和总结报告业务环节，应当在建立相关制度的同时，建立相关的文件体系，以规范相应活动的开展。

3.3.4 全过程四大目标监管体系设计

以上按照前期、中期和后期三个阶段对政府代建项目管理部门的监管业务范围、监管目标、监管要点、监管方式、监管责任划分、工作流程和文件体系等分别进行了对应分析。

每个阶段的每项监管业务均须制定与之相适应的监管方案，管理工作包括投资控制、进度控制、质量控制、安全控制、风险控制、信息管理、合同管理、组织协调等，这里主要研究投资、质量、进度和安全四大目标监管模式，考虑到四大目标监管模式具有系统性，我们拟按表3.13所示结构在第4章进行规范化研究。

表3.13 四大目标监管模式的规范化分析框架

四大目标管理模式		前期阶段	中期阶段	后期阶段
质量监管模式	质量策划	以这里所做研究的结论为依据，建立相应的质量监管模式架构		
	质量保证			
	质量控制			
	质量改进			
费用监管模式	费用估算	以这里所做研究的结论为依据，建立相应的费用监管模式架构		
	费用计划			
	费用控制			
进度监管模式	进度计划	以这里所做研究的结论为依据，建立相应的进度监管模式架构		
	进度控制			
安全监管模式	安全策划	以这里所做研究的结论为依据，建立相应的安全监管模式架构		
	安全保证			
	安全控制			

3.4 四大目标监管体系的实践模式

本书第2章罗列了项目管理的多种理论模型和工程项目管理的多种应用模型，通过分析和整合，提出了项目代建管理的应用模型框架（当然，还远不能达到代建项目管理规范的深度），该模型也只是注重其管理过程的广度和深度，并没有考虑如何结合各地的政策制度、各类项目的建设特点和其他要求，建立起与具体环境条件、项目特点和组织要求相适应的应用模型，这个模型可以称作实践模型。本章的3.2和3.3讨论了如何逐步建构起对代建项目的目标体系设计、过程体系设计、责任体系设计、流程体系设计和文件体系设计的具体分析框架，使读者从中认识到了广东省代建项目全过程各个阶段的工作和组织方式等细部特点，由此再结合第2章提到的理论模式和应用模式的参考框架，建构起与目前实际代建管理工作相适应的实践模式。

以下内容仅建立起四大目标监管体系的实践模式框架,详细分析放到第 4 章进行阐释。

1. 影响政府代建项目管理成功的主要因素

国内外现有的各项研究,总结了项目管理成功和失败的种种原因,达成共识的有以下四项重要因素:

① 组织因素;

② 人的因素;

③ 计划与控制因素;

④ 沟通与协调因素。

由此可见,我们最关注的技术和经济因素并没有排在最重要影响因素之列,而这四项因素可以通过管理体系的构建得以贯彻实现,因此以上因素应当成为构建实践模式需要关注的核心因素。

2. 政府代建项目管理体系的过程组合分析

第 2 章综合 6 种工程项目管理模型结构提出了表 2.11 所示的项目代建管理的应用模型结构,提出了代建项目管理的生命周期 6 个项目阶段和 15 个项目管理知识领域的管理过程组合,覆盖了项目组合管理、项目集管理和单个项目管理三个项目领域,综合了工程项目管理、工程总承包管理、使用单位项目管理和 PMC 项目管理等多个应用模型中提出的管理过程组合,具有一定的广度和深度,具有理论和现实上的合理性。

但合理的未必是必需的,项目管理过程的组合一般应遵循以下原则:

① 不同专业的项目选用不同的项目管理过程;

② 不同项目的管理过程会有不同的具体管理过程;

③ 不同项目的管理过程会有不同的管理流程与组织方式;

④ 不同项目的管理过程会有不同的前提条件和要求;

⑤ 不同项目的管理过程需要不同的集成管理程度;

⑥ 不同项目需要不同的项目管理过程的简化程度;

⑦ 项目变更会使项目管理过程也随之发生变动。

因此,结合前面对代建项目监管工作所做的分析,构建起政府代建项目管理的实践模式框架。

3. 政府代建项目管理体系的实践模式框架

从项目生命周期上可将代建项目划分为前期工作阶段、建设实施阶段、验收总结阶段。从项目管理领域上可将代建项目管理划分为范围管理、整体管理、质量管理等领域。政府代建项目管理体系的实践模式框架如图 3.17 所示。

政府代建项目管理的知识体系框架如表 3.14 所示,其中少量内容根据归并关系对前面罗列的代建项目生命周期划分做了适当调整,如前期工作阶段的接受委托、组织安排和制定计划等三项内容,因为与综合分析部分的组织分析和策划分析重合而去掉。

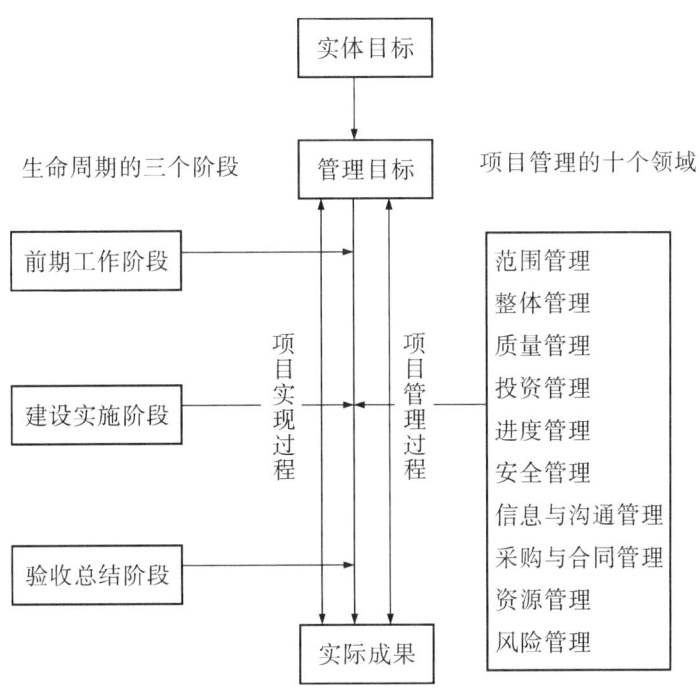

图 3.17 政府代建项目管理体系的实践模式框架

表 3.14 政府代建项目管理的知识体系框架

一、综合分析	1.1 政府代建管理的目标分析		政策分析、特征分析、条件分析、目标分析							
	1.2 政府代建管理的过程分析		主要过程分析、整体流程分析							
	1.3 政府代建管理的组织分析		政府相关部门组织分析、参与单位组织分析、内部组织分析							
	1.4 政府代建管理的策划分析		总体策划分析、前期策划分析、实施期策划分析、经营期策划分析							
二、管理领域	2.1 两项全局管理		2.2 四大目标控制				2.3 四类基础管理			
	范围管理	整体管理	质量控制	投资控制	进度控制	安全控制	信息与沟通管理	采购与合同管理	资源管理	风险管理
三、生命周期	3.1 前期工作阶段			3.2 建设实施阶段			3.3 验收总结阶段			
	代建招标	可行性研究	初步设计	审批	代建管理	设计	采购	施工	项目试运行和竣工验收	项目评审和总结报告

4. 四大目标监管体系的实践模式构建

将表 3.14 中管理领域中的四大目标管理部分切分出来就构成了四大目标监管体系的实践模式框架,模式框架的表现形式如表 3.13 所示,具体内容在第 4 章进行研究。

3.5 结论

本章首先通过建立管理体系的方法体系，针对代建项目的生命周期划分为前期工作、建设实施和验收总结三个阶段，对其业务内容、目标体系、过程体系、责任体系、流程体系等组织方式进行分析，在此基础上构建起政府代建项目管理的实践模式框架。

第4章将把政府代建项目管理实践模式框架中的四大目标控制部分的管理工作划分成具体的管理模块进行研究，以期建立起从理论到实践的转变，建立起相应的四大目标监管的运作模式。即结合组织的现实条件和发展需要，细化模式的管理过程，编制相应的管理规范，用于组织在以后制定相关制度规范、开展相应管理活动时参考，并据之编制具体项目的管理手册，帮助组织快速实现规范化管理、提高项目管理水平。

第4章 政府代建项目管理部门四大目标监管模式规范与制度建设

4.1 引言

这里主要针对第3章所构建的四大目标监管体系的细节进行阐述，识别工作要点，明确相关制度措施，规范相关工作，以期建立起四大目标监管规范，罗列出四大目标监管体系计划（或手册）的框架，指引四大目标监管工作的开展，保证监管的科学和方法的统一。

政府代建管理的实践模式划分为综合分析、生命周期和专项管理三大部分，专项管理又按专项管理的特征不同划分为二项全局管理、四大目标控制和四类基础管理三个部分，其关系如图4.1所示。

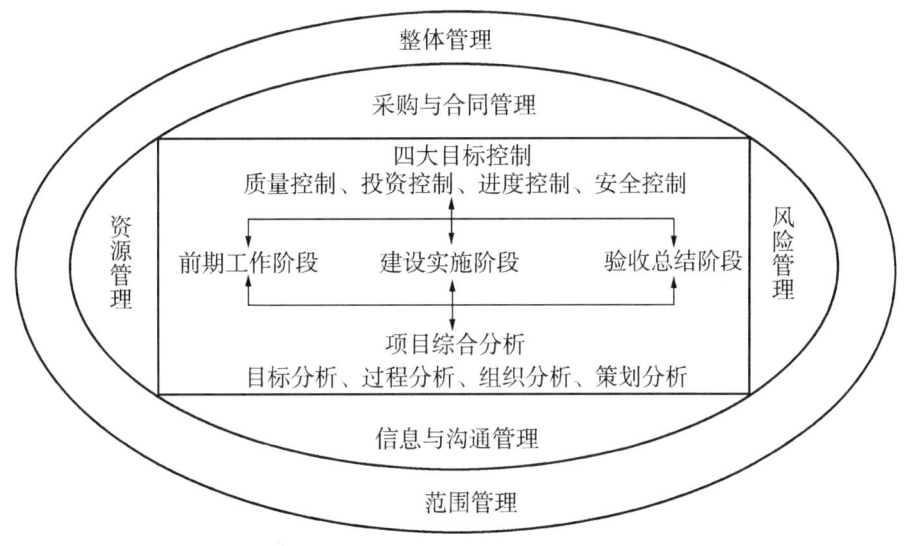

图4.1 政府代建项目管理的应用模式

图4.1将政府代建项目管理划分为三个层次：最核心部分是围绕着政府代建管理的三个阶段，以四大目标为出发点和检验基准，以四个方面的综合分析为基础和依托的核心层；第二层是围绕着核心层所建立的以四类基础性或支撑性管理活动为主要管理内容的中间层；第三层是对整个项目起着结构性和战略性影响、以贯穿整个项目的两项全局性管理活动为主要管理内容的最外层。本课题主要针对核心层的三个主要组成部分进行研究，其中的重点是研究政府代建管理的四大目标监管模式，可将其按照四大目标控制和项目生命周期的三个阶段这两个维度划分为以下几个部分进行规范化研究。

(1) 政府代建项目管理模式的综合分析，具体内容如表 4.1 所示。

表 4.1 政府代建项目管理模式综合分析部分的内容

综合分析	1. 政府代建管理的目标分析	政策分析、特征分析、条件分析、目标分析
	2. 政府代建管理的过程分析	主要过程分析、整体流程分析
	3. 政府代建管理的组织分析	政府相关部门组织分析、参与单位组织分析、内部组织分析
	4. 政府代建管理的策划分析	总体策划分析、前期策划分析、实施期策划分析、经营期策划分析
	5. 政府代建管理的基础建设	组织建设、制度建设、信息化建设、知识管理系统和组织文化建设

（2）质量监管模式规范

具体如表 4.2 所示。

① 一般规定；

② 质量策划；

③ 质量保证；

④ 质量控制；

⑤ 质量改进；

⑥ 制度建设。

（3）费用监管模式规范

具体如表 4.2 所示。

① 一般规定；

② 费用估算；

③ 费用计划；

④ 费用控制；

⑤ 制度建设。

（4）进度监管模式规范

具体如表 4.2 所示。

① 一般规定；

② 进度计划；

③ 进度控制；

④ 制度建设。

（5）安全监管模式规范

具体如表 4.2 所示。

① 一般规定；

② 安全策划；

③ 安全保证；

④ 安全控制；

⑤ 制度建设。

表 4.2 四大目标监管模式的规范化分析框架

项目阶段		质量控制	投资管理	进度控制	安全控制
前期工作阶段	代建招标	质量策划 质量保证 质量控制 质量改进	费用估算 费用计划 费用控制	进度计划 进度控制	安全策划 安全保证 安全控制
	可行性研究				
	初步设计				
	审批				
建设实施阶段	代建管理				
	设计				
	采购				
	施工				
验收总结阶段	项目试运行和竣工验收				
	项目评审和总结报告				

(6) 四大目标监管手册的编制

① 一般规定；
② 编制结构；
③ 主要内容。

4.2 政府代建项目管理模式的综合分析

我们常说，理论是苍白的，现实是鲜活的。理论和现实应该是一体的，理论的现实表现形式和应用方式是丰富多样的，理论是对现实的抽象、简化以及本质的把握。实践则需要把抽象的理论具体化，遵循"具体→抽象→具体、个别→一般→个别、实践→理论→实践"的认识路线。理论只有通过与现实的结合才能还原为现实，理论才能因此而变得鲜活，实践才能因此而变得明晰和深刻。

但理论付诸实践并不能一蹴而就，只有在深刻理解和把握理论的基础上，同时深入实践、了解现状和问题、结合理论进行思考和综合分析，才能将两者有机结合起来，实现预期的目标。这个过程需要多次反复，会有失败和调整，然后不断改善，逐步走向成熟。

因此，第 3 章所建立的政府代建项目管理的理论模式只是一个简化模型，包含主要体系要素及其一般关系机理，较少考虑具体项目所处的自然、政治、经济、社会、技术、组织、资源和能力等条件，该模式作为一个分析框架，需要结合具体项目的实际特点、条件和要求等才能建立起符合现实需要的应用模式。同时，现实是复杂多变的，在现实中对该模型的理解和把握，不存在一个通用模式和共性做法，即该模型可以具有代表性，获得各类组织的认同，但各个地区的实际政策和组织方式可能会出现较大的差异，其符合哲学上的本质和现象、形式和内容这两对范畴的辩证机理，既要透过现象抓本质，又要把握住活生生的现象本身，本质代替不了现象，只有基于这种认识，才能构建起与我们所处的环境相适应的具有自身特色的政府代建项目管理模式。

这里需要强调的是我们应当认识到认知和实践模式的历史性和传承性。存在即合理，现实的模式是历史的产物，不仅仅包含着静态的、文本类的东西，而且还随着实践不断地演化发展。如国人的文化模式，不仅包括了数千年积累流传下来的各种典籍，更是包括了国人的生活方式、思维方式和行为方式等，因而形成中国文化的独特理论和方法；同时理论又不断处于丰富和发展之中，其中的任何一个文化单元都有一个不断成长和丰富发展的过程，文化的范围还不断扩大到原来所没有的各种物质和非物质文化中，各种文化学说也随着社会变迁而不断地创新演化。管理科学是一门舶来的学问，作为社会科学，其既有科学性和合理性的一面，也有应用的局限性，认为好的东西在现实中不一定是适用的，社会科学和社会实践的结合只有放到现实环境中去看待才有真实的意义。

对应于政府代建管理模式，在我国并没有一个固定的单一模式，每一种模式都有它的优点和局限性，而且模式的创立也跟使用者的判断力和执行力紧密相关，相关决策者对项目代建本质和趋势的判断，让管理者在该有所反应的地方做出适当反应，只有在明确组织方向和组织形式等的基础上才能基于前面所提的模式构建起适合自身发展的实践模式。以往我们展开管理的一般观念是，当我们按照想法采取行动时，首先考虑制定政策和对应的行为规范，然后期望落实执行后，就能够很好地实现预定目标和解决出现的问题。这种观念将管理简单化了，其中的关键所在是，我们必须在一开始就考虑如何让项目利害相关者通过恰当的途径介入到我们的模式建构过程中，让他们明白我们的目的、实现的途径、对他们的影响，以及对他们的反映和要求、相关关系模式处理的恰当方式，哪些可以采取行政手段、哪些应当依靠市场竞争，等等，取得相关的政府部门、项目参与的各类市场组织和社会公众的理解和认同，制定相关的政策制度。政府代建项目管理只有依靠他们的帮助才能实现自身的目标。我们的首要任务是解决组织类的问题，其后才是工作类、流程类、技术类、文件类等事项的筹划安排。

基于以上想法，综合分析的目的就是通过理解现象、把握现实，全面认识和理解模式建设的前提和基础，并在此基础上，按照前面提出的管理模型结构，从理论到实践，逐步构建起适合实际需要、得到广泛支持的政府代建项目管理模式，并基于这些要点的变化而不断地修正和发展这一体系。

4.2.1 一般规定

综合分析是指在开展具体项目管理工作之前，首先需要明确的总体目标、组织模式、工作思路和管理框架，即为实现组织目标对组织的长远的、重大的问题进行的总体谋划，核心事项是建立组织的管理定位、长远目标、项目组织框架和基本组织制度。

本书的第 3 章政府代建项目监管体系构建机理和构建内容中已对相关的原理和方法做了全面介绍，在监管体系策划部分也结合实际监管工作对其应用方式方法做了深入分析，在此不再赘述。

这里主要是要建立一个总体分析框架，强调工作要点，提供分析思路和分析工具，以利于政府代建项目管理部门认识到该项工作的重要意义，着手编制综合分析部分的工作规划，制定相关的政策和制度规范，提出相应文件成果的要求，从而指导和规范综合分析工作的开展。

这个阶段的工作类似于开展组织战略规划工作，如图 4.2 所示。

第4章 政府代建项目管理部门四大目标监管模式规范与制度建设

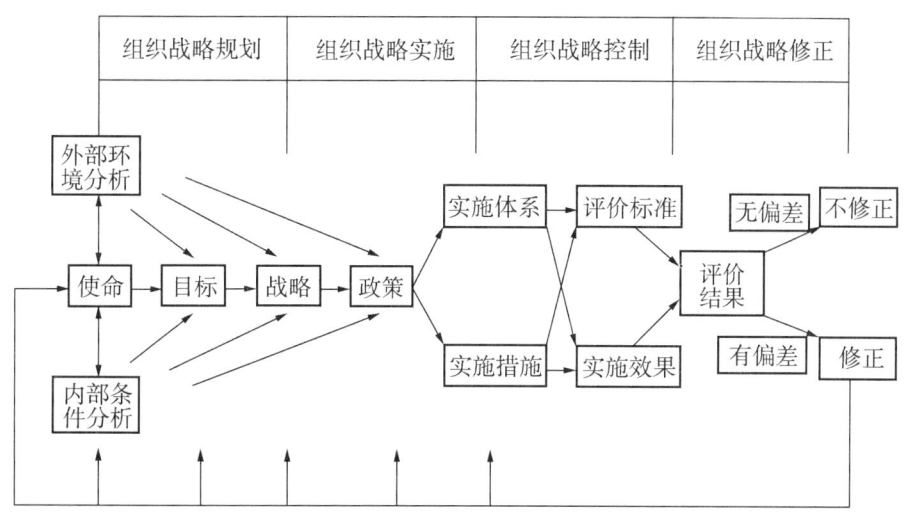

图 4.2 企业战略规划过程

1. 主要原则

(1) 基础性

对组织所处内外环境的综合分析,确立组织的价值理念、发展远景、整体目标和组织方式等,规定后续工作的基调、长期目标和基本路线。该原则主要是制定指导政府代建项目管理部门整体运作的基础政策,对全部代建项目都适用,在管理实践中不断补充和完善。如组织机构的设置、部门职责分工、项目组织方式和主要工作流程等基础制度的制定与完善。

(2) 条件性

对项目所处内外环境和自身特点的综合分析,确定建立项目管理体系所须遵循的约束条件和假设条件,保证所建体系与现实需要相符合,有针对性地开展管理工作。该原则要求项目管理框架和政策措施必须建立在对项目特征和所处环境详尽分析的基础上,以避免管理的随意性和经验性。

(3) 系统性

将理论模式和项目特点结合起来做综合分析,在理论模式的基础上建立起具体项目的管理框架和工作模式,形成具体项目管理的策划和控制工作框架,该框架随着项目进展不断拓展和深化,如制定和完善项目管理文件策划体系和现实监控体系的政策制度等。

(4) 指导性

通过建立项目管理整体框架和组织工作的制度规范,确立以后开展各项工作的标准和要求,在整体上规范和指导后续工作的开展,这项原则是依靠相关制度的建立、落实和完善得以实现的。

2. 一般思路

综合分析的重点是对适应目前环境和组织特点的政府代建管理组织模式、组织制度和工作模式的制定,主要遵循以下认识思路:

(1) 组织体制分析

立足于现有政策分析和未来政策发展趋势分析，对涉及代建制的各级政府部门、行业组织和市场主体等进行组织体制分析，识别和确定政府代建项目管理部门的功能和职责定位，确定组织的价值理念、远景目标、工作范畴、组织结构、问责制度和管理方式等基础制度。

（2）管理目标分析

在组织体制框架下，制定针对具体项目的管理制度，首先是管理目标分析的制度和措施规定，对代建项目各层次参与组织的管理目标层次进行分解、制定和落实，设定目标基准和检查评价方法，以保证各层级组织在明确自身管理目标的基础上制定适当的管理模式。上层管理组织对下层管理组织目标实现的策划和控制模式等按照预定分析框架和评估方法进行检查和评估，督促改进和不断完善。

（3）管理过程和流程分析

任何管理实践都是对过程的策划和控制，过程模式的建立是开展代建项目管理的前提。针对具体项目的管理过程分析可以通过专项管理中的两项全局管理工作（范围管理和整体管理）进行分析和制定对应管理措施。这里主要是制定针对全部代建项目过程管理模式的政策措施，即对于各层级管理组织建立过程模式提出要求、设定有关标准，并建立检查和评估制度。

（4）组织职责分工分析

针对划分的各层次管理目标、主要实施过程和管理流程建立以后，就必须将其落实执行。而整个代建项目的目标、过程和流程又划分成不同层次的模块通过不同的委托方式（行政委托、市场交易）交由不同的组织予以实现。这里主要针对该组织层次、关系机理、工作及职责、委托方式、监控模式等建立分析框架、提出要求、设定标准，并建立检查和评估制度。

（5）管理的策划、执行和控制分析

任何管理实践都包括对识别的过程进行策划、执行和控制等管理活动，针对具体项目的策划、执行和控制等管理活动分析可以通过专项管理部分的工作进行分析和制定对应管理措施。这里主要是针对全局性的策划、执行和控制工作的组织方式和工作方法等提出要求、制定对应的政策措施、设定标准，并建立检查和评估制度。

3. 分析框架

政府代建项目管理的综合分析主要通过整体结构分析，找到关键事项，识别控制点，明确开展工作的方法措施并制定其中所需的政策制度这一思路完成该项基础性的管理工作。开展综合分析的研究框架如图4.3所示。

图4.3中第一层强调了综合分析的工作流程，第二层强调了关键工作，第三层强调了工作方法。因为综合分析部分涉及整体组织层面的研究，这里只提供分析框架、思路和方法，不做具体分析。

4.2.2 政府代建项目管理的目标分析

这里所强调的目标分析是指确定整个组织的功能定位、发展模式、整体的战略目标与部门的职能目标，以建立无论任何代建项目都需遵循的制度前提。

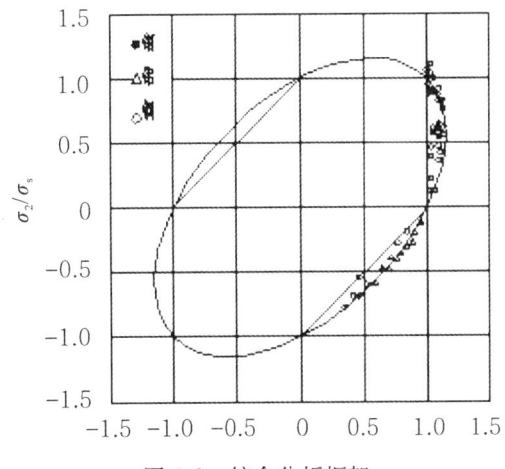

图4.3 综合分析框架

1. 调查研究

主要对组织和代建项目所处的政治环境、经济环境、社会环境、文化环境、法律环境、自然环境、基础设施环境等进行宏观层面的调查研究，采取文献调查、问卷调查、专家讨论、访谈、实验观察等相关社会调查方法，明确组织所处环境的具体特征，采取定性和定量分析方法对参与代建项目的各类组织的类型、机构、属性、能力、相互关系等进行综合分析，明确内外部组织的具体特征。

重点是找到各类环境影响因素，并将其细化成具体指标，基于影响程度的大小赋予权重值，采用类似PEST分析的方法，构建组织外部因素评价矩阵（EFEM），对组织外部因素进行分析和评价。

2. 组织分析

采用SWORT分析的方法，将调查研究所得的组织所处环境的机会与挑战，与组织的强项和弱项结合起来进行分析，确定组织的功能定位和发展模式。重点是通过分析明确以下三类问题：

① 明确组织的使命：我们的组织是一个什么样的组织？它将成为一个什么样的组织？它应当成为一个什么样的组织？

② 明确组织的目标：我们的组织要实现什么样的目标？

③ 明确组织的战略：怎样实现组织的既定目标？

这些分析成果应该成为组织核心制度的组成部分，类似于企业章程这一文件，本组织也要基于同样的文件框架建立起本组织的章程文件。

3. 条件分析

采用LFA（逻辑框架结构法）分析的方法，建立参与代建项目的各类组织之间的层次和责任关系。如图4.4所示，由目标到具体活动划分为四个层次，其由三层逻辑关系联系成一个有机整体。LFA通过明确的总体思维，把与项目运作有关的重要关系集中加以分析，以达到以下几个方面的目的：

① 确立项目不同目标层次间的因果关系；

② 推导实现各层次目标所需的内部条件（必要条件），这就是内部逻辑关系；

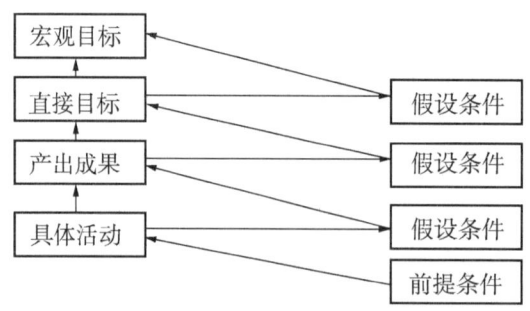

图 4.4 逻辑框架结构法的分析框架

③ 考虑实现各层次目标所需的外部条件（充分条件），这就是外部逻辑关系；

④ 将项目目标层次与内部条件和外部条件结合起来就可得出清晰的项目概念和设计思路。

其由下而上的支撑关系是：一旦前提条件得到满足，项目活动便可开始；一旦项目活动开始，所需的假设条件得到了保证，便取得了相应的产出成果；一旦这些产出成果实现，并且同一层次的重要假设得到保证，便可以实现项目的直接目标；一旦项目直接目标得以实现，同水平的重要假设条件得到保证，项目的直接目标便可以支撑项目宏观目标的实现。其分析的结果形成逻辑框架矩阵表，如表 4.3 所示。

表 4.3 逻辑框架矩阵表

目标层次	客观验证指标	客观验证方法	重要假设及外部条件
客观目标	宏观目标验证指标	评价及监测方法	实现宏观目标的条件
具体目标	具体目标验证指标	评价及监测方法	实现具体目标的条件
产出结果	产出成果衡量指标	评价及监测方法	实现项目产出的条件
具体活动	组织方式衡量指标	组织活动验证方法	落实活动的外部条件

以上分析框架建立的目的是想说明在政府代建项目管理部门的目标体系构建受到组织外部条件的影响时，对组织内部条件可在组织和项目策划中加以分析和解决，但外部条件一般是对组织和项目影响很大，但组织又无法加以控制的条件，组织必须认真识别，纳入到逻辑框架矩阵中进行分析，提醒管理者注意此类条件的变化。政府代建项目管理所处的行政组织系统、权力分配和制约、相关组织的行为模式、组织可以获得的资源和支持力度等都会成为影响监管模式合理构建和有效实施的关键所在。在此分析的基础上，制定相应策略或政策措施，对识别的关键因素施加一定影响，使其尽可能朝有利于组织和项目的方向转化。

4. 目标分析

基于以上分析，识别和建立政府代建项目管理的目标层次结构，如表 4.4 所示。需要注意的是代建项目作为一个整体，需要诸多政府机构和市场机构的参与，应在划分出各级代建项目参与组织之间委托关系的基础上建立其目标层次结构，使总体目标和组织目标、委托部门目标和受托部门的目标、组织目标和部门目标、部门目标和岗位目标之间形成相互支撑、互为因果的工作关系。

表 4.4　目标分解结构

目标层次	需求目标	成果目标	管理目标	管理方案
总体目标				
组织目标				
部门目标				
岗位目标				

在此分析的基础上，撰写各层级组织的项目目标文件（POD）。第 3 章将图 3.1 中的代建项目组织层级结构划分为监管层、管理层和实施层进行了较深入的分析，在表 3.1 中总结了政府代建项目管理部门的全过程监管责任，这些内容需要通过以上所建立的分析框架和分析方法进行更详细的分析，制定相关制度措施，将总体责任目标落实到参建单位以及组织内部部门和岗位职责当中。

4.2.3　政府代建项目管理的过程分析

通过政府代建管理的目标分析，明确了组织使命、发展目标和各层级参建组织职责以后，就必须考虑如何实施总体管理，在第 2、3 章的理论模式和实践模式构建的基础上，建立起总体的政府代建项目管理业务模式，明确业务重点，进行关键决策和重点方案策划。而过程分析是其他业务活动开展的基础。

1. 主要过程分析

过程分析工作可以划分为两个层次，一个是整个代建项目管理过程的分析，一个是政府代建项目管理的过程分析。

（1）代建项目的整体过程分析

只有在对整个代建项目的过程进行分析的基础上，才能建立起整体过程架构，明确过程要点，确定过程的承担主体及其工作关系，进行工作分工，设计工作流程，制订工作计划，从而将目标落到实处。不能将这项工作理解为是代建单位的职责，政府代建项目管理部门作为项目整体发包、监管和协调机构，应代替政府投资主管部门和业主单位履行相应的管理职权，涉及对代建项目实施方案进行整体构思，对如何更有效实现目标进行组织实施模式评估和比选，对建立更有效的项目整体实施模式总体上负有更大的责任，所以本组织应该为此以自身为主体开展更多的工作，而不是以"监督"或"委托"代替"管理"，从而造成整个管理模式和实施成效完全依靠其他机构，不在本组织职责掌控范围以内，从而造成本组织无法真正履行自身的职责。

这里可以采取 WBS 分解技术将整个代建项目的全部工作进行系统分解，以建立整体认知。注意在过程的整体划分中除了遵循建设项目的建设程序和技术规律以外，整个分解结构的层次应当按照项目监管和委托模式的不同，将各层工作分解单元（或工作包）与相关参与组织之间建立起对应关系，以利于后续工作的进行。

（2）政府代建项目管理的过程分析

在整体分析的基础上，根据本组织的职责定位和发展目标，将整体过程划分的相应工作模块落实到组织内部。本组织通过主持、积极介入、监督、检查和协调等工作方式，在前期工作、建设实施和验收总结三个阶段分别开展不同性质的工作。前期工作以明确需求、构建模式和管理委托等为核心；建设实施阶段以管理层和实施层的建设要求、委托模式、策划体系、实际成效等的提出、评估和监管为核心；验收总结阶段以管理层、实施层、使用单位和其他机构的验收、试运行和资产移交，项目各参建主体的绩效考核和组织内部绩效考核，项目管理总结报告等的监督、组织和实施为核心，进行政府代建项目管理的过程分解，以明确业务重点和业务分工，建立相关责任制度和工作制度，以落实组织职责为核心建构起组织过程保障体系。

本书第3章将项目的整体过程划分为前期工作、建设实施和验收总结三个阶段进行了详细分析，这里不再赘述。

2. 整体流程分析

代建项目建设的整体过程是由不同参建单位分别落实完成的，其中包含不同的委托方式，责任和业务的规定也不相同。因此，项目过程分析的各个层级的工作模块应落实在整体的分工体制上面，重点完成以下两个方面的分析工作。

（1）代建项目建设程序分析

在工程建设基本程序的指导下，细化和完善代建项目的工程建设程序，特别注意区分不同责任主体之间的工作流程的逻辑制约关系、工作协作关系、工作汇报及沟通方式等分析以及相关制度的建设。

（2）政府代建管理程序分析

基于政府代建项目管理过程分解的工作模块在整体工作流程的逻辑链条中所处的位置，细化和明确工作展开顺序，制定相关的工作联系和协作制度。

工作流程设计决定了未来工作的开展方式，需要将组织机构、领导体制、职位设计、工作设计、激励机制、行为规范、技术手段和资源条件等进行全面整合，才能构建简单、合理、清晰的工作秩序。因此，基于过程分析所得的各个层级的工作模块应该在组织分析、职责分析、工作分析、逻辑关系分析和协作沟通分析等基础上使用严格的流程分析工具（工作流程图）细化和描述流程、识别流程关键点、对流程关键点进行分析、量化和度量流程的效率、与先进的类似流程进行比较分析等制定出科学规范的流程分析文件。

4.2.4 政府代建项目管理的组织分析

通过前面的分析可知，组织体制、目标框架、过程和流程组织等工作是一体化的，必须综合考虑相关因素的影响，不能完全割裂开来。依照上面分析的顺序，在划分工作模块和明确工作流程以后，就需要将具体工作落实安排到不同的组织和人员，然后付诸实施。组织分析的目的就是建构起一个整体分析框架，明确开展该项工作的意义、职责、方法和规范化要求，以指导该项工作在组织中的建立、展开和逐步完善。

本书第3章对政府代建管理的各层次组织进行了详细分析，这里主要从完善综合分析整个工作的角度，阐述该项工作的目的、方法和成果。

1. 政府相关部门组织分析

主要是针对代建项目开展的不同阶段，各级政府主管部门在项目中承担不同的责权，但目前不同政府主管部门在代建项目决策和实施过程中的行政责权还不明确，在介入的环

第4章 政府代建项目管理部门四大目标监管模式规范与制度建设

节、时间和介入方式等方面普遍存在该管的地方不到位、存在很多疑虑、缺乏必要的政策引导、工作责任分配和考核不明确、工作受到来自其他方面的干扰、工作的主动性和积极性不强、工作介入比较随意等问题,这些只有通过前面谈到的政府行政组织体制分析,通过调查研究、政策环境分析、组织职能分析、权责分析等,针对存在的问题,基于组织未来发展的需要,在现有政策和组织框架内,提出和制定相关政策措施,尽量消除这些问题的影响,使部门分工与责权统一起来,并建构起良好的部门沟通和协作机制。

2. 参与单位组织分析

代建项目的参与组织按参与层级和业务属性不同可划分为三层,如图4.5所示。以下主要是对外部委托的组织关系分析。

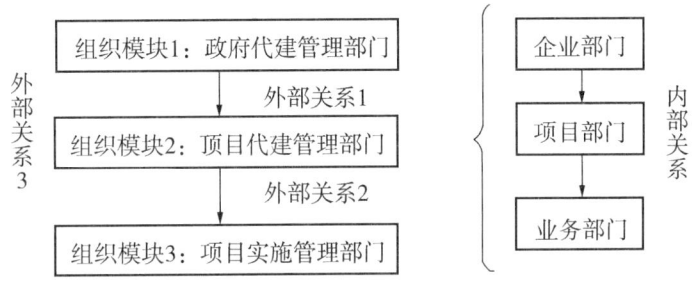

图4.5 代建项目组织关系图

一般可以将外部组织关系划分为有合同关系的近外层关系和无合同关系的远外层关系,图4.5中的外部关系1和2属于近外层关系、外部关系3属于远外层关系。

首先从最顶层开始,按目标框架、工作模块和工作顺序将项目委托出去,基于现行政策,政府代建项目管理部门只是实施外部关系1的委托,对于外部关系2只有监督权而无主导权,对外部关系3的监督权也很薄弱。这就需要基于管理目标的达成,根据目前该委托模式存在的问题,在现有政策和组织框架内,通过外部关系1的委托模式强化对外部关系2的检查和监管要求,要求项目代建管理部门根据要求制定外部关系2的委托方案,制定具体的评估检查制度,并对此委托方案进行评估和提出修改意见,审批同意以后,根据此方案进行实施过程的监督检查。这三者之间的组织关系分析和监管体制分析在第3章有详细分析,这里不再赘述。

最后,根据前面建立的目标框架、工作模块和工作顺序,基于一定的委托方式,对三层委托关系的组织实施模式分析。图4.5的组织模块1根据政府代建项目管理实践模式建立起自身的管理模式,该模式给组织模块2提出建立项目代建单位(含监理单位)管理模式的要求(使用相关政策制度、代建合同条款和代建项目管理规范等),代建单位根据要求建立文件化的管理体系,政府代建项目管理部门制定具体的评估检查制度,对代建单位的管理体系文件进行评估和提出修改意见,审批同意以后,根据此文件对实施过程进行监督检查。

3. 内部组织分析

代建项目的参与单位主要以项目组织的方式参与到项目当中,但该项目组织能否很好地履行相应的职责,还要受到各个参与单位内容组织方式的影响。政府代建项目管理部门通过收集和熟悉各类参与主体的企业属性、资信情况、工作业绩、管理能力、资源配置和管理制度等资料，即可结合前面分析所得的工作和职责安排对相关参与单位的完成目标和履行职责的能力进行分析，督促其发挥强项、加强弱项，确立监管的重点，具有十分重要的意义。

图4.5右边罗列了参与单位内部的组织层次，这里主要对政府代建项目管理部门进行组织分析，具体分析详见第3章的组织策划部分，这里不再赘述。组织内部一般性的管理工作分工如表4.5所示。

表4.5 组织内部的管理工作分工

组织层次	责任者	工作重点	主要任务
高层	高层管理者	制定和落实组织的宗旨、目标、政策和关键资源	制定组织战略；确定部门的任务；按照任务给各部门分配资源；批准各部门的计划和预算；考核各部门的工作，保证整个组织按照战略规划顺利运行
职能部门	部门管理者	制定和落实职能层目标、策略、措施和部门安排	参与制定组织战略；制定组织范围的方针、政策与标准，通过考核与监督，保证执行的一致性；就各部门的目标、任务、计划与预算问题，向高层管理者提出建议；就各部门的职能工作，向高层领导者提出专门意见；制定职能部门的策略、目标和职责；对于关键岗位的任命、工作标准的设置以及考核评价，提出建议；在需要的地方提供职能方面的相应服务
业务岗位	基层管理者	制定和落实部门工作计划、工作方法和步骤	参与制定部门发展策略；执行部门范围的政策、计划与标准，保证执行的一致性；就各自的工作目标、任务、计划和预算问题，向部门管理者汇报和提出建议；制定本岗位的工作路线、目标，对于本岗位的制度建设提出建议；执行分配给本岗位的工作任务

因为政府代建项目管理部门会越来越偏向于企业化的运作模式，各层次管理者在工作重点的安排上与传统的行政管理模式具有较大区别，高层管理者应当将更多的精力和时间投入到更长期的组织战略规划和政策建构上去，部门管理者应重视业务模式的设计、职能目标和实施策略的制定、岗位设置及人员聘用、制度建设及人员能力培养、工作指导和绩效考核等方面，基层管理者则通过开展具体工作落实工作计划。广东省代建项目管理局的各部门都已编制出本部门的岗位制度，第3章对建立跨部门的项目团队组织模式进行了分析，这里不再展开。

需要注意的是一个组织中高层领导对组织使命与远景的认知、领导的魄力与能力、领导的郑重承诺以及对整个组织体制建设的关注和支持，对组织的建构和发展起着高屋建瓴的作用；同时也须注意职能部门的权责分工、协作和沟通机制的建设、资源控制权力、工作标准、制度建设的全面和合理性，部门管理者的经验、能力和沟通技巧，科学知识和方法的使用，完备的业绩考核体系和信息报告系统建设等对组织发展起着承上启下的功能；

最后，基层管理者的素质、能力和经验，工作方法的科学性和合理性，激励机制和工作制度的协调统一，合作精神的高低等对组织发展起着基础和支撑作用。

4.2.5 政府代建项目管理的策划分析

俗话说，七分准备、三分行动，项目准备得越全面、越充分，项目实施就越顺利，阻碍就越小，问题就越少。而项目准备的核心工作就是项目策划。项目策划（项目规划）是在充分占有信息的基础上，针对项目决策和实施的问题进行组织、管理、经济和技术方面的科学分析和论证，将建设意图转化为定义明确、要求清晰、目标明确且具有可操作性的项目策划文件（项目计划）的活动过程。项目前期策划是项目成功的前提。

这里不准备对项目策划的具体方法和计划体系进行分析，这些内容在专项管理中再进行详细介绍。在此，只是想在整体上规范项目策划这项管理工作，建立起项目策划的框架体系和工作制度，以指导和约束相关方策划活动的开展。

1. 总体策划分析

本书第 2 章的图 2.7 将工程项目划分为决策阶段、实施阶段和使用阶段，项目策划依此划分为前期策划、实施期策划和运行期策划，将三者合并称为整体策划和全程策划。项目策划可按策划的内容划分为市场策划、产品策划、技术策划、经济策划和管理策划等。

我国目前的建设项目策划体系中，前期策划往往等同于可行性研究报告，项目各方面的管理信息不足，分析的广度和深度不够，无法用作管理决策的依据；在实施阶段，也缺乏系统的组织、管理、经济和技术等方面的全面规划和科学论证；更缺乏对运营期全程策划的综合考量，造成项目使用的困难和重新修整的麻烦。

(1) 项目策划的特点

① 策划是一个科学分析的过程：无论是整体策划还是专项策划，都建立在系统理论和专业理论的基础上，应当学习和吸收现代理论，以指导策划活动的开展。

② 策划是一个知识管理的过程：策划是对信息的组织和集成，是对专家知识的组织和集成，即通过知识的获取、编写、组合和整理，形成新的知识。

③ 策划是一个开放的过程：策划需要整合技术、经济、管理、法律等各个方面专家的知识和经验，策划过程应当坚持开放的原则，社会各类组织中都拥有某一类型的专家，策划组织者应根据需要将其组织、集成起来。

④ 策划是一个创新的过程：项目策划应根据现实情况和以往经验，对事物变化趋势做出预测和判断，对采取的方法、途径和程序进行周密而系统的构思和设计。

⑤ 策划应重视同类项目的经验教训：学习和吸收国内外同类项目建设的经验和教训，形成对项目策划的切身体验。

⑥ 策划是一个动态的过程：项目策划主要集中在项目准备环节，但项目策划不是静止不变的。一方面，其随着项目的开展不断从粗到细、策划方案不断丰富和深化；另一方面，项目环境和假设条件随着项目进展不断变化，必须针对变化的条件对原策划方案进行评估和调整，逐步提高策划的准确性。

(2) 项目策划的步骤

项目策划主要包括确定意图、展开调查、资料分析、方案制定、方案评估和方案决策等工作。一般可按以下 8 个步骤进行：

① 确定项目目标；
② 分析项目环境和条件，收集有关资料；
③ 明确依据和前提；
④ 提出完成项目任务的各种可行方案；
⑤ 对方案进行评价；
⑥ 确定方案；
⑦ 写出项目计划书和有关辅助文件；
⑧ 汇总整理，报送审批。

（3）项目管理规划

项目管理规划作为指导项目管理工作的纲领性文件，应对项目管理的目标、依据、内容、组织、资源、方法、程序和控制措施进行确定。

项目管理规划应包括项目管理规划大纲和项目管理实施规划两大类文件。项目管理规划大纲应由组织的管理层进行编制，项目管理实施规划应由项目经理组织编制。

代建项目的各参与单位都应建立各自的管理规划文件体系，并依据委托层次形成相互制约和相互支撑的控制关系。政府代建项目管理部门、代建单位和监理单位应编制单独的项目管理规划文件，承包单位可以使用施工组织文件等代替，但应满足项目管理实施规划的要求。

① 项目管理规划大纲

项目管理规划大纲指项目管理工作中具有战略性、全局性和宏观性的指导文件。其目的在于建立一个项目管理框架，其涵盖了项目策划和执行的所有内容和功能，重点是针对纷繁复杂的外部条件变化和内部能力变迁，提出具有创意的整体解决方案，并对系统关键要素之间的协调进行筹划，以提出总体上有益于目标达成的可行思路、做法和方案。其核心是通过借鉴、比较和思考，建立模式，并与我们已经知道的东西进行类比，通过放宽视野和转化形式，从而抽象出项目管理的法则和系统。

政府代建项目管理部门应当建立起各层次参与单位的项目管理规划大纲框架、编制内容、编制方法、文件格式等方面的制度要求。政府代建项目管理部门的项目管理规划大纲包括综合分析部分、生命周期部分和专项管理部分等三大块内容。

② 项目管理实施规划

项目管理实施规划是对项目管理规划大纲进行细化，使其具有可操作性。其因实施主体不同而具有较大差异。

政府代建项目管理部门应当建立起各层次参与单位的项目管理实施规划框架、编制内容、编制方法、文件格式等方面的制度要求。政府代建项目管理部门的项目管理实施规划应侧重项目实施的组织和管理安排。

政府代建项目管理部门因为采用职能化组织方式对代建项目实施管理，最好能够建立跨部门的协作组（项目团队），指定负责人，根据具体监管需要，在项目管理规划大纲指导下分专业编制项目管理实施规划，其类似监理单位编制的监理大纲和监理实施细则的关系，可参考监理规范等文件制定相关规划工作制度。

2. 前期策划分析

项目前期策划的主要任务是定义开发或建设目标，评估其效益及意义。根据具体项目的不同情况，策划文件的形式可能是一份文件，也可能是一系列的文件。

(1) 项目前期策划的任务

① 建设环境和条件的调查和分析；

② 项目建设目标论证和项目定义；

③ 项目功能分析；

④ 与项目决策有关的组织、管理和经济方面的论证与策划；

⑤ 与项目决策有关的技术方面的论证与策划；

⑥ 项目决策的风险分析。

(2) 项目前期的项目管理规划大纲和实施规划

基于前期工作阶段的特点和要求进行编制，主要内容同上所述。

3. 实施期策划分析

项目实施期策划的主要任务是定义如何组织开发和建设，由于策划所处时期不同，项目实施策划任务的重点、工作重心、策划的深入程度均与前期阶段的项目策划不同。其重点是详细分析实施中的组织、管理工作和沟通协调等问题，包括如何组织设计、招标、供货和施工等策划工作。

(1) 项目实施期的策划任务

① 项目实施的环境和条件的调查与分析；

② 项目目标的分析和再论证；

③ 项目实施的组织策划；

④ 项目实施的管理策划；

⑤ 项目实施的合同策划；

⑥ 项目实施的经济策划；

⑦ 项目实施的技术策划；

⑧ 项目实施的风险分析与策划等。

(2) 项目实施期的项目管理规划大纲和实施规划

基于建设实施阶段的特点和要求进行编制，主要内容同上所述。但注意项目实施期的策划应受到项目前期策划文件的制约。

4. 经营期策划分析

代建项目属于公益性公共建设项目，建成后的运行成本较高，项目收益无法覆盖运行成本，如歌剧院、体育馆、博物馆等项目，这就需要将经营期策划尽量提前开展，类似于前期物业管理的概念，开展全过程的经营期策划工作。

全过程的经营期策划就是从前期工作阶段开始就通过对项目的市场调研、经营方案的比较分析、全寿命期成本分析、未来的盈利性分析、价值工程分析等，尽量提前制定经营期的委托方案，除了考虑使用单位的功能需求以外，重点考虑满足经营单位的相关要求，以增加未来经营收益、减少经营期运行成本为根本目标，既提高了项目未来运营的效率，又减少了政府的财政负担，这是未来政府投资主管部门、财政部门、使用单位和政府代建项目管理部门需要重视的一项工作。

经营期策划的关键是通过市场竞争尽量提前选定经营单位，以经营单位为主在投标文件、合同文件和实施文件中细化相应的经营方案，政府有关部门、代建单位和实施单位基于经营合同尽量在调研、设计、采购和施工等环节满足经营方的相关要求。

5. 项目管理体系策划分析

上述项目管理策划主要集中在对指定事项（主要是管理过程事项）的策划分析方面，而没有建立一个整体分析模型，未对实施管理的全部要素做系统分析和筹划安排。本书第 3 章的项目管理体系部分强调了体系分析、体系策划、体系运行和体系改进的解决方案，即管理的有效性不取决于单一因素的作用。第 3 章的图 3.10 建立了一个类似 ISO9001 的过程模式，希望在以后能够建立起这样一个体系模型，将管理过程模型同资源配置、制度建设、能力培养、测量分析和改进等工作联通成一个整体，各参与单位的项目策划按照项目管理体系模型和标准文件进行建设、测量、评估和改进，这样就能保证在整体上的管理效果。

虽然 ISO10006 对项目管理质量体系进行了规范，但该标准的严谨性和完备性还难以满足构建项目管理体系的要求。希望能够在以上项目策划过程中逐步引入和贯彻这种理念和做法，逐步完善项目策划体系。

4.2.6 政府代建项目管理的基础建设

1. 组织建设

基于前面的组织体制分析，需要完善以下几个方面的制度。

（1）政府代建项目管理部门的行政职责定位

本书的第 2、3 章的内容显示，国内外政府部门对各种类型的公共工程采取不同类型的管理模式，从而有关主管部门的设立形式、组织权责和管理方式等都有较大不同；委托监管的各类代建项目的主体来源和组织关系模式等都有较大的差异，特别是使用单位对项目实施过程的参与力度、管理能力、介入程度和积极性、项目要求、参与方式等都有较大区别，政府代建项目管理部门应基于项目实际状况，在遵守国家相关法律法规的前提下，以满足使用单位的要求为核心，以有效实现项目建设功能为目标，充分考虑项目所在的内外部限制条件为前提，以与相关政府主管部门能够密切配合的组织模式为选择基准，争取逐步采取更加多元化的代建项目管理监管模式，根据需要采取适当的监管方式。这就需要在现有政策空间内进行政策的调整和优化。

（2）完善项目代建管理组织体制

由于代建单位在代建项目组织体制中的中心地位，相当程度上隔离了政府代建项目管理部门对项目具体实施状况的具体掌控。如何在现有组织体制下，基于代建项目实际监管的需要，强化政府代建项目管理部门对代建项目的全面和重点相融合的监管模式建设，这就需要政府代建项目管理部门进行组织体制创新。在现有代建管理办法的基础上，最好的解决方式就是在不违反现行制度的前提下，利用自身所具有的行政立法的权力，建立和完善相关监管制度，以行政管理权力为依托，规范相关参与单位应当承担的相关职责和政府代建项目管理部门的监管方式，要求相关组织根据本组织监管需要，在相关环节提交本组织所需的各类文件或对相关问题提交分析报告和项目进展报告，以利于本组织掌控项目整体进展情况的需要；同时也可在代建合同中增补相关的合同条款，对政府代建项目管理部门在代建项目中介入的程度进行规范，细化相关参与单位对本组织承担的相关职责。

（3）完善政府代建项目管理部门的内部组织机制建设

组织建设包括组织体制建设和组织运行机制建设，前者应立足于本组织在整个政府组织中的发展定位和政治社会文化等环境要求，确立组织的使命目标、职责定位和基本组织模式；后者立足于如何完成组织目标，对于组织部门建构、岗位分工、人员配置、组织建设、能力培养等的系统筹划和实施组织。

2. 制度建设

基于以上分析，需要完善以下几个方面的制度。

(1) 政府代建项目管理的基本制度

类似于公司章程，包括组织使命、远景、价值观；组织定位、组织模式、政府部门间的分工和协作模式；管理方针、管理目标；目标框架、组织框架、任务框架、流程框架；主要责任制度、流程制度、工作制度、考核制度等。

(2) 政府代建项目管理的组织制度

基于组织的定位和发展目标，包括组织的发展规划、部门及职责分工、工作任务分工、职责分工、内部协作机制、组织建设及人员培训、绩效考核和责任追究等。

(3) 政府代建项目管理的监管模式

政府代建项目管理的监管制度包括前期监管制度、实施期监管制度和收尾期监管制度。这里的关键是代建项目的主要参与单位，如政府相关主管部门、使用单位、工程咨询单位、代建单位、监理单位、设计单位、供货单位和承包单位等，按照其组织责任、管理范畴和管理任务分工，对其从制度建构、能力建构、策划体系框架、组织实施框架和控制框架等建立对应的监管制度和管理规范，以规划监管的制度和手段，建立针对不同主体的监管办法和评估方法。通过对各主体的制度、计划文件、实施成效等文件类成果和实体类成果进行检查评估，建立奖励和处罚制度，保证代建项目的各参与方都能够科学、规范地开展管理工作。

3. 信息化建设

作为一个政策执行和项目监管的政府机构，政府层面和项目层面的制度信息和管理信息是开展项目监管的基本依据。组织应当重视对文件系统和信息管理系统（MIS）的建设，构建PIP平台，主导构建起整个代建项目的整体项目信息数据库，基此开展信息集成、办公自动化、远程协作、网络监控、智能化和电子商务等功能建设，以全面、准确地收集信息，高效地分析与决策，及时、有效地开展沟通以协调有关事务和解决问题，全面保留和有效检索与项目管理有关的各种信息资料，方便处理和解决纠纷。

4. 知识管理系统和组织文化建设

政府监管部门不同于商业化组织，其功能拓展和资源配置受到诸多限制，相当部分专业化程度较高的监管和评估工作需要委托给外部专家、行业组织和咨询机构进行策划或落实，这就需要建立组织从事监管业务活动所需的知识管理系统，如专家数据库、咨询单位名录，组织内部相关知识构建、能力评估和培养、经验积累和交流等，能够建立起不断学习、交流、吸收和改进的组织文化。

4.3 质量监管模式规范

4.3.1 一般规定

1. 政府代建项目质量管理

项目质量反映的是项目所固有的特性值对利害相关者需求的满足程度。作为项目代建的政府主管部门,应收集信息分析政府主管部门、业主单位、代建单位、实施单位、公众和组织内部的需求,并对这些需求进行整合,形成本组织质量监控的目标。政府代建项目质量管理的过程如图4.6所示。

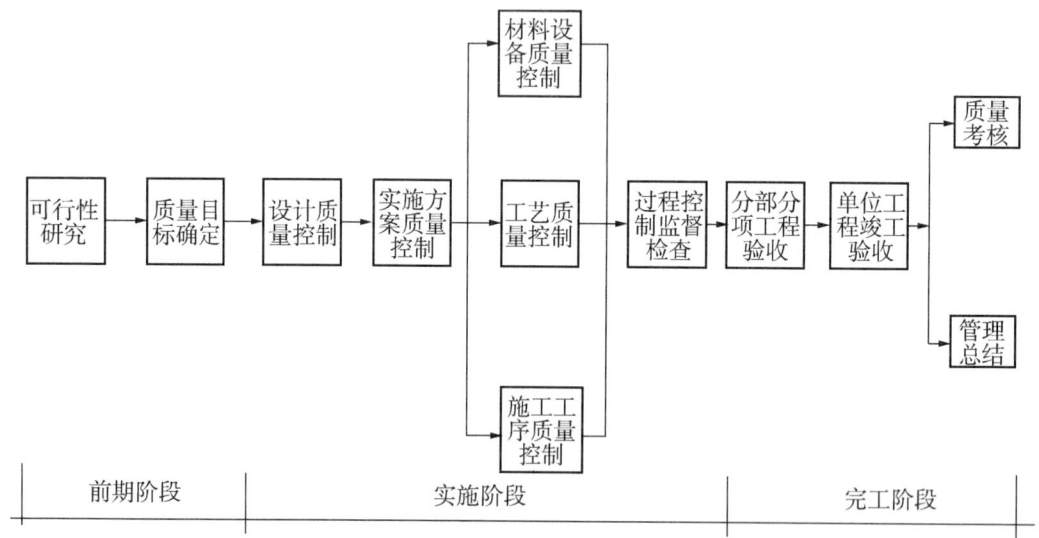

图 4.6 政府代建项目质量管理过程

对这些需求的满足主要体现在产品和服务两个方面,产品按照代建项目生命周期的阶段划分主要体现在前期阶段的建设方案、实施阶段的设计方案和完工阶段的建筑产品上,服务主要体现在管理水平和成效方面。如果将中间产出物成果和最终成果标注在项目生命周期的某些时点上,项目服务就是在此进程中开展的各项管理工作。这里将政府代建项目管理质量归纳为中间产品质量和监管工作质量。对于项目固有的特性值则体现为中间产品质量特性值和监管工作质量特性值,前者可使用国家各类技术标准和验收规范进行规定,后者可依照管理规范、管理制度、管理文件、实施状况检查、管理成效分析和改进措施等进行规定。对以上特性值的规定、测量分析和改进可以依照代建项目生命周期的三个阶段细化到具体的项目管理过程中,如前期阶段重点是对可行性研究工作的监管质量,包括中间成果质量(对各种报告编制依据、编制方法和成果文件等依据一定标准进行检查和评估)和监管工作质量(依据一定的标准开展质量策划、质量控制、持续改进等工作);实施阶段重点是对设计工作、采购工作和施工等工作的监管质量,同样包括中间成果质量和监管工作质量;完工阶段重点是对验收、试运行、移交、评估考核和总结等工作的监管质量，同样包括中间成果质量和监管工作质量。

2. 政府代建项目质量管理的目标与组织

基于以上分析，不同组织在代建项目整体质量管理体系中具有不同的目标、职责和任务，如果将项目质量目标划分为整体质量目标和各组织自身的质量目标，则两者之间具有相互依存和相互作用的关系，整体需要依赖部分，部分需要整体的指导和支持。但在现实中，各方往往关注的仅是自身的质量目标，使用单位希望质量尽可能好，政府投资主管部门希望质量适用和投资适当，代建单位希望质量标准的设定不影响到该组织所承诺责任的顺利履行，实施单位希望质量目标的设定能够满足其对成本和盈利控制的需要，如果这些局部目标都由各自加以确定的话，我们会发现相互之间充满了大量冲突和不一致的地方。政府代建项目管理部门应立足于对各参加单位质量目标的分析，建立起一个属于整个代建项目的整体目标分析架构和组织模式，该整体目标应考虑到各组织目标的要求，需要充分认识到在整体质量目标框架下的各方利益诉求，通过制度的规范和沟通协作从而达成整体上的一致性，实现整体目标和局部目标的协调统一。

整体质量目标是建立在相互支持、密切协作这一共赢的基础上，而如何建立起这一基础上的质量组织模式，需要政府代建项目管理部门在政策制定和协调、利益分配和平衡机制建设、组织沟通和协作体制建设等方面做出大量的努力，从而建立起全团队框架下项目质量管理的组织体系，在综合考虑各自目标的基础上，制定适当的整体目标框架，以求得各个组织的支持和合作。前面谈到的全团队管理和 Partnering 模式应成为相关制度和组织体系建设的重要依据，而不仅仅是现有的法律制度、合同条件、各类质量标准和以其为核心的技术经济管理活动。

3. 全过程质量管理

全面质量管理要求开展全员、全企业和全过程的质量管理。这里仅强调全过程质量管理原理，一种提法是 PDCA 循环，如图 4.7 所示；另一种提法是过程控制，这里从过程控制强调政府代建项目质量管理的过程划分。

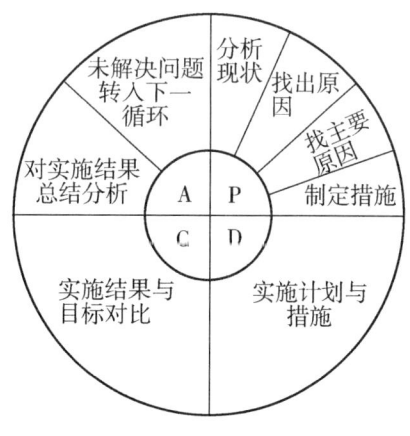

图 4.7 PDCA 循环

（1）事前控制

制订质量目标和质量计划，指导质量管理活动的开展。

（2）事中控制

通过质量检查和质量分析，将项目中间产品和中间工作质量的检测数据与标准值和计划值进行比较，发现问题，及时分析和调整。

（3）事后控制

当发生重大质量问题和质量事故，无法按原计划进行调整，只有修改原计划的质量目标，对发生的重大质量问题和质量事故进行处理，并承担相应的事故后果。

4．影响政府代建项目质量管理的关键因素

主要包括以下5项因素。

（1）人的因素

要对各参与单位资信和能力等进行调查、评估和监控，人的因素是5项因素中最重要的影响因素。

（2）材料的因素

要对各类建筑材料的采购、运输、储存和使用等进行检测、评估和监控。

（3）方法的因素

要对整个生命周期内的可行性研究方法、设计方法和施工方法等进行评估和监控。

（4）机械设备因素

主要是对工艺设备、勘察设备和施工机械等的选型、性能参数和使用操作要求等进行评估和监控。

（5）环境因素

主要是对自然环境因素、劳动作业环境因素、管理环境因素等进行评估和监控。

5．政府代建项目管理的工作及流程

质量管理包括制定质量方针和质量目标，开展质量策划、质量保证、质量控制和持续改进等工作。基础工作主要包括加强质量教育、质量管理的标准化、质量信息管理、建立健全质量责任制和开展质量管理小组活动等。

政府代建项目管理部门应当设置质量监管部门或岗位人员，在项目团队负责人的领导下，负责政府代建项目的质量管理工作。其质量管理工作程序如下：

① 明确项目质量监管目标；

② 编制项目质量监管计划；

③ 实施项目质量监管计划；

④ 监督检查计划的落实执行情况；

⑤ 收集、分析和反馈质量信息并制定预防和改进措施。

6．政府代建项目质量管理的措施与体系

政府代建项目质量管理的措施主要包括组织措施、技术措施、经济措施、管理措施与合同措施等，通过对有利于整体项目质量实现的组织模式设计、制度建设、监管体系和能力建设加强监管等予以实现。

质量管理是一个复杂多变的过程，目标和职责只有通过各种各样的组织和制度建设、工作划分和执行、手段和措施的制定和落实、资源的配置和优化、现状的检查分析和调整等才能落实和发挥成效，这只有建立包括全过程质量控制模式在内各层次和各组织的项目质量管理体系才能予以实现和不断完善。

4.3.2 质量策划

1. 项目质量需求分析

质量需求分析就是确定与项目有关的质量目标和标准,将其作为检验质量成果的基础。如前所述,对政府代建项目管理的中间成果与中间管理工作的质量目标和标准进行细化,建立质量目标框架和质量检测标准体系。

政府代建项目质量策划的主要工作如图 4.8 所示。

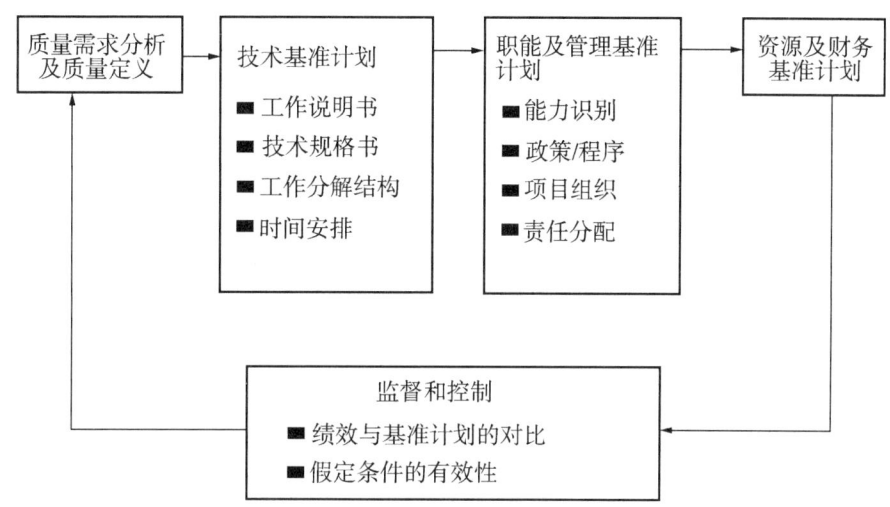

图 4.8　政府代建项目质量策划的主要工作

2. 项目质量管理计划编制

质量管理计划就是确定为满足项目质量需求分析中制定的质量目标和标准所开展的质量管理活动,包括规定实施的过程和资源,确定测量方法,建立质量组织及职责,对相关记录的要求等管理活动。该文件可称为质量计划,可以作为项目管理实施规划的组成部分。项目质量计划应包括下列内容:

① 质量目标、质量指标和质量要求;
② 质量管理组织和职责;
③ 所需的过程、文件和资源;
④ 项目的质量保证和协调程序;
⑤ 项目应执行的标准、规范和规程;
⑥ 产品或过程所要求的评审、验证、确认、监视、检验和试验活动,以及接收准则;
⑦ 记录的要求;
⑧ 应采取的措施。

3. 政府代建项目质量管理计划的编制

政府代建项目质量管理计划应从以下两个方面进行策划。

(1) 从监管关系上进行策划

对各层级参与单位的质量计划的编制进行规范。作为一个监管主体,目前除了代建委托和变更协调等由本组织负责实施以外，其他工作都是由其他参与单位负责实施。由此看来，本组织的质量策划比较简单，但前面再三强调作为代建项目整体利益的托管者，本组织对项目质量负有整体责任，由于利益取向不同和质量管理能力不足等原因，其他参与单位质量策划和控制的偏差所造成的质量问题，必然会间接构成本组织的质量责任。

因此，需要建立相关的质量管理规范，明确各层次参与单位的质量责任、质量目标、质量工作和质量保证模式，制定检查制度，定期对各层次参与单位质量计划的编制和执行状况进行检查、分析和评价，发现问题，督促其改进。

（2）从质量形成过程上进行策划

本组织对代建项目质量监管经过项目前期阶段、建设实施阶段和验收总结阶段，对应的核心质量工作是对可行性研究工作质量的监管、代建管理工作质量的监管、设计工作质量的监管、采购工作质量的监管、施工工作质量的监管、验收工作质量的监管、项目评估和工作总结质量的监管，以下做简单分析，提出几点要求。

① 可行性研究工作质量的监管：可行性研究工作一般是由业主单位主导进行的，第3章分析了该做法存在的问题，本组织应通过加强与使用单位的沟通，提前介入可行性研究工作，通过参与可行性研究阶段的方案讨论、文件评审等工作，根据需要对工程咨询单位的可行性研究工作方案及过程质量进行监督等，给使用单位提供专业化的监督服务，以保证后续工作的顺利进行。

② 代建管理工作质量的监管：代建单位是整个代建项目实施的核心，其质量管理水平对整个代建项目质量起着至关重要的作用。对代建单位质量管理目标、质量管理责任制度、质量管理体系的构成要素和方法措施、质量监督检查工作的开展情况、定期提交质量管理的进展报告、对责权范围内的质量问题和质量事故的处理情况、质量责任的考核情况等进行监控，以保证代建单位能够全面、科学、负责、有效地开展质量管理工作。

③ 设计工作质量的监管：设计工作质量是由代建单位进行监控，由设计单位负责管理。由于设计工作质量对项目整体质量的影响巨大，政府代建项目管理部门应根据国家制定的相关设计单位管理规范，提出管理要求，督促代建单位按要求建立设计环节的监管体系（可以制定相关制度或在代建合同中制定相关条款加以约束），然后根据要求对其监管体系进行监督检查，发现问题，督促其改进和完善设计监管体系。同时要求代建单位识别和建立设计单位质量管理体系的要点和控制标准，在设计招标和设计实施环节要求设计单位落实执行。

④ 采购工作质量的监管：采购工作质量主要是由代建单位和监理单位进行监控、由供货单位负责管理。由于供货单位、货物种类和数量较多，出现质量问题的环节多、概率大，政府代建项目管理部门应对采购对象、采购主体、采购方式、质量检验环节和检验方法等提出管理要求，督促代建单位按要求建立采购环节的监管体系（可以制定相关制度或在代建合同中制定相关条款加以约束），然后根据要求对其监管体系进行监督检查，发现问题，督促其改进和完善采购监管体系。同时要求代建单位识别和建立供货单位质量管理体系的要点和控制标准，在采购招标和供货实施环节要求供货单位落实执行。

⑤ 施工工作质量的监管：施工工作质量是由代建单位和监理单位进行监控、由施工单位负责管理。施工环节是建筑产品实体质量形成的关键环节，由于施工分包层次、作业环节多，劳动作业量大，施工作业的影响因素复杂，受环境因素和技术条件等影响大，施

工工作质量基本决定了建筑产品的实体质量,政府代建项目管理部门应根据国家制定的相关施工管理规范,提出管理要求,督促代建单位按要求建立施工环节的监管体系(可以制定相关制度或在代建合同中制定相关条款加以约束),然后根据要求对其监管体系进行监督检查,发现问题,督促其改进和完善施工监管体系。同时要求代建单位识别和建立施工单位质量管理体系的要点和控制标准,在施工招标和施工环节要求施工单位落实执行。

⑥ 验收工作质量的监管:验收工作质量是由代建单位和监理单位组织进行,分成检验批、分项工程、分部工程、单位工程质量验收和竣工验收等诸多类型,政府代建项目管理部门应根据国家制定的相关制度对验收程序、验收组织、验收方式方法、验收文件的报送和审批手续等提出管理要求,督促代建单位按要求加强验收环节的质量管理。

⑦ 项目评估和工作总结质量的监管:项目评估和工作总结是由政府代建项目管理部门组织进行,本组织应建立质量目标和评估标准,建立和落实质量管理工作职责,制定保证质量的措施,加强监督检查,逐步完善和提高该项工作的质量水平。

4.3.3 质量保证

质量保证体系是各级受托单位基于委托单位的合同要求和政府相关的法律规定,做出相应承诺和提供信任表明组织能够满足质量要求,在质量体系中实施并根据需要进行证实的全部有计划和有系统的活动。

1. 质量保证体系的建立

在代建项目全部合同体系中建立质量保证体系的制度规范,利用系统方法将各层级参与单位的质量管理职能和管理活动有机地组织起来,形成一个有明确任务、职责、权限而且相互协调、互相促进的有机整体。一般包括下列工作:

① 建立和健全专职质量管理机构,明确各部门的职责分工;
② 建立快速的质量信息反馈系统;
③ 实现管理业务的标准化、管理流程的程序化。

2. 政府代建项目质量管理体系的建立

目前质量保证体系越来越多地被质量管理体系所代替,以表明组织质量管理的自主性和系统性,当然在管理体系中也应落实质量保证的有关合同条款和法律规定。根据前面所做的代建项目组织模式分析,本组织应对代建项目各级参与单位的项目质量管理体系提出要求,制定管理规范,通过体系文件的编制、评审、落实、检查和改进,保证各级参与单位建立起与自身职责和能力相一致的质量管理体系。质量管理体系建立的一般步骤如下:

① 识别和确定使用单位和其他相关方的需要和期望;
② 按照使用单位需求和组织的质量宗旨和方向,制定和颁布组织的质量方针和质量目标;
③ 识别和确定实现组织质量目标所必需的各个过程和实施过程的职责;
④ 根据各过程实现质量目标的有效性确定测量的方法;
⑤ 应用测量方法,评定各个过程结果的有效性;
⑥ 确定防止不合格发生并消除产生不合格原因的措施;
⑦ 通过分析各个过程质量,努力寻找提高过程有效性和效率的机会;
⑧ 确定质量改进的项目,应优先考虑能取得最佳效果的改进项目;

⑨ 对如何实施改进，从战略、过程和所需资源方面进行策划，并制定改进计划；
⑩ 组织实施改进计划，开展改进活动；
⑪ 改进过程中，对改进效果进行监控；
⑫ 对照每个改进项目的预期目标，评价改进的实际结果；
⑬ 评审改进活动，确定适宜的后续措施。

政府代建项目管理体系的建立过程可参见第 3 章的相关内容，质量管理要素的识别、描述、测量、分析和改进等可参考 ISO9001 的标准进行策划。质量管理体系文件框架如图 4.9 所示。

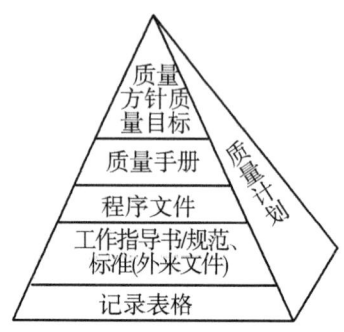

图 4.9 政府代建项目部门的质量管理体系文件

需要注意的是，质量保证体系的深度与广度，取决于组织的质量目标，没有适应不同质量水平的单一质量保证体系。同时，质量保证的措施和手段应坚持管理与技术相结合，要反复核查组织有无足够的技术保证能力和管理保证能力，保证体系的良好运行。

4.3.4 质量控制

组织应依据质量计划的要求，运用过程控制原理或 PDCA 循环原理进行质量控制。质量控制应对项目所有输入的信息、要求和资源有效性进行控制，确保项目质量输入正确和有效。

1. 可行性研究工作的质量控制

（1）影响可行性研究工作质量的因素

① 参与各方之间的协作；
② 项目需求；
③ 工程咨询单位的选择；
④ 可行性研究监管模式设计；
⑤ 反馈系统；
⑥ 规范和标准；
⑦ 管理成效评估；
⑧ 测量方法等。

（2）可行性研究工作质量的控制要点

① 可行性研究策划；
② 可行性研究输入；

③ 可行性研究活动；
④ 可行性研究输出；
⑤ 可行性研究评估；
⑥ 可行性研究调整；
⑦ 可行性研究审批。

2. 代建管理工作的质量控制

(1) 影响代建管理工作质量的因素
① 参与各方之间的协作；
② 管理目标的认同和细化；
③ 代建项目管理规范的系统化要求；
④ 代建单位的选择方式和评价方法；
⑤ 代建组织及其管理能力建设和评估基准；
⑥ 针对代建单位的监管模式设计；
⑦ 反馈系统；
⑧ 规范和标准；
⑨ 与使用单位的沟通与协作；
⑩ 与代建单位的沟通与协作；
⑪ 管理成效评估；
⑫ 测量方法等。

(2) 代建管理工作质量的控制要点
① 监管方案策划；
② 监管要求输入；
③ 代建管理工作的监管；
④ 代建管理成效的输出；
⑤ 代建管理工作的变更控制；
⑥ 监管方评审；
⑦ 代建管理体系改进的跟踪检查；
⑧ 绩效考核。

3. 设计工作的质量控制

(1) 影响设计工作质量的因素
① 参与各方之间的协作；
② 项目功能要求；
③ 设计单位的选择；
④ 设计技术及组织管理水平；
⑤ 设计的技术经济性评价基准；
⑥ 设计监管模式设计；
⑦ 反馈系统；
⑧ 规范和标准；
⑨ 与使用单位的沟通与协作；

⑩ 与代建单位的沟通与协作；

⑪ 管理成效评估；

⑫ 测量方法等。

（2）设计工作质量的控制要点

① 设计策划；

② 设计输入；

③ 设计活动；

④ 设计输出；

⑤ 设计评审；

⑥ 设计验证；

⑦ 设计确认；

⑧ 设计变更控制。

4. 采购工作的质量控制

这里是指对代建单位开展的采购工作以及政府代建项目管理部门外包的咨询业务工作的质量控制。采购工作的核心是采购组织、采购方式选择、采购文件的编制、采购过程的开展和合同管理等有关工作。

对于政府代建项目管理部门的采购工作主要是代建服务的采购和其他专业咨询事项的采购；代建单位的采购工作包括工程咨询服务采购、设计服务采购、监理服务采购、其他技术经济咨询服务采购、关键物资采购和施工承包采购等；施工总包单位的采购工作包括原材料和构配件采购、专业和劳务分包采购等。

按照国家采购政策和不同采购主体责权利的归属关系，采取适当的采购方式，政府代建项目管理部门和代建单位的采购一般应委托专业招标机构采用公开招标方式进行采购，实施单位的采购一般由该组织选择货比三家或协议发包的方式自行采购。代建单位的采购工作质量是政府代建项目管理部门监管的重点，对于实施单位的外包工作一般需要经监理单位的认可并备案，政府代建项目管理部门也可适当开展对实施层采购工作质量的监管工作。

（1）影响采购工作质量的因素

① 参与各方之间的协作；

② 采购目标的识别与确认；

③ 采购工作组织的监督；

④ 采购工作的策划、采购文件的规范编制及评估标准的制定与检查；

⑤ 技术标、经济标、商务标和管理标的规范编制与检查；

⑥ 招标、开标和评标组织的实施细则和评标办法的制定与检查；

⑦ 合同形式和合同条款的检查：确定检查内容和检查标准；

⑧ 合同履行的跟踪检查和变更控制的监督检查；

⑨ 采购文件体系的规范化要求；

⑩ 重点采购过程的跟踪监督；

⑪ 与使用单位的沟通与协作；

⑫ 与代建单位的沟通与协作；

⑬ 反馈系统；
⑭ 管理成效评估；
⑮ 测量方法等。
（2）采购工作质量的控制要点
① 采购策划；
② 采购组织；
③ 合同管理；
④ 供货控制。

5. 施工工作的质量控制
（1）影响施工工作质量的因素
① 参与各方之间的协作；
② 施工单位的选择；
③ 合同形式与条款要求；
④ 承包商的施工技术及组织管理水平；
⑤ 施工的技术经济性评价基准；
⑥ 图纸、规范和标准；
⑦ 各层次施工监管模式设计：政府监管层、代建管理层、施工监理层、总包管理层、分包管理层等；
⑧ 物资供应质量和作业人员质量的监督；
⑨ 技术交底、技能考核和人员培训；
⑩ 新技术、新材料和新工艺的监督；
⑪ 施工的重点、难点问题的监督；
⑫ 与使用单位的沟通与协作；
⑬ 与代建单位的沟通与协作；
⑭ 反馈系统；
⑮ 管理成效评估；
⑯ 测量方法等。
（2）设计工作质量的控制要点
① 施工质量的策划；
② 施工质量的过程控制；
③ 施工质量的改进。

6. 验收工作的质量控制
建筑安装工程的质量验收、整个项目的试运行和竣工验收主要是由代建单位和监理单位组织进行，政府质量监督管理机构和其他政府主管部门负责监督。政府代建项目管理部门根据国家颁布的关于验收组织的有关规定建立代建项目验收的管理办法，明确具体的职责和工作流程，对验收的组织、验收的策划、验收的工作分工、验收的沟通协调和文件报送等提出具体要求，并基于此办法开展验收环节的文件审核、验收过程的监督和项目移交的协调等质量工作。验收工作的质量控制要点如下：
① 验收质量的策划；

② 验收质量的过程控制；
③ 验收质量的改进。

7. 项目评估和工作总结的质量控制

对于项目评估工作的质量控制，应注意对以代建单位和监理单位等管理单位为核心，设计单位、供货单位和施工单位等实施单位为基础的代建项目参与单位的建设和管理进行中间环节和完工环节的绩效评估。政府代建项目管理部门应制定整体性的项目评估管理制度，要求相关管理层次建立对应的绩效评审制度，包括评估指标、评审时间、评审办法、奖励和处罚办法等，并按办法规定有组织地开展相应的评估工作，政府代建项目管理部门组织或参与对相关环节工作的监督。

（1）项目评估工作的质量控制要点
① 项目评估方案的制定；
② 项目评估工作的开展；
③ 项目评估工作的改进。

工作总结的质量控制是以本组织开展的各项工作目标、过程和成效为评价依据，根据工作总结的规章制度，对组织各个部门依照相关制度应当开展的各项工作的完成情况进行中间和完工阶段的总结，找出不足和缺陷之处，有针对性地提出改进措施，对相关制度、文件和办法等进行修改，对相关的组织和个人依据相应的组织考核和奖惩办法进行表彰和处罚，以此来推动组织管理水平和绩效的不断提高。政府代建项目管理部门除了建立自身的工作总结制度以外，还应要求代建项目参与单位建立起各组织内部的相关制度。

（2）项目总结工作的质量控制要点
① 项目工作总结的制度建设；
② 项目工作总结的方案策划；
③ 项目工作总结的过程控制；
④ 项目工作总结的改进。

需要注意的是，以上多数阶段代建项目质量控制是由相关主体分散控制的。这里可以引入一对概念，即自主控制和他人监控（简称为自控和他控），如对于施工质量的自主控制主体（自控主体）是施工单位，如果某一部分又分包给专业或劳务分包单位的话，自主控制主体就转变为分包单位，总包单位就成为他人监控主体（他控主体）。代建单位行使使用单位项目管理责权属于自控主体，具体业务由工程咨询单位、设计单位、供货单位和施工单位等负责实施，这些单位属于该项业务的自控主体，代建单位就转变为他控主体；政府代建项目管理部门行使政府的管理责权，开展政策制定、代建委托和部门协调等属于自控主体，对各参与主体的监控则属于他控主体，这里就形成了这样一种控制链条：监理单位是施工单位的他控主体，代建单位又是监理单位的他控主体，政府代建项目管理部门又是代建单位的他控主体，除此之外，各级政府主管部门也是作为代建项目的他控主体而存在，如各种资质和建设手续的审批部门、质量和安全的监督管理部门、施工图纸的审查部门、竣工验收的参与部门等。越往上他控主体与具体业务的实施主体的监管层次就越远，监管的任务、联络渠道和监管方式受到的限制就越多，掌控能力就越弱；对于不同监管层次的分析应当针对现有政策制度、各级实施主体和监管主体的信用和能力状况、各层级监控能力实现的可行性和有效性、信息沟通渠道和协调机制的完善等进行分析，以期构建适合不同制度、不同水平和不同时期的监管层次结构模式。

在以上谈到的两类监管模式中,质量控制的主体应当以自控主体为主、他控主体为辅,质量目标的实现不能完全依靠他控主体的质量监控活动,因此,对于各层自控主体的质量策划文件、质量实施绩效等组织层面和体系层面的控制就显得尤为重要。政府代建项目管理部门主要是他控主体的身份,关键应通过制定制度和规范,对管理文件和最终成果进行检查和评估,以接受社会舆论的监督和反馈等为主要措施手段建构监管模式。

4.3.5 质量改进

质量改进是以产品、体系或过程为对象,以提高过程的效率和有效性为目标的活动。项目管理部门定期对项目质量状况进行检查、分析,向组织提出质量报告,提出目前质量状况、其他相关方满意程度、产品要求的符合性以及项目管理部门的质量改进措施。

组织应对项目管理部门进行检查、考核,定期进行内部审核,并将审核结果作为管理评审的条件,促进项目管理部门的质量改进。组织应了解相关方对质量的意见,对质量管理体系进行审核,确定改进目标,提出相应措施,并检查落实。

项目质量改进的主要工作如下:

① 分析和评价现状,以识别改进范围;
② 设定改进目标;
③ 寻找可能的解决办法以实现这些目标;
④ 评价这些解决办法并作出选择;
⑤ 实施选定的解决办法;
⑥ 测量、验证、分析和评价实施结果,以确定这些目标已经满足;
⑦ 纳入文件,正式采纳更改。

4.3.6 质量管理制度建设

1. 质量责任制度

依照国家的《建筑法》《建设工程质量管理条例》等相关制度,政府代建项目管理部门应建立起代建项目总体的质量责任体系制度,并要求各参与单位依据此制度建立各自的质量管理责任制度,作为质量监管的政策依据。

2. 质量策划制度

质量策划是对代建项目各层次参与单位如何开展质量管理活动的总体和具体规范。前面提到了代建项目参与组织之间的委托关系和权责关系、自控和他控的组织关系等,对于策划工作应依托于以上关系的合理分界和有效落实,从而形成整个项目的质量策划体系,这一体系可以从以下两个层面进行构建。

(1) 组织层级方面的质量策划体系构建

① 政府监管方的质量策划体系;
② 项目管理方的质量策划体系;
③ 项目实施方的质量策划体系。

基于前面的分析,以上三个层面的质量策划体系是相互联系和相互作用的关系,政府代建项目管理部门基于以上分析,应当针对各层级质量策划体系的共同点和差异化要求制定代建项目质量策划制度，对相关主体的质量策划文件类型、撰写时间、撰写内容、撰写格式、撰写方法、评价标准、监管和审批流程等进行规范。

（2）项目层级方面的质量策划体系构建

任何项目都是经历由简单到复杂的时间进程，任何项目都是由总体到部分不断细化。因此，基于项目生命周期的发展，前期的质量策划、实施期的质量策划和完工期的质量策划的主体、目标、要求、内容和方法等均有所不同，同时随着这一进程相关质量管理活动由粗到细，策划文件的策划主体、文件格式和内容深度等由职能层向执行层推进。还有项目从整体到部分，有些主体是掌握整体质量或其中某些部分的质量，从而构成总体质量策划和部分质量策划的区分，形成不同层次和不同时间节点的质量策划工作。政府代建项目管理部门应当对代建项目在项目层面、组织层面、时间层面的质量策划工作及文件格式进行规范，以期建立一个从总体到部分的科学合理的质量策划文件体系，既强化了质量管理的整体性、一致性和科学性，又为以后的质量监管提供了监管的依据和准则。

3. 质量检查制度

针对代建项目各层级管理单位的质量责任制度和质量管理策划制度，应对相关主体质量责任、质量目标、质量状况、质量措施落实情况建立监督检查制度，对检查主体、检查环节、检查时间、检查点、检查指标、检查方式和方法等进行规范，据此对相关组织的质量检查工作的落实情况进行监督，以保证相关质量管理制度和质量策划措施能够落实执行。

质量检查的主体可以是操作者的自检、工序或班组的互检、项目部和企业专职检查人员的专检、项目管理部和企业质量部门的定期或不定期的巡查或大检查、政府有关主管部门的质量检查，以及委托第三方市场主体对指定事项的质量检查等，这些质量检查可以是针对原材料、工序、中间产品、管理文件、管理工作、生产技术、最终产品等多对象、多工作和多环节的检查。政府代建项目管理部门应当给予以上特点和分类建立对不同参与组织、不同环节工作的质量检查制度，以保证各类组织、各类工作都能够遵循合理的制度框架制定管理措施和开展相关工作。

4. 质量审核制度

根据前面提到的自控主体和他控主体的区分，针对以上质量检查工作的规范有否、相关质量信息的完善合理性、质量问题分析和改进措施的及时性和针对性等，需要建立质量审核制度，对相关主体是否有效组织和开展了以上工作，工作的规范性如何，质量检查数据的收集、分析和处理工作组织是否合理、是否及时到位、方法是否得当，等等，委托相关主体进行审核。

质量审核指由具有一定资格而且与被审核部门的工作无直接责任的人员或专家，为确定质量活动是否遵守了计划安排，以及结果是否达到了预期目的所做的系统的、独立的检查和评定。它与传统的上级对下级的工作检查，无论在性质上、内容上和方法上都是不同的。审核的过程是寻找组织的各项活动符合要求的证据的过程。质量审核一般可以划分为产品质量审核和质量管理体系审核两种类型，前者称为狭义的质量审核，其从用户使用的观点出发对产品定期进行复查，以判断能否符合用户的需求并提出改进产品质量的建议；后者称为广义的质量审核，其是对组织的质量方针、质量目标、质量计划和产品质量进行监督检查，对各部门执行质量职能活动的情况进行评价、鉴定并提出改进意见。

这里的质量审核制度应当侧重于对质量管理体系的审核，一般分为内部审核和外部审核两类。质量审核制度应该包括以下主要内容：

① 质量管理的领导与组织情况；
② 各部门质量职能活动及相互协调情况；
③ 各项质量管理规章制度、工作程序、工作标准的执行情况；
④ 质量职能分配及岗位质量责任制执行情况；
⑤ 质量文件、档案、原始记录等是否正确、完善；
⑥ 质量信息管理系统的运行及协调情况；
⑦ 供方的产品或服务符合有关规定的情况；
⑧ 人员培训教育和设施条件满足质量工作要求的情况；
⑨ 质量政策、质量目标和质量计划的制订与执行情况；
⑩ 实物质量符合标准和规范的程度等。

质量审核的步骤包括制订质量体系审核计划、组成审核小组、编制审核提纲、实施审核和提出审核报告等。

5．质量保证体系制度

质量管理的目标是防范质量问题的出现，应该以预防和动态监控为主。而按照预定的控制标准进行质量管理体系的设计和落实，就成为主要的质量管理制度。前面已经阐述了质量保证体系的涵义和要求，政府代建项目管理部门可以参照ISO9001和ISO9004建立代建项目质量保证体系的相关制度要求。

4.4 投资监管模式规范

4.4.1 一般规定

1．政府代建项目投资管理

投资是投资主体为了获得预期的投资收益或使用效益而投入资金或资源并不断转化为资产的经济活动。固定资产投资是以形成固定资产为对象的投资活动，其包括基本建设投资（新建投资）、更新改造投资、房地产投资和其他固定资产投资；建设工程投资主要是指基本建设投资，是以形成建筑工程产品为对象的投资活动，投资全过程包括资金筹集、投资分配、投资运用和投资回收四个阶段，这里主要研究投资运用这一阶段的投资活动（代建项目投资也应包括投资回收方案的制定和前期准备工作，这里不做讨论），即投入资金转化为相应资产的过程，包括投资决策和投资实施的全过程。

代建项目投资是对政府委托代建的公益性建设项目的投资活动，其包括使用部门为了满足相关的社会效益而提出项目设想、可行性分析和组织安排，政府投资主管部门基于政府投资计划和相关制度对其进行评估和审批；政府财政部门基于批准的项目投资计划进行资金的安排、审核和支付；政府代建项目管理部门基于批准的项目方案和投资计划进行项目建设的总体组织和实施、投资的审核和拨付；代建单位（含监理单位和其他造价咨询单位）负责投资的具体实施项目各项实施工作的投资组织、开支和审核；实施单位（含设计单位、供货单位和施工单位）通过参与代建单位（或委托专门的采购单位）组织的工程采购活动提供相应实施方案和报价，投标报价、合同价、结算价、变更和索赔价款、决算价等的确定和调整，以及技术经济分析、成本开支、收益管理、资金筹措和资金收支管理等工作。为了简化研究范畴，这里将对代建项目投资活动的研究转化为对建设项目总投资（或称为总造价、总费用）的研究。

代建项目总投资是指完成整个代建项目所花费的全部费用，由建安工程费、设备工器具购置费、工程建设其他费用、预备费用、建设期贷款利息和固定资产方向调节税（现暂不征收）等组成。因此，代建项目投资管理就是对代建项目总投资费用的管理，根据工程建设的全过程将其划分为如图4.10所示投资费用的运动过程和不同表现形式。

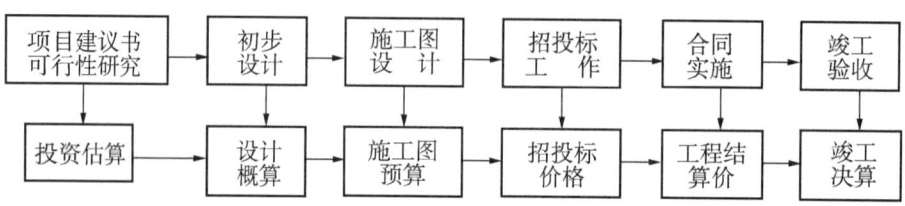

图4.10 建设工程投资的表现形式

由此可见，建设工程总投资不是固定的、唯一的和静止的，而是一个随着工程不断展开而逐渐深化、逐渐细化和逐渐接近实际投资的动态过程。建设工程投资管理（或称为造价管理、费用管理）是一项全过程的投资管理活动。代建项目投资管理作为指导和控制各参加单位关于工程投资的相互协调活动，可简化为工程投资的确定（计价）与控制两项活动。

政府代建项目投资管理就是政府代建项目管理部门基于委托代建项目的整体投资管理目标所开展的工程造价的确定与控制工作。针对该项职责和任务的履行方式，该部门可以根据需要选择，将相应的投资管理职责委托给代建单位和其他的造价咨询机构加以具体实施，但其必须保证该种模式的完整和有效。

代建项目投资的确定是指对工程建设程序中各个阶段工程造价的计算，即针对不同阶段的工程性质、工作内容和计价要求等，收集和整理各种有关计价资料，进行深入分析和研究，寻找尽量准确计算各阶段工程造价的途径和手段，充分考虑各项技术活动、经济活动、管理活动和环境因素等的影响，按照一定的计价方法形成规范的造价文件；代建项目投资的控制是指对工程建设程序中各个阶段工程造价计算结果或计算文件的应用，按照预先估算的价格目标或成本目标，采取一定的技术、经济、管理与合同措施对工程造价的实施加以规划，并按照事先规划的工程造价控制方案加以落实执行，并在执行过程中不断进行监督检查、协调控制，以保证预定价格目标的实现。工程投资的确定与控制在工程投资管理过程中不可分割，应在投资确定中进行投资管理，在投资管理中，不断进行工程投资确定，两者是建设工程投资管理这一项工作的两个方面。

2. 政府代建项目投资管理的目标与组织

代建项目的整体投资目标是整个项目的总投资目标，其范围应与该项目从投资策划至项目建设移交全过程所需完成的各项成果和所需开展的各项工作范围相一致。应当包括在内或不应当包括在内的成果及工作范围不同，投资管理目标也不相同。

第4章 政府代建项目管理部门四大目标监管模式规范与制度建设

一方面，随着管理权责从使用单位向政府代建项目管理部门和代建单位转移，使用单位的投资管理职责和目标越来越弱化，造成其片面强调建设功能和质量的倾向；由于总投资管理数和代建管理费用比率的严格限制，如果前期工程咨询工作深度不足，造成实施期需要增补各项调查、专项研究、方案评审和必要方案调整的费用，以及随着项目组织具体委托模式的细化和调整，其中需要列支的各项外部委托费用也日益增多，是否可在现有投资费用科目中开支，还是需从自身委托费用中开支，对双方都是一个较大的投资管理压力，从而造成政府代建项目管理部门和代建单位的投资管理目标出现偏差。政府代建项目管理部门应当充分认识到两者之间对代建项目总投资认识范畴上的差距，细化和深化相关的投资费用开支科目和开支标准，制定相应费用的预留和使用制度，通过与政府投资主管部门和财政部门协调相关政策的制定或调整，从而保持双方在投资管理目标上的一致性，对于保证项目的顺利实施具有重要的意义。

另一方面，从立项到竣工移交的整个过程中，其他参加单位的投资管理目标各不相同，设计单位仅是针对设计方案的投资管理数负责，实施单位仅是针对建安工程的投资管理数负责，供货单位仅是对物资供应的投资管理数负责。在项目整体投资管理的责任具体落在代建单位和监理单位的身上（也可根据需要另外委托专门的造价咨询机构承担相应责任），但代建单位作为总体负责单位，应由其承担总体投资管理规划、投资管理标准的制定、投资管理的部署和组织，以及相关信息的综合与分析的整体职责。由此可见，如何保证在代建项目各项工作顺利开展的同时，加强对各方投资管理职责的分配、检查、监督和调整，以保证各自投资管理目标与项目整体投资管理目标相协调，这一目标体系的制定和相应组织模式设计是投资管理的核心内容。

代建项目投资的合理确定和有效控制是一项系统工程，只有推行全组织、全过程、全方位和综合性的全面投资管理，才能达到各管理主体预期的管理目标。代建项目全面投资管理系统结构见图4.11。

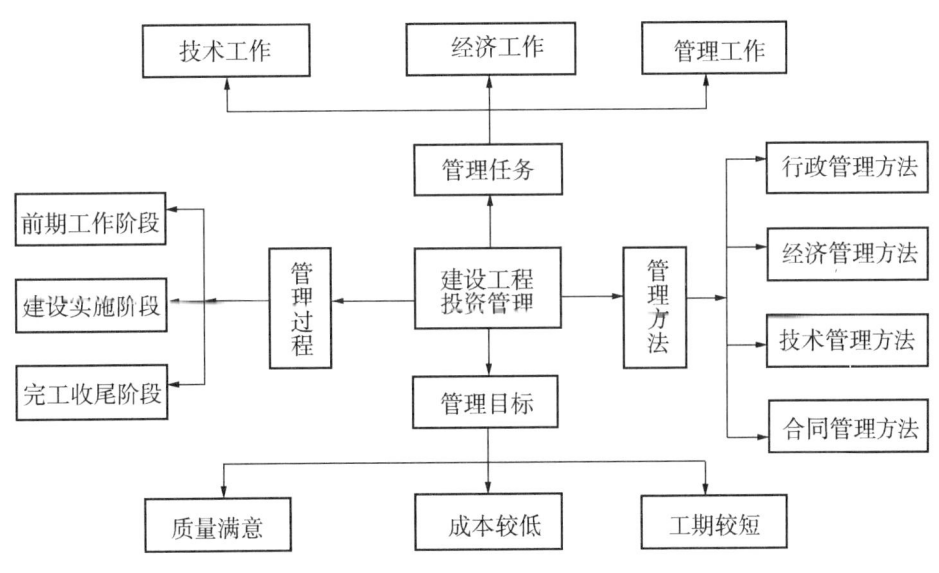

图4.11 代建项目投资管理系统结构

3. 全过程动态投资管理

按照前面所说的代建项目生命周期的阶段划分,代建项目投资管理可划分为前期工作阶段的投资管理、建设实施阶段的投资管理和验收总结阶段的投资管理三个阶段的投资管理活动。

(1) 前期工作阶段的投资管理(投资估算管理)

前期工作阶段的投资管理主要是指由使用单位和咨询单位等对代建项目所进行的投资管理。前期工作阶段在国内一般包括项目建议书、可行性研究、项目评估、设计任务书等环节(其中有些环节在满足要求的前提下也可以合并进行,如项目建议书和可行性研究、可行性研究和设计任务书等)。

代建项目投资管理的全过程虽然应贯穿代建项目建设的全过程,但每个阶段投资管理的重要性却不相同,越是前期,投资管理越重要,越是后期,投资管理的影响越小,如图4.12所示。由此可见,投资管理的重点应放在项目决策和初步设计这两个环节上。

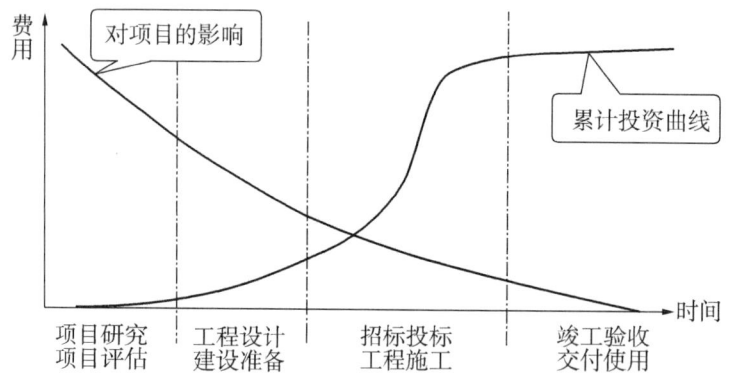

图4.12 投资管理对项目的影响曲线

从图4.12可以看出前期工作对投资的影响最大,一般在初步设计结束时,其对投资的影响程度为75%,而到施工开始前,通过采用有关技术措施节约投资的可能性只有5%~10%。

因为前期工作主要是产生项目的构思,确立目标,并对目标进行充分论证,提出项目的初步设计方案,再由此制定项目的实施方案,由方案产生具体的工程活动,进而形成一个完整的项目系统和管理系统,所以它属于项目的决策过程,对项目的整个生命周期具有决定性的影响,如果项目目标有误,必然会导致整个项目的失败。

我国目前的代建项目投资管理往往忽视建设前期的投资管理,缺乏准确的控制标准和控制手段,概算做得粗而不准,将主要精力集中于施工图预算的复核、算细账,这种"忽视前期、只抓后期、中间不管"的做法显然是不合理的。

(2) 建设实施阶段的投资管理

① 设计概算管理。

当项目立项审批以后,投资管理的重点就在于设计阶段。我国工程设计多采用两阶段设计,即初步设计和施工图设计,工程造价对应的表现形式分别为设计概算和施工图预算。初步设计作为整个建设工程技术经济决策的核心,设计概算管理在投资管理中具有十分重要的意义；施工图预算是确定建筑安装工程预算造价的技术经济文件，它是在建设工程造价管理中涉及单位最多、应用最广泛的一种价格文件。

初步设计是根据批准的可行性研究报告和建设地点对建设工程规模、产品方案、结构形式、建筑标准和使用功能的全面设计，根据初步设计编制的设计概算是工程造价的最高限额，是控制施工图设计和施工图预算的依据。设计概算可分为建设项目总概算、单项工程综合概算和单位工程概算三个级别。

设计概算作为衡量设计方案技术经济合理性和选择最佳设计方案的重要依据，是控制工程造价的重要价格文件。初步设计是实现技术与经济对立统一关系的过程，在设计过程中，不仅要重视技术上的先进性，还要重视经济上的合理性，这就要求我们必须把加强投资管理的有关措施贯穿到设计全过程中，做好方案竞选、设计招标、限额设计和优化设计等诸项工作。

设计方案优选主要是通过设计招标、设计方案竞选（设计竞赛）、限额设计和优化设计等来实现工程投资对工程设计的主动控制。

② 施工图预算管理。

施工阶段通过施工生产活动完成建设工程产品的实物形态，建设工程投资的绝大部分支出花费在这个阶段。所以，施工阶段的投资管理始终是代建项目投资管理的重要内容，设计、施工条件、市场价格等的变化都会影响工程的实际价格，其涉及环节多、难度大、形式多样。

施工阶段工程投资管理的内容包括：首先，根据施工图纸和综合定额等资料编制施工图预算（标底价或拦标价）；其次，投标企业根据市场和企业的实际情况进行市场交易，确定投标价格；最后，双方在中标价的基础上协商确定合同价格；在工程实施过程中，依据工程承包合同和工程施工过程中出现的实际情况，正确计算索赔费用及工程变更价款，及时办理工程结算，工程完工以后办理竣工结算。这几项价格按照发生的先后顺序，具有相互依赖和相互制约的作用。

（3）验收总结阶段的投资管理（竣工决算管理）

建设项目的竣工验收是建设全过程的最后一道程序，它是建设投资成果转入生产或使用的标志，也是全面考核建设管理绩效的重要环节。这一阶段投资管理的工作主要是确定建设工程最终的实际造价即竣工决算价格，编制竣工决算文件，办理项目的资产移交。工程竣工决算的内容包括竣工决算报表、竣工决算报告说明书、工程竣工图和工程造价比较分析四个部分。

由此可见，我们必须建立涵盖前期工作阶段、建设实施阶段和验收总结阶段等全过程的投资管理体系，进行科学的整体规划，将其当成一个有机联系的整体，把握重点、前后控制、相互补充，以取得整体最优的结果。

4. 政府代建项目投资管理的重点

基于以上分析，政府代建项目投资管理的重点包括以下几个方面。

第一，从组织层面，政府代建项目管理部门应建立自身在代建项目投资管理中的职责定位。通过代建项目投资管理的整体分析，明确各类组织在投资管理中的目标、权责和分工。相关政府投资管理主体的职责划分并不清晰，再加上代建单位的职责跨度过于宽泛，造成政府代建管理和代建单位管理两个概念间产生很大的模糊性，一方的管理加强必然预示着另一方的弱化,权责也是此消彼长,政府代建项目管理部门在此制度框架下如果不能找到自身目标,以及权责和任务分工上主动的、战略的、系统的、明确的和自信的立足点,则很难真正有所作为。但由于目前政策上的限制,政府代建项目管理部门代建模式选择的自主权还很有限,这里仅将该组织的角色定位于投资管理模式的整体建构,相关政策制度制定、协调、监督检查、审批调控等几个方面。

第二,从制度层面,政府代建项目管理部门应通过制定代建项目管理规范中的投资管理办法细则来主导建立代建项目整体投资管理的组织体制和全过程投资管理的工作、流程、深度、方法、标准和文件等,适当引入专业化造价咨询机构的力量参与其中,以提高代建项目的整体投资管理质量。可以参考我国相关主管部门制定的相关政策规范加以制定,其中具有较好参考性的标准为中国建设工程造价管理协会颁布的《建设项目全过程造价咨询规程》(CECA/GC 4—2009)。

第三,从工作和流程层面,应当遵循工程建设的基本程序,在上述制度和工作规范的建设中,确立关键的计价环节和管理重点,并针对关键点制定相关的方法、措施、文本格式、监管方法和评估要求,对投资估算、设计概算、施工图预算、招投标价格、结算价格和决算价格等投资由毛估、详估到实际价格的形成过程中,注重每一环节的价格计算,确立从前到后的造价控制链条,环环相扣,前一价格为后一价格的确定控制目标,后一价格为前一价格的进一步细化成形,每一环节都要制定保证该投资目标实现的投资控制方案,同时应强化对前期阶段的投资估算和设计概算的控制方案、控制手段的制定以及实施管理。

第四,从方法和措施层面,建设项目投资管理的方法是"算为管用、管算结合",因此,投资估算的及时性、准确性、完整性和系统性就成为投资控制的关键所在,投资估算的方法体系、投资估算和概算指标体系、投资管理信息系统(CMIS)、投资分析系统(CAS)等就成为方法体系构建的关键所在。除了一般方法体系的制定,针对具体项目投资管理的需要,应制定投资管理规划的具体措施内容,落实相关方法体系的要求。

5. 政府代建项目投资管理的工作与流程

代建项目全过程投资管理的主要工作包括以下内容:

① 代建项目投资估算的编制、审核和调整;
② 代建项目经济评价;
③ 设计概算的编制、审核和调整;
④ 设计方案的技术经济分析和优化的组织和方案比选;
⑤ 施工图预算的编制和审核;
⑥ 工程招标文件中有关造价编制的要求和工作策划;
⑦ 施工合同的相关造价条款的拟定;
⑧ 招标工程工程量清单的编制;
⑨ 招标工程招标控制价的编制、审核和调整;
⑩ 投标报价的合理性分析;
⑪ 施工技术经济分析的要求、优化建议和方案比选;
⑫ 与造价有关的合同履行过程的跟踪管理;
⑬ 工程计量支付的确定,审核工程款支付申请,提出资金使用计划建议;
⑭ 施工过程的设计变更、工程签证和工程索赔的处理;

⑮ 工程竣工结算的审核；

⑯ 竣工决算的编制与审核；

⑰ 相关的投资分析和风险控制；

⑱ 其他工作。

以上投资管理工作组成了代建项目全过程投资管理的框架，应注意相关管理主体的权责分工，针对该工作框架进行具体的组织设计，以代建单位为投资管理的总控单位建立起层次合理的投资管理体系。

投资管理包括投资估算、投资策划和投资控制活动。基础工作主要包括计价工作的标准化、造价信息管理、投资控制责任制等。政府代建项目管理部门应当设置投资管理部门或岗位人员，在项目团队负责人的领导下，负责政府代建项目的投资管理工作。其投资管理工作程序如下：

① 明确项目投资监管目标；

② 编制项目投资监管计划；

③ 实施项目投资监管计划；

④ 监督检查计划的落实执行情况；

⑤ 收集、分析和反馈投资控制信息并制定预防和改进措施。

6. 政府代建项目投资管理的措施与体系

政府代建项目投资管理的措施主要包括组织措施、技术措施、经济措施、管理措施与合同措施等，通过对有利于整体项目投资目标实现的组织模式设计、制度建设、监管体系和能力建设、加强监管等予以实现。

投资管理是一个复杂多变的过程，目标和职责只有通过各种各样的组织和制度建设、工作划分和执行、手段和措施的制定和落实、资源的配置和优化、现状的检查分析和调整等才能落实和发挥成效，这只有建立包括全过程投资控制模式在内的各层次和各组织的项目投资管理体系才能予以实现和不断完善。

4.4.2 费用估算

1. 费用估算的类型

建设工程造价是一个以建设工程为主体的由一系列不同用途、不同层次的各类价格所组成的建设工程造价体系，费用估算是由不同投资控制主体针对不同阶段、不同工程对象和不同价格类型等采用科学有效的估价依据和估价方法进行价格估算的投资管理工作，其包括建设项目投资估算、设计概算、施工图预算、招投标价格、工程结算价格、竣工决算价格等，其相互之间的区分如表4.6所示。建设工程的计价过程是一个由粗到细、由浅入深，最终确定整个工程实际造价的过程。

表4.6 建设工程造价的区分

项目	编制单位	编制时间	编制依据	编制方法
投资估算	使用单位 咨询单位	项目研究 项目评估	产品方案、类似工程、估算指标	指标、指数、系数和比例估算

续表 4.6

项目	编制单位	编制时间	编制依据	编制方法
设计概算	设计单位 咨询单位	初步设计	初步设计图纸、概算定额、指标	概算指标、概算定额、类似工程
施工图预算	招标单位 咨询单位	施工图设计	施工图纸、预算定额、费用定额	定额计价
招投标定价	招标单位 投标单位	工程招投标	施工图纸、实际情况、市场竞争状况	定额计价、清单计价
工程结算	施工单位	工程施工	施工图纸、承包合同、预算定额	工程变更、施工索赔、中间结算
竣工决算	代建单位 咨询单位	竣工验收	设计概算、工程结算、承包合同	资料整理、决算报表、分析比较

以下针对前期工作阶段、建设实施阶段和验收总结阶段等三个阶段的费用估算工作的要求和做法进行分析。

2. 前期工作阶段的费用估算

(1) 投资估算的编制和审核

如前所述,在项目建议书环节,使用单位提出建设任务和使用要求,相关专业机构或专业人员通过研究提出初步投资建议,对拟建项目做出粗略估算和简单评价。在初步可行性研究环节,针对不断细化的各种拟建方案制订初步估算,有时还需要为使用单位估算竣工后的经营费用和维护保养费用,从而为使用单位提交估价和建议,以便使用单位决定项目的执行方案,确保该方案在功能、技术和财务等方面可行。在最终可行性研究环节,即总体建议或方案建议阶段,按照不同的设计方案编制估算书,一般要具体到分部工程的投资额,以便使用单位能够确定拟建项目的布局、设计和施工方案,并为拟建项目获得政府主管部门的批准而向使用单位提供必要的报告。

由于政府代建项目管理部门接受代建委托的时间不同,前期代建和全过程代建会涉及该阶段的部分投资管理工作。需要引起注意的是介入得越早,其优点在于对项目前期方案的认识和掌控就越多,对方案的影响就越大,方案越完善、越合理,中后期的实施环节遇到的阻碍和变更就越少,越有利于项目的顺利实施。但缺点在于项目的相关要求和条件就越不明确,就需要更多地调查、研究、建议、协商和比选,考虑的各项影响因素和牵扯的责任就越多,涉及的不确定性和困难就越大,所需要的相关事务的组织能力、专业化能力、服务水平和工作经验就越重要。该阶段的投资估算一般是由使用单位委托的工程咨询单位或专门造价咨询机构进行编制,也可由代建单位接手后单独委托专业造价咨询机构进行编制。该阶段投资估算的重点是对不同种类的建设方案通过估价和技术经济分析进行方案比选,从而主动、积极地影响建设方案的选择,这是投资管理最有创造性和最有影响性的工作阶段,因此,应格外重视该阶段的投资估算工作,事先制定完善的投资管理方案,规范投资管理行为,开展系统管理,选择有同类项目方案参与经验和能够提供高质量服务的专业机构和专业人员参与,不能草率为之。

虽然该阶段整体组织和总控单位为代建单位或使用单位，实施单位是工程咨询机构或专业造价咨询机构，审核和批准单位为政府投资主管部门。但为实现上述目标，政府代建项目管理部门应建立有效的投资估算管理办法，与相关部门如政府投资主管部门、财政部门、建设部门和建设工程造价站等协作完善投资估算指标体系，要求代建单位和相关咨询单位按要求编制投资估算管理计划，建立组织、安排工作、针对关键控制点、制定投资估算监管计划，要求各方制定和完善相关的各项管理制度，并按计划开展相应的监督、评估和协调工作。

（2）设计概算的编制和审核

根据两阶段设计的要求，在初步设计环节，根据初步设计图纸制定代建项目投资的分项初步概算，为具体分项的选型和技术参数制定提供相关投资数据和建议，并依据建设程序，制定资金支出初步估算计划，以保证投资得到最有效的运用，并可作为确定项目投资限额使用。

该阶段总体组织和总控单位为代建单位，设计概算编制的实施主体是设计单位，审核和批准单位为政府投资主管部门。由于设计概算是作为投资限额和资金拨付的基本依据，未来投资控制成效好坏，往往取决于设计概算的执行情况。因此，政府代建项目管理部门应当建立有效的设计概算管理办法，与相关部门如政府投资主管部门、财政部门、建设部门、建设工程造价站、有关行业组织和设计单位等协作完善设计概算估价方法及配套的概算指标和概算定额体系，要求代建单位和相关咨询单位按要求编制设计概算管理计划，建立组织、安排工作、针对关键控制点、制定设计概算监管计划，并按计划开展相应的监督、评估和协调工作。

3．建设实施阶段的费用估算

（1）施工图预算的编制和审核

施工图预算是根据施工图设计文件和相关依据以建设工程为对象编制的一类价格文件，一般可采用定额计价和清单计价两种模式，目前各地基本要求按照《建设工程清单计价规范》（2008）采用清单计价模式进行估价，报价中的综合单价一般是根据政府发布的相关专业综合定额进行组价取得，未来会过渡到由报价主体根据企业定额进行组价取得。可将该环节的投资控制划分为施工图设计环节的投资控制和施工环节的投资控制。

在施工图设计环节，应当要求设计单位对不同的设计及材料进行成本估算，向设计人员提供成本建议；同时，根据近期价格信息，制定详细的分项工程价格，与批准设计概算中的相应投资限额进行比较，协助设计人员在投资限额内进行设计；还可以通过建立适当的组织合作机制，较深入地参与到工程设计中，通过开展技术经济分析和价值工程等主动影响工程设计工作。这些工作一直可以延伸到施工图的审核和施工图的变更等业务环节。

在施工环节，根据计价主体不同，施工图预算文件具体表现为招标控制价、工程量清单、投标价、合同价、结算价、决算价等价格形式，其遵循共同的施工图预算编制方法。因此，该环节投资控制的主体和工作比较多样，相互的投资控制和协调关系比较复杂。整体组织和总控单位为代建单位，其主要通过采购发包和合同履约管理等开展相应的投资控制活动，在采购发包环节，一般委托招标代理机构和专业的造价咨询机构编制相应的采购文件、工程量清单和招标拦标价等作为投资控制的基础；在合同履约环节主要通过建立由监理公司、代建单位到政府代建项目管理部门的三层审核机制对发生的各种实际支出

（如工程结算文件、变更价款、索赔价款和支付文件等）进行审核，履行各自的投资控制职责。三层主体也可根据需要委托专业的造价咨询机构履行该项职责。

在该环节，也可有针对性地要求施工单位开展施工方案的技术经济分析和价值工程分析，有效开展成本管理，优化设计方案和降低施工成本，设立有关奖励制度，从而实现买卖双方交易关系的协调和可持续。

由于该环节是建设投资的主要支出环节，涉及采购种类和支出环节多样，参与投资控制的主体众多，采购模式、采购方法、采购绩效、合同管理、变更控制、价格监管等投资控制工作复杂多变。因此，政府代建项目管理部门应当建立有效的施工图预算管理办法，目前该阶段的计价模式和计价依据较为齐全，关键是对有关市场价格、管理费费率、利润率水平、相关规费、风险费用计取办法（含工程保险范围与购买方式）、变更与索赔的控制措施等进行规范，要求代建单位和相关咨询单位按要求在采购环节（包括未纳入到公开招标采购的、由代建单位协议发包部分的采购业务）、合同履约环节编制相关阶段的施工图预算管理计划，建立组织、安排工作、针对关键控制点、制定施工图预算监管计划，并按计划开展相应的监督、评估和协调工作。

（2）招投标文件与合同条款中有关费用估算的规定

该项工作是施工图预算控制的具体展开工作，主要包括在编制招投标文件时对影响费用估算和费用控制的文本格式、投标前附表和合同等条件、技术规范和计价规范、报价方法、评标方法等相关工作的规范。该环节与投资控制有关的工作开展好坏与否对中后期的合同履行具有重大影响，虽然该环节主要由代建单位整体组织和总体控制，由招标代理机构、造价咨询机构负责实施，但政府代建项目管理部门应当建立有效的招标采购工作管理办法，规范与投资控制有关的相关工作，要求代建单位和相关咨询单位按要求编制招标采购投资管理计划，建立组织、安排工作、针对关键控制点、制定招标采购投资监管计划，并按计划开展相应的监督、评估和协调工作。

（3）工程量清单与招标控制价的编制和审核

该项工作是施工图预算控制的具体展开工作，主要包括编制工程量清单，合理列项，防止错项、漏项和重项，保证工程量计算准确。在此基础上编制招标控制价，应注意综合考虑质量标准、施工方案、编制依据、价格水平、取费标准和相关风险事项等，以保证该价格的可靠和相对经济。该环节的具体投资控制措施同上一环节。

（4）投标报价的分析

该项工作是施工图预算控制的具体展开工作，主要包括对所有投标单位的投标价格进行综合分析，为选定合适的中标单位提供建议，并对报价不合理之处及时进行核实确认。由于采购报价是选定中标单位的关键因素，因此，投标报价是否准确可靠就成为该环节投资控制的重点，相关计价项目罗列不合理和报价错误，都会造成施工阶段的价格纠纷和解决困难。由于评标时间有限，往往对投标报价的分析不够，若采用全面审核法又不切实际，对于重点审核法、分解对比审核法和经验审核法等的采用又受到指标体系、参照项目和审核经验等的制约，因此，政府代建项目管理部门应会同有关机构逐步建立健全有关的审核信息，在相关环节建立报价分析的组织机制，付诸实施并加强监控。

（5）工程合同价款的确定

该项工作是施工图预算控制的具体展开工作，主要包括在选定中标单位以后，基于中标价确定合同价。这里涉及两类问题，一类是中标价的合理性，此时可以专门针对选定的中标单位报价进行分析，工作组织和分析方法延续前面的内容；另一类问题，是结合更具体的工程技术经济条件和全面合同协商结果，对中标价所欠缺、错误、不足和需要增加补充等事项进行调整，尽量将能够在合同订立阶段明确的具体事项全部落实清楚，分清责任，这样就可以极大减少中后期实施环节的价格纠纷，不要认为合同主导权在我，合同规定越粗略对我越有利，应将该阶段的工作做细、做规范，这对合同双方都有很大的好处。其中需要引起注意的是，针对不同的承发包模式、合同价格类型和合同条款详略程度不同等，项目投资未来所面临的变动性不同，应当充分考虑未来变化的可能性和风险分担的需要，进行责任界定和费用准备，适当引入工程保险制度，在价格文件和合同条款中对这些变动事项进行合理规范。政府代建项目管理部门应逐步建立和完善相关制度，并采取监控措施，保证相关工作落实执行。

（6）工程预付款和工程计量支付

为了保证施工的顺利进行，应制定合理的工程价款支付制度，包括预付款、进度款支付制度（包括支付额度、时间、流程、方法）等。其包括两项核心工作，一项是保证及时足额支付，保证施工的顺利进行；另一项是保证相关款项的恰当使用，防止挪作他用或冒算冒领。该项工作目前有较完备的工作制度进行规范，关键是要建立中间结算环节的综合分析和控制制度，以动态掌控局部价格变化对总体投资的影响，以利于及时采取纠正措施，而不是将问题累积到最后才发现和予以解决。政府代建项目管理部门应指导和协助代建单位和监理单位建立事中投资分析和总控体制，督促其按制度开展相关工作，及时解决存在的问题，不断完善相关工作制度。同时结合投资预算计划和资金开支计划等对中间结算价款与控制限额进行对比分析，掌控项目实际开支状况，针对存在的重大事项，督促代建单位采取措施加以解决。

（7）工程变更和工程索赔价款的计算和审核

随着建设法律体系和合同管理体系的逐步完善，相关主体对项目实施过程中出现的合同规定可以调整价格的事项和未定事项，应及时协商、分清责任、准确估价和及时支付，避免中间管理混乱、事后纠缠不清，造成大量本可以及时解决的价格纠纷。这就需要本着公平和公正的态度，建立科学和规范的工程变更和工程索赔管理制度，加强对变更和索赔价款的预控、检查、评估和审核，以保证该项工作合理、有序地开展。同时需要注意的是工程变更和索赔是投资超支的关键因素，应加强前面各个环节的工作质量和投资控制力度，特别是加强前期方案和初步设计方案阶段的投资控制力度，尽量减少工程变更和工程索赔事项。政府代建项目管理部门应当根据相关法规政策，完善相关制度、工作和审核流程，监督代建单位和监理单位按要求制定内部制度和工作计划，严格落实执行。

4. 验收总结阶段的费用估算

（1）工程竣工结算的审核

竣工结算是承包人按照合同约定的内容完成全部工作，经相关单位验收合格，合同双方依据约定的合同价款和价款调整内容最终计算和确定实际工程造价。如果前面工作开展顺利，则该项工作只是对前述工作成果的汇总和少量调整；如果前述工作存在较大漏洞，则该项工作就会出现大量的价格纠纷，从而造成该项工作久拖不决。政府代建项目管理部门在该工作环节的投资监管重点是监控每个单位工程的竣工结算数据与合同价格的符合程度（最好将该项工作由事后向事中拓展以保证工程结算的动态控制），及时督促代建单位采取措施纠正可能存在投资超支的情况。

（2）工程竣工决算的编制和审核

竣工决算是在建设项目全部建成以后，由代建单位编制综合反映整个项目从筹建到竣工投产为止的全部建设费用、建设成果（资产明细）和财务状况的总结性文件。政府代建项目管理部门应督促代建单位及时开展该项工作，并对相关成果组织专家或部门人员进行审核，针对存在问题，督促其改正。

4.4.3 费用计划

投资控制目标有一个生成和不断演变的过程，可行性研究报告中批复的投资估算是第一层控制界限（投资估算在估价依据和方法等制定上应确保其估算误差高于设计概算的估算误差，应为正误差），初步设计完成后批复的设计概算是第二层控制界限（设计概算在估价依据和方法等制定上应确保其估算误差高于施工图预算的估算误差，应为正误差），施工图设计完成后编制的施工图预算（可等同于订立的合同价，考虑变更、索赔和价格因素等，高于实际造价，应为正误差）是第三层控制界限。从而生成如图4.13所示的投资目标控制层次和估算误差控制界限，以保证上一层次的投资控制界限约束下一层次控制界限的投资行为，由此生成一个阶梯状的投资控制框架，如果每一层次的控制框架和控制措施得当的话，每一层次的投资控制目标都会顺利实现。

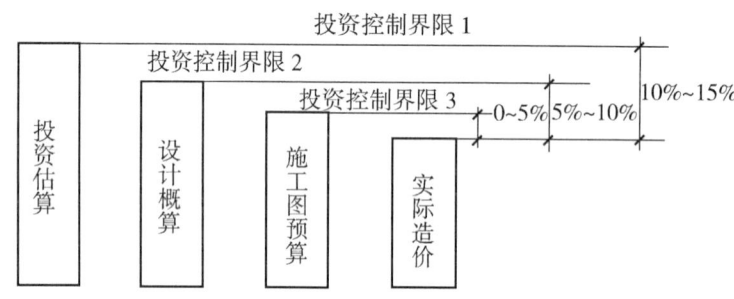

图4.13 投资控制目标层次及估算误差

为了保证每一层次投资控制目标的有效实现，应当建立如图4.14所示的代建项目投资控制框架。在每一层次的投资控制目标下建立相应的投资控制框架，通过编制适当的投资计划（含投资管理计划）以保证投资控制目标分解落实到执行和监控层面。

1. 投资计划的类型

投资计划制订的意义在于进行投资控制目标的分析和分解，建立投资控制的比较基准和指导其他项目活动的开展。可参照项目管理策划文件的划分方法将其划分为投资规划和投资计划两个层次。

（1）投资规划

投资规划是在前期工作阶段的投资估算和设计概算两个环节针对项目组成内容和实施过程进行的投资目标分解和投资控制方案的制订，具体确定代建项目各个组成内容和各个专业工程的投资目标，制定相应的投资控制工作流程，制定控制的工作制度等，指导相应

第4章 政府代建项目管理部门四大目标监管模式规范与制度建设

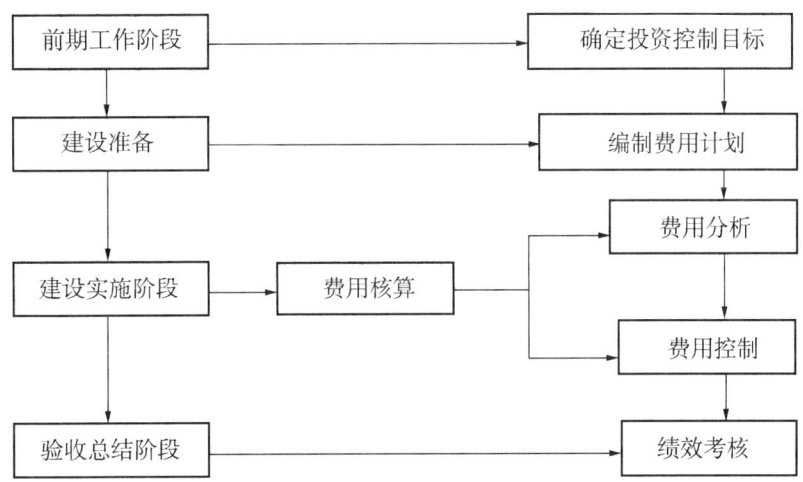

图 4.14 代建项目投资控制框架

阶段的工程设计、工程采购和建设准备等工作的开展。

(2) 投资计划

基于政府投资主管部门审定的投资限额和前期制定的投资规划文件，在建设实施阶段需要按照建设进度和工程展开顺序制定投资预算计划和资金使用计划（包括年度投资计划和年度基建支出预算等的编制），用以控制建设过程中各项费用的实际开支。

通过以上两类投资计划（含控制方案）的编制，将各阶段投资控制目标分解到具体实施对象和建设活动中，通过计划的下达执行和监督控制，有效保证各阶段投资控制目标的实现。

2. 投资计划的编制

(1) 投资规划的编制

代建项目投资规划步骤一般遵循对项目总体构思和功能描述、计算和分配投资费用、投资目标的分析和论证、投资方案的调整、投资目标的分解和平衡等。

代建项目投资规划文件主要包括投资目标的分析和论证、投资目标的分解、投资控制的工作流程、投资目标的风险分析、投资控制的工作制度等。

(2) 投资计划的编制

可以综合采用不同的投资目标分解方法编制投资计划，目的是保证投资计划的合理可行，易于实施和监控。主要包括按投资的费用构成编制的投资计划、按投资的发生时间编制的投资计划、按项目的结构分解编制的投资计划、按项目的责任主体编制的投资计划等几种编制类型。

以上几种编制类型在使用过程中应综合使用，如第一层投资计划按阶段划分，第二层投资计划按费用构成划分，第三层投资计划按子项目构成划分，第四层投资计划按应该分解到的最底层子项（可理解为工作包或合同包）的工程内容、工程数量、综合单价等估算出具体费用，从而形成一种多阶段和多层次的投资计划体系。例如，可以制定以下四层投资计划体系：

第一层——概要级投资计划体系；

第二层——控制级投资计划体系；

第三层——实施级投资计划体系；

第四层——详细的资金使用计划。

目前，代建项目投资计划体系还很不完善，投资控制目标和对应实施活动还难以建立中间的计划衔接，从而造成各种缺项、超支和不合理变动等状况。政府代建项目管理部门应当组织建立代建项目投资计划体系，并制定相关配套制度，要求代建单位制定组织内部的配套投资计划体系和相关制度，补充、细化和落实投资控制框架。

4.4.4 费用控制

代建项目的投资控制涵盖建设项目生命周期的各个阶段，应开展全过程的投资控制活动，建立前期投资策划、中期动态控制和后期完善提高的全程投资控制模式，对投资控制全过程中的各个工作环节和步骤进行科学组织，制定投资控制的任务分工和工作流程，以投资计划和控制流程来指导项目实施过程中的各项投资控制工作。

1. 政府代建项目投资总控模式

由于现行政策和合同关系的制约，政府代建项目管理部门不宜过多介入投资实施的具体工作，应重点开展两个方面的工作。一个是规范相关各级参与单位投资控制的行为模式，着力在整体上建构起项目投资控制框架，完善相关制度和规范；另一个是通过建构项目总体投资控制模型，收集项目投资的具体信息，根据需要定期或不定期进行投资控制成效的总体分析，针对存在的问题，督促和协调相关组织采取有效措施及时加以解决。这两个方面的工作都是属于项目投资总控层面的工作。

投资总控的任务是对投资控制目标实施总体策划和控制，包括项目投资目标的可行性论证，编制投资规划，分析整个项目投资控制的难点，尤其是对建设方案的优化，开展投资控制的总体策划；通过投资信息的收集和处理，了解项目投资控制的重点和难点，从组织、管理、合同和技术角度提出解决问题的办法和措施。投资总控模式的主要控制方式包括：建立统一的投资信息结构（总控模型，即基于投资计划和动态控制流程的信息模型），占有充分的投资数据（即有关投资信息的收集、处理和分析），注重总体策划和总体分析，判断投资的总体和局部状况、投资控制的重点、未来的发展趋势，应当采取的控制措施等。

代建项目投资控制包括对前期工作阶段（以设计过程为核心）、建设实施阶段（以施工过程为核心）、验收总结阶段（以验收和试运行为核心）等三个阶段的投资控制，其中前期工作阶段的投资控制更为重要。

2. 前期工作阶段的投资控制

项目方案构思和初步设计环节的工作对建设项目投资具有决定性作用，是代建项目投资控制的重点。这里的投资控制要点有两项，一项是通过采取适当的组织模式和技术经济综合分析方法对设计构思、分析、比选和深化等过程进行投资控制，获得高质低耗的建设方案；另一项是通过投资规划，将不同建设方案细化为具体的投资控制参数，建立起投资控制框架和工作流程。政府代建项目管理部门投资控制的要点包括以下内容。

① 执行设计标准，推行标准设计。

② 注重设计方案优选和价值分析。设计过程是投资控制的重要阶段，应通过优化设

计不断挖掘节约投资的潜力，用新思路、新技术改进方案设计和初步设计。通过价值分析，在满足使用功能的情况下优先考虑经济适用的技术方案。

③ 注重设计概算的编制和审查，推行限额设计，控制设计变更。在初步设计过程中，合理编制设计概算，加强对设计概算编制依据、方法和结果的审查。对概算投资进行分解，使所设计的各分项工程不超过投资控制分目标值，采用限额设计的措施对各分项工程所采用的技术方案进行技术经济论证。

④ 用全寿命期成本的思想来控制投资。要充分考虑代建项目全寿命期间的总投资费用最低，而不仅仅是考虑建设期投资最低，还要考虑运营期间使用成本是否节约。

⑤ 投资控制整体框架和工作流程的设计。

⑥ 相关配套政策的制定和落实。

⑦ 加强对以上工作的监管和相关文件的审核。投资控制主要是通过投资估算和对应的比较分析来进行的。在设计过程中投资的计划值和实际值的比较，主要是设计概算和投资估算的比较、施工图预算和设计概算的比较。

3. 建设实施阶段的投资控制

主要包括对招投标及采购过程、施工阶段的投资控制，前一项工作由代建单位、招标代理机构和造价咨询机构实施控制，后一项工作主要由监理单位实施控制。该阶段投资控制的基本原理是将计划投资额作为投资控制的目标值，定期进行投资实际值与目标值的比较，通过比较发现并找出实际支出额与投资控制目标值之间的偏差，分析偏差产生的原因，并采取有效措施加以控制，以保证投资控制目标的实现。

（1）招投标及采购过程的投资控制

关键在于选择合适的承发包模式和合同结构，恰当地划分标段，注重对合同界面的管理。具体的投资控制活动是基于设计概算确定的投资控制目标和相应的投资规划，明确各个合同包的投资控制界限，以此作为开展工作的依据，通过有效开展招标和采购活动，实现预定的控制目标。该环节的投资控制措施参见投资估算部分的相应内容，这里不再重复。

（2）施工阶段的投资控制

为了确保招标和采购环节确定的合同目标的实现，应编制各专业的资金使用计划，合理地确定投资控制目标值，包括总目标值、分目标值和细部目标值。在确定投资控制目标时，应有科学的计算依据，从而将总投资目标合理地分解到各单项工程和单位工程，再进一步分解到分部分项工程。在此基础上核实分项工程的工程量，计算分项工程的人工费、机械费、材料费、管理费、风险准备费、利润等，确定该分项工程的支出预算。汇总后与投资控制限额进行比较，找到出现预算超支的项目，进行预算调整，制定相关防范措施。通过全程严格管理，层层设防，保证合同目标在实施阶段得到有效控制。施工阶段投资控制的整体框架如图 4.15 所示。

该环节的投资控制工作应注意对施工图纸的会审，严格审查施工组织设计，尽量减少不必要的设计变更和技术变更，避免承包商的工程索赔；督促施工单位优化施工方案，降低施工成本；准确进行工程计量，按实际审查工程款的支付，严格审查工程索赔事项，建立严格的合同价格变更手续；进行风险管理，减少各种未定风险带来的投资增加；定期进行实际投资与计划投资的比较分析，及时采取纠正措施，以尽量减少投资的超支情况。

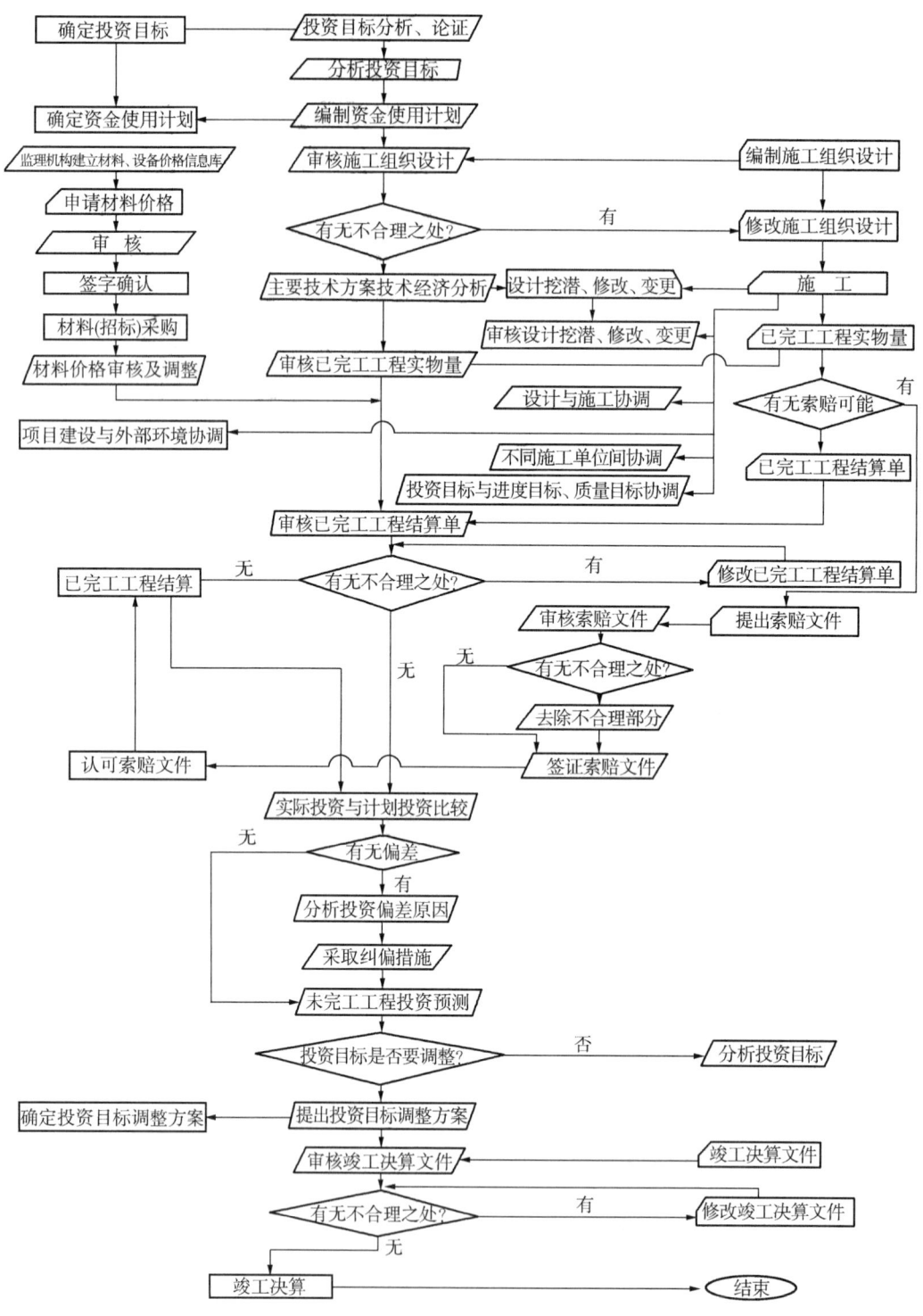

图 4.15 施工阶段投资控制框架和工作流程

在施工过程中投资的计划值与实际值的比较主要包括以下类型：
① 工程合同价和设计概算的比较；
② 工程合同价和施工图预算的比较；
③ 工程款支付与设计概算的比较；
④ 工程款支付与施工图预算的比较；
⑤ 工程款支付与工程合同价的比较。

4. 验收总结阶段的投资控制

验收总结阶段应注重及时进行完工项目的验收和竣工结算，及时协商处理有关的未定事宜，基于合同、签证和实际情况分清责任，顺利结清工程款项。整个建设项目竣工后，及时组织竣工验收和编制竣工决算书，竣工验收通过后及时办理资产的移交手续。

综上所述，投资控制的手段在于计算，计算的目的在于控制实际支出不超出投资计划的控制限额。因此，从项目立项到项目完工，应建立项目各个实施阶段的投资控制界限（如图4.13所示）和投资控制框架（如图4.14所示），由前往后层层相扣，逐步深化和推进，保证整体投资控制目标的动态实现。

在竣工验收过程中投资的计划值与实际值的比较主要是竣工结算、竣工决算和设计概算、施工图预算和工程合同价的比较。

4.4.5 投资管理制度建设

对投资目标实施的监控是政府代建项目管理的重点，厘清投资控制职责、建立投资监控体系、按分工进行投资策划、分步实施、加强监督检查和调整、不断改进和完善监控体系，就成为投资管理制度建设的基础所在。

目前各级政府相关主管部门颁布了一系列投资管理和造价计算的法律政策和管理规范（含技术规范），政府代建项目管理部门应当在此基础上制定对代建项目投资控制的统一规定，可称为代建项目投资管理办法（针对其中的关键条款再补充制定具体的实施细则或办法），以规范相关制度的深化落实。

1. 投资控制责任制度

投资控制责任的落实需要目标统一、分工合理、权责一致、协作配合，加强责任考核和组织建设，这是做好投资控制的基础和前提。该项制度的建设应当包括以下要点。

（1）目标的统一规定

由于投资分配和控制方案影响利益分配，对于代建项目的不同参与单位而言，投资目标的分配必然与各自的利益目标产生冲突，或由于自身投资控制不善导致费用超支和经营不善，影响到代建项目的整体投资目标和相关单位的投资分配目标的实现。

因此，一方面应制定政策措施保证投资控制整体目标和局部目标的对立统一性，投资目标的分配应科学合理；另一方面应制定技术和管理标准，对方案策划、工程设计、招标采购、合同管理、工程施工和竣工验收等具体环节影响投资目标实现的要求、条款、组织、工作、流程、方法、策划和控制措施等进行规范，保证各方科学规范地开展各自的投资控制活动。如果目标分配合理，各方投资控制有效，则整体目标和局部利益就能实现动态和辩证的统一。

这里值得关注的是如何将各类参与单位纳入到投资控制目标分配和实现方案的各层组

织过程中去，实现各方对投资控制整体目标和各自目标的理解、认同和支持。

(2) 合理分工和协作配合的规定

综前所述，代建项目的投资控制可以按照控制层级和形成时间切分成不同投资控制主体和不同实施阶段的各项投资控制活动，各类投资控制主体分别开展的各项投资控制活动之间形成一个相互制约和相互支持的关系框架，任一投资控制主体的投资控制目标都无法脱离其他投资控制主体的投资控制活动而独立实现。

因此，在投资控制的整体目标和局部目标形成过程中，应注意规范以下两个方面的工作。第一，基于各自承担的项目分工和相关单位之间的业务界面划分，对投资控制目标的分解和相互关系采取良好的技术经济措施和组织沟通手段保证其结果协调一致。第二，各层次投资控制目标的实现需要各类参与单位针对各自承担的投资控制工作制定有限的投资控制方案，密切配合，加强沟通和合作。这就需要在投资目标合理分配的基础上制定任务分工和协商配合的有关制度。

(3) 权责一致和加强责任考核的规定

如果做到了合理分工和密切合作的话，紧跟着就要明确各自的投资控制职责和相互之间承担的义务和责任，做到权责一致，同时制定考核办法和奖惩制度，通过动态考核（包括中间考核和竣工考核）督促相关投资控制主体履行各自的投资控制责任。

(4) 组织建设的规定

以上组织因素具备以后，各类投资控制主体就应当根据投资控制的需要开展组织设计（明确部门和岗位职责）、人员和相关资源配备、能力训练、激励措施制定、团队建设、内部有关投资控制的规章制度建设等工作。组织是各项业务开展的基石，因此，应制定相关制度对各类参与主体的组织能力建设、部门和岗位设置条件、资源配置要求、内部责任分配和考核办法的制定等进行规范。

2. 投资策划制度

由于代建项目投资控制是"以算为主、管算结合"，"算"表现为各类投资计划、估价文件和资金开支计划等，"控"则表现为各参与单位为实现各自投资控制目标而制定的相关组织、技术、经济、管理和合同等方面的制度措施或投资管理计划。

参考前面的分析可知，以上各类投资计划和投资管理计划之间遵循严格的制约和支撑关系，相互依赖、相互影响，形成一个系统性的投资计划框架。然后在此基础上开展动态的投资控制，各参与方通过开支核算、统计分析、调整优化和责任考核等投资控制实施活动，及时监督检查，按需要编制各展开阶段的投资实施情况统计报告、投资分析报告和投资措施建议（可统称为投资进展报告）。

遵循该指导方针，政府代建项目管理部门应制定投资计划和投资管理计划的制度规范，实施期的投资进展报告编制的相关制度见下一项"投资控制检查与报告制度建设"的内容。

(1) 投资计划编制的制度建设

投资计划的编制贯穿从投资估算、设计概算、施工图预算、招投标价格、结算价格和决算价格等各类工程估价文件编制的全过程，不同参与单位承担不同的编制职责，编制的目的、要求、内容、方法和文件格式均有所不同。

① 前期工作阶段的投资规划文件

前期工作阶段主要包括在可行性研究环节编制投资估算和在初步设计环节编制设计概算，这两类工程估价文件是以整个代建项目为估价对象，包含了全部投资费用。两类工程估价文件成为前期工作阶段投资控制的两大投资控制界限，分别由不同参与单位组织实施。投资估算由使用单位或代建单位委托，造价咨询单位实施，代建单位负责控制；设计概算由代建单位委托，设计单位实施，代建单位负责控制。在可行性研究和初步设计两个环节以两类工程估价文件的编制为核心的投资控制工作表现为以下所描述的动态投资控制过程。

在可行性研究环节，以功能和经济性为核心的方案设计经历了由创意、构思到成形的形成过程，其间需要不断对动态产生的各种初始和中间方案的功能和价格进行比较分析（技术经济分析），以选定合适的技术和开发方案。作为该环节的投资控制主体，代建单位应当制定适当的投资规划文件，委托专门机构，对该环节工程咨询单位可行性研究实施的各项工作进行监控，分解和细化方案设计中各项中间成果和中间工作的投资限额和控制标准，制定投资控制流程，保证建设方案沿着一定的投资控制脉络而演进成形，实现功能与经济之间的协调统一。

在初步设计环节，以主要设计参数选择和深化及其经济性为核心的初步设计也经历一个由简单到复杂的形成过程，其间也需要根据可行性研究环节批复的投资估算对所需细化的各个专业、各类参数进行动态的技术经济分析，以选择合适的技术经济参数。作为该环节的投资控制主体，代建单位需要开展的投资规划工作同可行性研究环节，这里不再重复。

因此，政府代建项目管理部门应当在代建项目投资管理办法中制定前期工作阶段投资规划的相关制度规范，以规范该项工作，同时也作为政府代建项目管理部门开展前期工作阶段投资控制的基本依据。

② 建设实施阶段的投资计划文件

建设实施阶段主要是对施工图设计的审核、招标采购、合同管理、施工生产等工作实施投资控制。该阶段编制的工程估价文件包括施工图预算、招投标价格、合同价格、结算价格、变更价款和索赔价款计算等，分别由不同参与单位负责组织实施和控制。由于该环节涉及参与单位的层次和数量众多，需要开展的投资控制活动量大面广，投资控制工作复杂多变、难度较大。作为该阶段的总体投资控制主体，代建单位应制定针对以上各个环节的投资计划文件，通过研究、计算、协商和平衡，按不同阶段、不同主体和不同专业直到具体成果进行投资控制目标的分配和细化，根据分配的控制指标，督促和检查相关控制主体制定各单位自身的投资计划，以保证投资控制目标的层层细化和层层落实。

③ 验收总结阶段的投资计划文件

验收总结阶段主要是编制竣工结算、竣工决算等工程估价文件，在此基础上，对建设实施期间处理不当或存有争议之处进行协商处理，以保证预期投资控制目标的实现。应该说该阶段是建设实施阶段投资控制活动的自然延伸，因此，建设实施阶段的投资计划文件在建设实施后期应当涵盖对本阶段的控制目标、控制要求和控制措施等，当然也可单独编制本阶段投资控制的计划文件，以指导该阶段投资控制活动的开展。

（2）投资管理计划编制的制度建设

前面谈到，投资控制是"以算为主、管算结合"，投资规划或投资计划是以"算"为主编制的投资分配目标值和控制指标值的费用分配文件。投资管理计划就是建立在此基础上，以"管"为核心编制的如何实现投资分配目标值和控制指标值的控制措施计划文件，这里只是为了研究方便将其分开阐述，在实际工作中，两类计划是投资管理的一体两面，可以合并在投资计划或投资管理计划一类文件中进行规划，而不是分开单独编制。

除了代建单位需要在以上三个阶段制订单独的投资总控计划以外，其他参与单位的投资控制计划都可以建立在各类工程估价文件的基础上，由各投资控制主体为主进行编排，通过细化各层级的工程估价文件，并附加相应的投资控制措施，以此生成相应的投资管理计划。这里需要提醒的是，工程估价文件不同于投资计划文件，两者在控制主体、控制环节、开支口径、检查方法和统计分析方法等方面都不相同，但工程估价文件是投资计划文件的数据基础和主要来源。

各层的投资管理计划，应包括投资控制的目标、指标，投资控制的组织，工作分工，工作流程，资源配置，时间计划，技术经济分析，跟踪检查，费用核算方法，投资分析，方案调整，评估和审核等投资控制工作的安排。

在不同的投资控制阶段和不同的投资控制主体，由于所承担的业务内容和专业属性不同，相应的投资控制责任也不相同，各自所应采取的控制措施也不尽相同，以下针对几项投资控制的主要手段进行简单阐述。

① 重视投资控制组织体系的建设

注意不同投资控制主体之间的权责关系，任何一方的投资失控都会对其他各方造成影响，投资控制主体也可划分为自控主体和他控主体，通过投资控制组织体系建设，明确各方在该组织体系中的地位。最上层的政府代建项目管理部门属于他控主体，中间单位既属于自控主体又属于他控主体，最下层单位只是自控主体。由此建立起整个代建项目的职责定位，确定各自投资控制的职责范围。

② 重视投资策划体系的建设

目前，代建单位主要在总控计划中编制年度投资预算和资金使用计划，同时借助于各类工程估价文件对代建项目实施过程中的各项支出进行控制，投资控制的计划体系比较单一，控制措施比较简单。政府代建项目管理部门应当通过深入调查，加深认识，了解目前的投资控制现状和计划不足之处，逐步建立和完善相关投资策划制度。

③ 重视主动的投资预控措施

根据建筑市场的成本经验数据，事先根据项目设计的情况（类型、规模、标准等）将工程的主要成本构成按合同结构图进行分解，形成投资控制主计划，该计划及所有细化的成本估算指标将作为此后工程设计或工程招标时选择设计方案或中标单位的主要依据。

④ 建立投资控制信息系统

沿着投资控制的时间进程，将各类投资控制的工程量信息、控制指标、实际支出、市场变动因素等均纳入到投资控制信息系统，作为投资控制的信息来源并提高投资控制的成效。

⑤ 加强对各类工程估价文件编制的监督审核

因为各类工程估价文件是投资控制的基础依据，其编制质量直接影响到投资控制质量，因此应加强对其编制工作及成果的监督审核。

⑥ 制定合适的合同条件控制价格调整

第4章 政府代建项目管理部门四大目标监管模式规范与制度建设

这将有利于减少价格纠纷、控制工程超支的风险。

⑦ 建立投资的进度控制系统

针对总进度规划和各专业的进度计划安排，建立不同时间的量、价、费预算计划，在不同的控制时点能够及时通过相应支出的比较，掌握项目进度和投资支出的对应关系。

⑧ 编制不同时间的资金使用计划

为便于代建单位掌握工程进度款的支付进程，进行资金安排，应在投资总控计划的基础上，对照项目进度总控制计划，依据拟定各类合同付款的具体条件（分期支付安排）编制项目工程费用年度、季度或月度用款计划。

最后，政府代建项目管理部门也应根据以上投资控制要点，在重要的投资控制环节设置关键的投资控制点，制定相应的投资计划和投资管理计划，以深入了解和把握代建项目投资控制的进程和现状，履行自身的监管职责。

3. 投资检查与报告制度

前述的投资策划制度是重视投资的计划预控，一旦项目实施开来，就要通过费用核算，收集、汇总和处理相关费用信息，形成有关报告，由相关控制主体依照在投资控制组织体系中的定位，向相关责任部门提交相关信息，了解相关各方的投资计划完成情况。

这里涉及一项关键的投资控制制度——费用核算制度，主要包括业务核算、会计核算和统计核算。由于各参与方的费用核算体系不同，会造成归并的成本科目出现口径不一致的现象，因此，上层责任单位在统计相关费用信息时应当做出适当调整，以免造成费用信息的错误，影响投资分析的结论。

同时，还涉及另一项关键的投资控制制度——费用报告制度。各参与单位花费的相关费用是组成总投资费用支出的数据来源，但由于相关费用开支标准受各组织利益关系的影响，可能会出现上报信息失真的问题，出现谎报或瞒报的情况，这就必须建立多层次的投资信息报告制度和投资信息造假的处罚机制，以保证相关信息的全面、及时和准确。

4. 投资分析与审核制度

基于通过多种途径收集到的实际投资信息，各层投资控制主体基于投资控制责任对该信息进行投资分析，这就需要明确投资分析的内容、方法和文件格式等的要求，以利于规范该项工作、及时发现问题、采取控制措施。

各投资控制主体对自身控制范围内的投资信息进行对比分析后，撰写有关现状、问题和解决措施等的投资分析报告（可以与投资检查和汇报成果合并提交），提交给相关责任部门进行审核。

依据不同建设阶段的投资分析主体、投资分析方法、存在的问题和解决措施的不同，可划分为针对以下三个阶段的投资分析和审核工作。

（1）前期工作阶段投资分析与审核工作

主要包括可行性研究环节和初步设计环节的投资分析与审核工作。

（2）建设实施阶段投资分析与审核工作

主要包括施工图设计审核环节、招标采购和合同管理环节、工程结算环节、工程变更和索赔环节等的投资分析与审核工作。

（3）验收总结阶段投资分析与审核工作

主要包括竣工结算环节和竣工决算环节的投资分析与审核工作。

5. 计价依据和信息系统建设

投资控制的依据在于工程造价的估算，而工程估价是建立在计价依据的可靠和完善的基础上的。目前，我国各地造价管理部门建立了较完善的建设工程定额体系，其中的预算定额或综合定额比较完善，但投资估算指标、概算指标和概算定额并不完备。随着代建制度的发展，政府代建项目管理部门需要与有关机构协商合作，逐步完善代建项目投资控制所需的各类计价依据。

目前针对工程估价和投资控制，我国已经出现了大量相关的投资信息管理系统和专业软件，政府代建项目管理部门应当通过调查了解使用状况、使用需要和发展趋势，在代建项目中推行投资信息化建设，提高信息化水平。

4.5　进度监管模式规范

进度就是时间，其作为度量物质运动过程的一个基本参数，一般用来描述事件从发生到结束的时间间隔。时间是物质的存在形式，没有时间就没有物质存在。因此，时间也是生命的存在形式，我们只能通过生命活动生存在时间里。

时间就是我们的生命，我们无法超越时间，但我们可以有效利用时间，在尽可能短的时间内做更多有意义的事情，所以，我们需要对时间进行管理。人生属于我们只有一次，一切都没有草稿，时间或人生过去了就过去了，无法再重来一次，过去只是过去，现在只属于现在，未来永远属于未知和可能，项目作为人类活动也遵循同样的道理。以上阐发了一些对时间的感想，目的是想强调时间的重要性，远远不是我们表面所看到的那么简单。

4.5.1　一般规定

1. 政府代建项目进度管理

任何项目都是人类社会的一项活动，我们可用建设周期或生命周期，甚至全生命周期来表示项目的时间。前面已将代建项目划分为前期工作阶段、建设实施阶段和验收总结阶段三个时期（如果将使用阶段或运营阶段包括在内，就构成了代建项目的全生命周期）。代建项目也像一个生命机体一样，有其从产生到结束的时间历程。但代建项目是由不同的参与组织共同完成的，不同组织具有不同的使命和任务，参与完成代建项目不同时期的相关工作，具体参见图4.16，不同参与单位在代建项目中的建设管理周期是不同的。

根据代建项目的时间特性，我们确定代建项目的整体目标和阶段性目标、制定各级工作计划和配置相关资源等，都需要考虑其在时间上的要求和安排。同时，为了高效率地完成项目，必须采取合理的方法来对时间进行管理，时间管理也是代建项目管理的核心任务。

项目时间管理就是通过合理的时间配置，确定时间目标，使项目过程、资源消耗和成果实现等与时间的消耗保持一致，最终实现项目目标的管理过程。由图4.16可知，代建项目参与各方都需要开展自身的时间管理，其时间目标和时间范畴均不相同。但同时，各参与单位之间的时间又是相互依赖和相互作用的，必须保持相互之间的协调以保证整体进度目标的实现。

政府代建项目管理部门就是通过统筹规划和沟通协调制定项目的总体进度目标和阶段

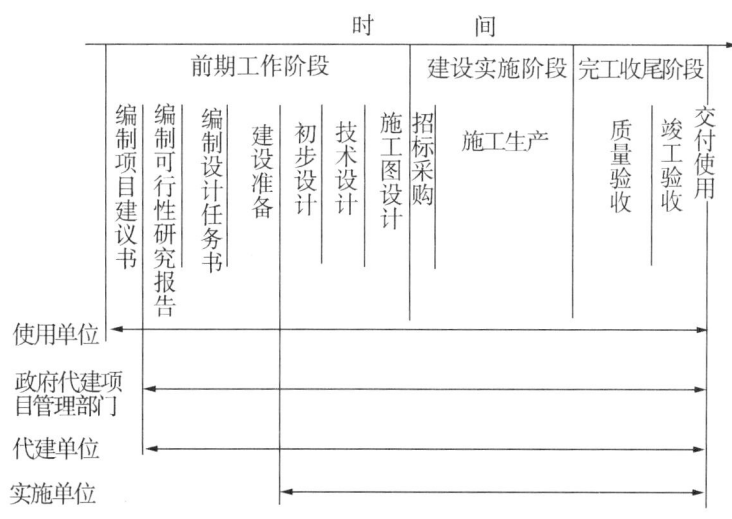

图 4.16　代建项目各参与单位的建设管理周期

性进度目标,建立代建项目进度管理的总控系统和进度管理的相关制度规范,督促和审查各参与单位按照要求依据整体进度目标制定各自的进度目标和进度管理计划,通过各种渠道监督检查各方的进度执行情况,采取各种有效的控制措施,保证代建项目整体进度目标的顺利实现。

2. 政府代建项目进度管理的目标与组织

由于代建项目参与各方进度管理的目标和任务均不相同,所以政府代建项目管理部门对参与各方进度控制的目标、职责和组织模式的理解和规范就显得格外重要。代建项目的进度目标可以按时间周期长短划分为整体目标和阶段性目标,也可以按照管理主体不同划分为政府代建项目管理部门的控制目标、代建单位的控制目标(含监理单位的控制目标)、实施单位的控制目标(可细分成设计单位的控制目标、供货单位的控制目标和施工单位的控制目标)。以下按照代建项目建设周期的划分对其时间目标进行简单分析。

(1) 前期工作阶段的整体目标与组织

可行性研究报告中,工程咨询单位根据代建项目自身的特点、使用单位的要求和各种环境条件,编制该环节下的代建项目总体进度纲要文件,对代建项目总进度目标进行确定和论证。可行性研究报告主要站在使用单位的立场,综合考虑代建项目实施的各种可能条件,基于工程建设的客观规律(参照建设工程工期定额或类似工程的工期组织信息等)进行制订。一般需要完成确定工程的实施组织、承发包界面和合同总体结构、整个项目实施的流程规划、工程建设的各项主要条件分析(包括技术条件分析、经济条件分析、政策条件分析、组织条件分析、环境条件分析等)、各项主要工作的进度估计和逻辑关系确定、绘制总体进度计划图表、评估和调整、审核批准等工作。该总控目标是以后各阶段开展各环节工作进度落实和细化的指导依据,它主要包括建设准备工作进度、招标采购工作进度、设计工作进度、施工工程进度、物资供应进度、竣工验收和试运行进度等。这并不是单纯的总进度规划的编制工作,其中的关键是建立、分析和论证目标实现的可能性,重点涉及对代建项目实施的条件分析和工程实施组织策划等方面的问题。

随着代建项目进行到设计阶段，在可行性研究报告制定的总进度目标约束和指导下，根据深化的代建项目组织模式、细化的技术经济条件、深化和变化了的进度要求等制定该环节的代建项目总进度规划，该环节总进度目标的制订和形成与代建项目的承发包组织模式有很大关系，详见图 4.17。

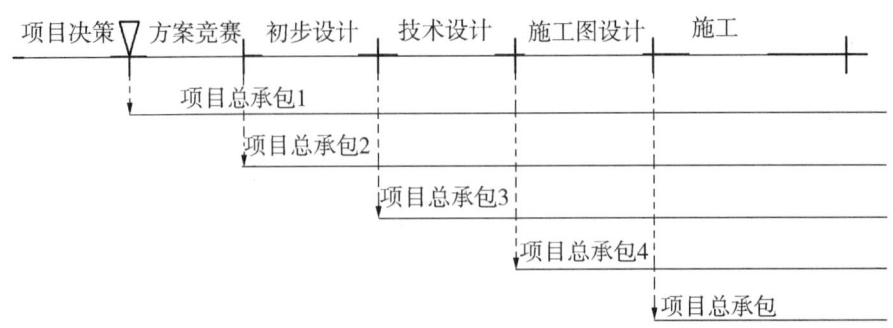

图 4.17　工程承发包模式下的代建项目总进度计划层级

在图 4.17 中，如果采用施工总承包模式，施工总承包单位负责编制施工总进度计划，但前面诸环节的总体进度规划的组织与进度规划文件的编制主要由代建单位负责（也可委托给专业的工程咨询单位承担）；如果采用项目总承包模式（也称为工程总承包），则分别根据承包业务范围的不同，由工程总承包单位负责编制以上不同阶段的总进度规划文件，代建单位只是承担对该方案的规划标准和要求的制定，对投标方案的优劣、可行与否进行评估、审批和监督等的责任。

政府代建项目管理部门和代建单位控制的进度目标是代建项目的整体目标。我们可以将整体时间目标的构成划分为政府代建项目管理部门、代建单位和实施单位三个层级，针对整体目标实现的组织包括以下两个方面的内容。

一个方面是进度目标的形成，必然是通过下一层的实施活动所需消耗的时间，通过逻辑关系组合，生成上一层局部时间目标的基础，再往上层层汇总，形成整体进度目标。当然这并不是说整体就是由局部所决定，上一层可以给下一层下达进度目标（称之为里程碑点或进度控制的关键点），要求其落实执行；但下一层的进度计划和落实情况，必然决定上一层的进度目标。因此，在制订进度目标的时候，既要考虑上层组织的需要，同时也要考虑下层组织实现的可行性，保证目标和措施上的一致，目标上的冲突必然会造成实际工作的混乱，必须重视目标制定的合理性和实施方案的有效性。

另一方面是进度控制的责任划分，不能只片面强调时间的长短，不讲求可行的实施方案。因此依代建项目组织层级建立满足进度控制需要的责权划分和组织模式就显得尤为重要。实施单位是进度的完成机构，代建单位除了由自身完成的采购和报批等工作外主要负责的是对实施进度的监控和协调等责任，政府代建项目管理部门接受委托完成代建项目的发包以后，主要承担的就是建立进度管理的秩序、审核和协调总体进度目标的制定、监督和检查总体进度计划的落实执行情况，发现重大问题，及时督促解决。代建项目的整体进度目标只有通过相关各层紧密配合、齐抓共管、合理规划、加强监管才能顺利实现。

这里需要再次强调的是，同代建项目的投资控制一样，后期出现的诸多投资和进度控制方面的各种难题，往往是由于前期工作阶段的考虑和计划不周造成的。政府代建项目管理部门一定要重视该阶段代建项目总进度纲要和总进度规划环节的进度管理工作，重视总进度目标制定的调查、分析和论证工作，提前明确和落实有关进度实施的组织、技术、经济、合同和制度等措施，保证总体目标的合理、可行和配套计划措施全面、可靠。

（2）建设实施阶段的进度目标与组织

建设实施阶段进度控制的核心是施工过程的进度控制，施工生产量大面广、单位众多、影响因素和困难阻碍较多、耗时较长等，始终是进度控制的重点和难点所在。但基于前一点的分析可知，实施的进度是由准备条件的好坏所决定的，准备得越充分，考虑得越全面，技术经济和组织措施越完备，实施起来遇到的阻碍和困难就越少，实施就越顺畅，因此，决不能因为该阶段占用的时间长，就忽视对前期工作阶段的进度控制。

该阶段进度目标的实现主要需要重视以下两项因素。第一项因素是实施因素，该阶段的进度是由施工总分包的组织安排、施工的技术经济措施、物资设备供应情况、设计方案的可施工性及变更情况、涉及进度问题的沟通协调等完成情况所决定的，因此应重视对各设计、施工和供货等实施单位实施能力的控制，其中的关键就是重视对相关参与单位选择标准的制定，对招标采购环节投标方案中进度保障能力的评估，对现场实际能力建构符合性的检查等工作的开展；第二项因素是监控因素，由于参与单位众多、合同分工界面复杂、参与单位实施能力良莠不齐等，各参与单位应基于自身在监管层级中所处的位置，制定各自的进度管理办法和具体的监管方案，对相关主体进度策划和进度控制等组织体系、对应的制度和措施、相关协作条件和合作情况等进行规范和监控。

整体目标是由阶段性目标组合而成的，整体目标只有通过分解成阶段性目标才能落实执行。无论是进度控制组织系统的上层组织还是下层组织，都必须将属于自身进度控制的职责和方法措施分解落实到具体的业务单元上，只不过上层组织主要是承担进度的监督协调业务（他控任务），下层组织主要是承担进度的实施业务（自控任务），然后明确组织内部职责、落实任务分工、配置资源、制定方案、落实执行、监督调整等，开展组织内部具体的进度管理活动，整体进度目标控制的关键是整体进度控制的组织关系建构。

目前需要注意的是对该阶段相关进度策划文件和监控措施的理解和规范。如果严格按照项目管理的规范化要求，相关实施主体除了制定技术方案外，还需专门编制有针对性的进度管理计划，建立专门组织或岗位人员，明确相关任务分工和落实职责，制定具体的进度检查和控制措施，根据需要定期或不定期地通过各种沟通渠道和沟通方式进行进度沟通与协调。但目前各实施主体在进度计划文件编制上还存在很多的漏洞和不足，往往只是在相应技术方案中编制一份进度计划图表，简单罗列一些进度控制的一般措施和制度要求，缺乏针对性和系统性的进度管理计划，考虑和安排不够周全。具体策划文件格式见进度策划部分的内容。

（3）验收总结阶段的进度目标与组织

该阶段主要是对竣工验收、试运行和资产移交等工作进度的策划和控制。到了完工阶段，往往会出现盲目乐观、放松注意力、力量转移、大量争端集中出现、各种问题逐渐出现等问题，从而造成有些问题解决不及时、协调不当或久拖不决，影响代建项目的正常验收和移交。任何工作都要善始善终，因此提前做好该阶段各项工作的进度计划，做好准备，注重组织和相关配合条件的落实，严格执行和加强沟通，成为这一阶段进度管理的关键。

因此，政府代建项目管理部门重点应通过相关政策建设，建立起规范化的代建项目进度管理组织模式，同时与代建单位合作建立起代建项目整体进度控制系统，共同开展对代建项目进度的监督、检查和控制活动。

3. 代建项目各级进度控制系统

（1）代建项目整体进度控制体系

基于以上分析，这里提出建立代建项目进度总控体系的主要目的是基于以下几个方面的考虑。一是目前缺乏将各参与单位进度控制的组织与管理等整合到一个系统框架下的制度、组织和措施安排，无法开展有效的整体策划、有机协调和系统控制；二是目前各参与单位内部也缺乏健全有效的进度管理组织制度和管理措施，系统性、全过程和全方位的进度保障措施还远未能建立起来，进度策划的手段和文件、进度实施的组织和监控措施、进度偏差的分析和责任考核等重要的制度措施还存有较大的不足和不规范；三是目前各参与单位之间基于进度协调所需的信息沟通渠道和协调方式还缺乏制度化和系统性安排，整体进度目标的实现有赖于各参与单位相互之间的信息交流和有机协调，若仅依靠各参与单位分别采集相关信息，建立各自的沟通渠道和协调方式是无法满足整体进度控制需要的。基于以上三点因素，建立代建项目整体的进度控制系统就显得格外重要。

代建项目整体进度控制体系可以由代建单位根据体系建立的整体要求和策划模式进行组织策划，也可委托给外部专业咨询机构完成，承担从前期的总进度纲要策划、实施进度规划和总进度控制等全过程的进度控制工作。该项委托无论是由政府代建项目管理部门负责还是由代建单位负责，政府代建项目管理部门都应建立起相关的系统认知，完善相关总体策划制度及规范，主导或监督该项工作保质保量地完成。

政府代建项目管理部门应当在代建项目管理规范建立的框架下，制定代建项目整体进度控制体系建立的相关细则和技术规范，并在代建项目委托和实施过程中落实执行，同时建立起自身的整体进度监管体系。代建项目整体进度控制体系的具体内容参见进度策划部分。

（2）政府代建项目进度总控体系

政府代建项目进度总控体系构建的任务是运用系统的观点在相关制度和规范指引下根据自身定位、环境、组织、目标和任务等方面的要求进行总体监管体系的策划和控制，包括进度目标的分析论证、进度控制重点和难点分析和掌控、进度控制的过程设计等，并从组织、技术、经济、合同、管理、法律和行政等角度提出相应的解决办法和措施。

由于政府代建项目进度管理的核心是对各参与方进度策划和进度控制活动的监管，主要通过法规制度的建立和完善、进度计划的审核和协调工作、进度实施状况的检查和处理等方式开展监管工作。但本组织作为代建项目总体监控的责任主体，虽然大部分总控控制策划与实施控制的行为应由以代建单位为责任中心的各参与单位付诸实施，但真正保有维护政府管理责权和使用单位权益的主体还是政府代建项目管理部门。因此，通过识别和建立起本组织的进度总控体系，才能认识自身的地位，明确发展方式，构建发展的方向和展开步骤，找到监管的重点，制定适当的监管措施。具体内容参见政府代建项目监管方案的内容。

（3）代建单位进度总控体系（含监理单位进度总控体系）

代建单位是代建项目实施环节的发包主体,也是代建项目整体进度目标控制的责任中心。其应建立进度控制的组织及相关制度,开展全面和系统的整体进度控制策划和控制活动,以实现代建合同中规定的整体进度目标。

目前,代建单位并未建立起全面、科学、规范的代建项目进度控制体系,针对性的重点和难点分析以及对应的解决措施和管理文件较少,相关的进度管理办法较为简单。监理单位接受代建单位的委托,主要负责建设实施阶段的总体进度控制职责,但双方的监管责权、利益、范围、重心和协调方式方法等存在一定的落差,代建单位不能因此而减少应由自身承担的监管职责。

因此,代建单位必须负责主持制定整体的进度管理规划方案,对相关职责进行合理划分,制定相关保障措施、检查制度和考核办法等,全面履行自身应承担的总体策划和监管的责任。具体内容参见进度策划部分。

(4) 实施主体进度控制体系

设计单位、施工单位和供货单位等作为实施主体,应通过进度策划、组织落实和检查调控等履行各自的进度管理职责。其进度控制体系也存在多层控制结构,如设计总包单位和施工总包单位存在设计总进度控制和施工总进度控制,组织内部存在企业内部和项目内部进度控制等,应基于进度策划和控制体系建设要求进行体系的设计和持续改进。具体内容参见进度策划部分。

4. 代建项目进度控制的影响因素和监控重点

影响代建项目进度控制的因素很多,如人为因素(政府相关部门、代建项目各参与单位等)、技术因素(设计技术和施工技术等)、物资因素(原材料、构配件、机电设备等)、资金因素(资金不足、资金拖欠等)、自然环境因素(水文、地质、气象等)、社会环境因素(政治、经济、法律等)、管理因素等。只有全面而深刻地理解和把握这些因素对项目整体进度的影响,才能保证项目整体进度目标的顺利实现。

由此可见,进度控制的重点在于制定完善的预控措施和管理制度,做好各项前期准备工作,加强措施的落实、进度的监督和调整、责任的分析和考核等过程控制工作,以下简单列出代建项目进度控制的监控重点:

① 重视整体的进度控制体系建设;
② 重视利用合同和制度来规范各方建立进度控制体系;
③ 重视各参与方进度计划的协调和审批流程;
④ 重视控制设计质量和进度;
⑤ 重视控制物资质量和供应进度;
⑥ 重视控制施工质量和供应进度;
⑦ 重视各项技术措施的制定和调整;
⑧ 重视资金、人力、设备和物资等资源保障;
⑨ 重视实施过程中各项工作进度的测量、分析和改进;
⑩ 重视实施过程中各参与方之间的进度协调;
⑪ 重视实施过程中各参与方进度责任的考核。

5. 代建项目进度控制的方法与措施

前面谈到,进度管理和投资管理都是基于相应进度和投资数据的估计,以及各层次数字计划的制定、落实、检查、分析和调整等,"以算为主,管算结合",都建立在对相关管理技术应用的基础上。

因此,在进度控制中科学合理地使用网络计划技术和净值分析等关键技术就显得格外重要,这里不拟对相关进度规划和控制技术进行介绍,可参考国家颁布的相关技术标准。

代建项目进度控制的一般措施包括组织措施、技术措施、经济措施、合同措施、法律措施和管理措施等,这里不做详细介绍。

4.5.2 进度计划

代建项目各层级进度控制目标和控制体系是建立在各层级参与单位编制的各类进度计划和配套制定的相关制度中。各类进度计划体系的建立、进度计划文件的编制和相关配套制度的制定就成为代建项目进度控制的基础工作。

1. 代建项目进度计划的种类

(1) 根据参与单位不同划分

① 政府代建项目管理部门的进度计划;

② 使用单位的进度计划;

③ 代建单位的进度计划;

④ 监理单位的进度计划;

⑤ 施工单位的进度计划;

⑥ 供货单位的进度计划。

(2) 根据粗细程度不同划分

① 规划性的进度计划;

② 控制性的进度计划;

③ 实施性的进度计划。

(3) 根据项目范围不同划分

① 建设项目(或群体工程)总进度计划;

② 单项工程进度计划;

③ 单位工程进度计划;

④ 分部分项工程进度计划(或作业计划)。

(4) 根据时间跨度不同划分

① 长期进度计划;

② 中期进度计划;

③ 短期进度计划。

这里仅是对进度计划做一般分类,代建项目进度计划体系的整体模式和具体表现形式还需做具体的理解和分析。如根据各参与单位间进度控制的组织层级划分,政府代建项目管理部门和代建单位(含监理单位)的进度计划主要是规划和控制性的,而各实施单位的进度计划主要是控制和实施性的,而且随着实施单位总分包层次的延伸,也越来越体现出"上层以控制为主、下层以实施为主"的特点;同理,在参与单位内部不同的组织层级使用不同类型的进度计划,包括企业层、项目负责人、部门负责人、具体管理人员等各层次的进度计划,其计划的要点、格式、编制方式方法和详略程度均有较大差别;还可以依照使用目的不同划分为用于组织实施、沟通协调、检查评估、优化调整等多种用途的进度计划形式。因此，应对代建项目进度计划体系进行合理的比较、选择、评估和设计。

2. 代建项目进度计划体系

综上所述，代建项目进度计划系统应根据以上罗列的进度计划类型，结合代建项目的特点和要求进行整体设计，形成符合实际需要的代建项目进度计划体系。计划体系可以有以下几种划分方式。

（1）按照建设周期划分：划分为全过程、多阶段的进度计划体系

① 前期工作阶段的进度计划系统

由参与该阶段工作的各方编制的进度工作计划和代建项目的总进度规划组成，包括使用单位的前期工作进度计划和代建项目总进度规划、政府代建项目管理部门的前期工作进度计划和代建项目总进度规划、代建单位的前期工作进度计划和代建项目总进度规划、工程咨询单位的可行性研究工作进度计划和代建项目总进度规划、设计单位的设计进度计划等，这些计划都包含在各参与单位在前期工作阶段所编写的各类项目管理计划文件中。

② 建设实施阶段的进度计划系统

由参与该阶段工作的各方编制的进度工作计划和实施阶段的总进度计划组成，包括政府代建项目管理部门的实施阶段工作进度计划和代建项目总进度计划、代建单位的实施阶段工作进度计划和代建项目总进度计划、监理单位的监理工作进度计划和代建项目总进度计划、施工单位的施工进度计划等。

③ 验收总结阶段的进度计划系统

由参与该阶段工作的各方编制的进度工作计划，包括政府代建项目管理部门的验收总结阶段工作进度计划、代建单位的验收总结阶段工作进度计划、监理单位的验收总结阶段工作进度计划等。

（2）按照编制主体划分：划分为全项目、多组织的进度计划体系

① 政府代建项目管理部门的进度计划系统；

② 代建单位的进度计划系统（含监理单位）；

③ 实施单位的进度计划系统。

（3）按照编制深度和管理功能划分：可划分为以下四级进度计划体系，如图4.18所示

① 总进度纲要

指对整个代建项目建设全过程的进度安排，包括全部概要性工作的进度安排，属于规划性和控制性的进度计划系统，主要由工程咨询单位、代建单位和政府代建项目管理部门负责编制、落实或监控。

② 子系统进度规划

指针对代建项目全过程中不同阶段、不同主体、不同业务等多角度进行的总体进度安排，属于控制性或指导性的进度计划，包括政府代建项目管理部门的监管工作进度大纲、代建单位进度管理总计划、设计总进度计划、施工总进度计划、监理大纲等。

③ 各专业进度计划

由各参与单位的分包单位或内部机构开展具体项目工作的业务主体编制的专业或部门进度计划，属于指导性或实施性进度计划。

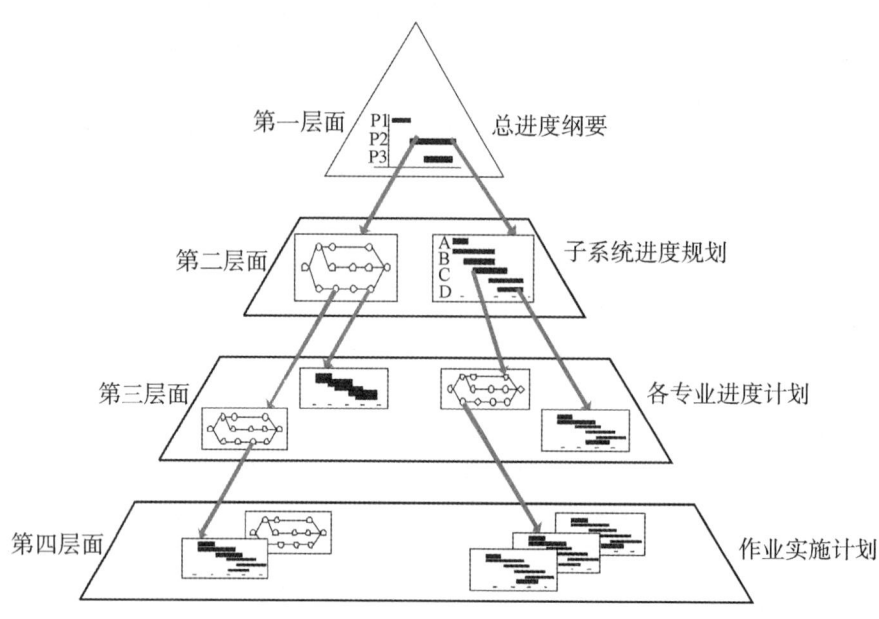

图 4.18 代建项目按编制深度划分的进度计划类型

④ 作业实施计划

由基层管理者制定针对作业班组或作业人员的作业计划任务书,属于实施性或作业性进度计划。

(4) 根据时间跨度划分

① 整个建设期进度计划:指跨年度的进度计划;

② 具体时间段进度计划:指年度、季度、月度和旬进度计划。

政府代建项目管理部门应当根据代建项目进度管理的需要、相关进度管理规范、各参与单位进度管理的实际状况等构建代建项目进度计划体系的总体结构和细部要求,以规范和指导相关参与单位的进度计划制订。

3. 代建项目进度计划的编制

在代建项目实施全过程中,需要逐步地由宏观到微观、由粗到细编制深度不同的代建项目总进度纲要、总进度规划、总进度计划、各子系统和子项目进度计划等。

(1) 总进度纲要的编制

应由代建单位负责组织,基于政府投资主管部门和使用单位的进度要求进行编制,政府代建项目管理部门对该项工作进行监督、协调和审核,纲要建立了以后各项关键点的时间目标值,是政府代建项目管理部门实施进度监管的主要依据。

① 编制内容

主要包括:项目实施的总体部署、总进度规划、各子系统进度规划、确定里程碑事件的进度目标、总进度目标实现的条件和应采取的措施等。

② 编制步骤

主要包括:调查研究、项目结构分析、实施组织分析和相关条件分析、制定项目进度计划的类型和框架(进度计划结构分析)、编制各层或各主体的概要性进度计划、协调各层或各主体进度计划的关系、编制总进度纲要并对不符合控制目标之处进行修改、计划的评估和审批。

③ 总进度纲要的结构

针对总进度纲要的结构分层,可以参照前面四级分层体系的划分方法,基于代建项目的规模和特点而定。一般应划分以下三层进度计划体系。

第一层进度计划,将整个项目划分成若干个进度计划系统;

第二层进度计划,将每个进度计划系统分解为若干个子项目进度计划;

第三层进度计划,将每个子项目进度计划划分为若干个工作项进度计划。

④ 里程碑计划

里程碑是指在代建项目建设周期中所发生的标志项目进程的重大事件,主要以在完成日期之内的重要可交付成果为里程碑事件的表现形式。里程碑计划是开展代建项目实施活动的基础,也是政府代建项目管理部门和代建单位控制项目建设进度的纲领性文件,一定要重视里程碑计划体系、层次划分和目标确定等的详实、可靠、科学和规范,其是总进度纲要编制的核心工作。代建项目三层控制主体针对各阶段里程碑点的控制关系参见图 4.19。

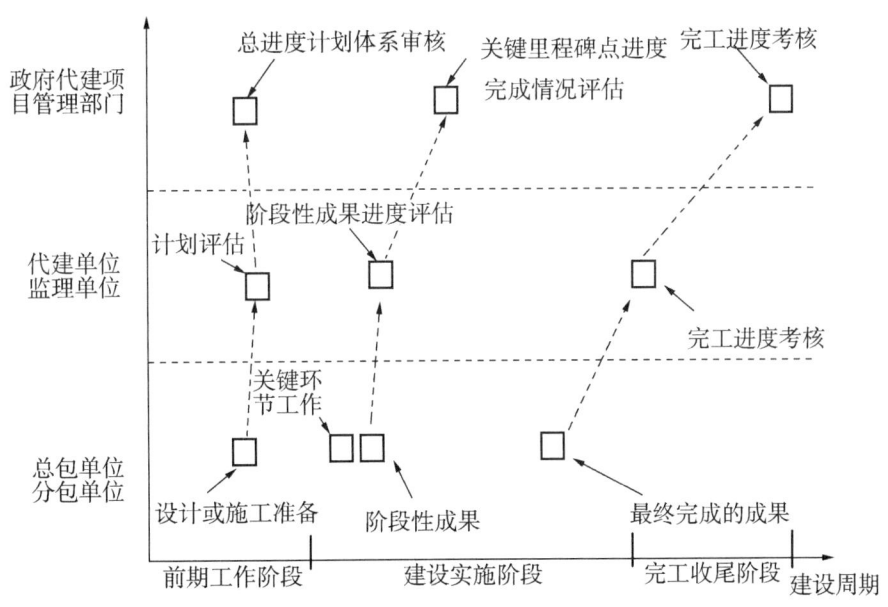

图 4.19 代建项目里程碑点的控制关系

(2) 总进度规划

在总进度纲要的指导下,相关参与主体应制定设计、采购、施工等主要实施业务的总体进度规划。总进度规划应按总进度纲要规定的进度目标和工作分解结构层次,按照上一级计划控制下一级计划的进度,下一级计划深化分解上一级计划的原则制订各级进度计划。

① 总进度规划类型

这里包括两个层次的总进度规划:下层是各实施主体如工程总承包单位、设计单位、施工单位和供货单位等编制的总进度规划；上层是代建项目管理主体如代建单位和监理单位等编制的总进度规划。上层计划是下层计划编制的指导依据，主要是由总承包单位在投标文件和实施文件中组织编制。上层计划具有相对独立性，但随着下层计划的逐步深化，上层计划也随着逐步深化，下层计划这时也成为上层计划编制的依据，两者是互补和互相制约的关系。

下层计划的结构、形式和范围：根据承发包模式不同而不同，若实施工程总承包模式，如 D-B 或 EPC+Turnkey 等常用模式，则工程总承包单位需要编制包括设计、采购、施工和试运行部分或全部业务的总进度规划；若实施设计总承包或施工总承包，则须各自编制全部设计业务的总进度规划或全部施工业务的总进度规划。这些进度计划编制的形式和要求可参见国家和行业管理部门颁布的相关制度规范，一般按照投标前后划分为标前设计（投标文件）中的控制性总进度计划和标后设计（管理计划）中的分专业的实施性进度计划（即分阶段和分专业的进度计划），这里不拟做深入讨论。

上层计划的结构、形式和范围：除了工程总承包模式外，传统的"设计—采购—施工—试运行"是分开由不同参与主体完成的，代建单位（含监理单位）在发包完成之前，需要根据总进度纲要的要求制定合同发包的组织规划，确定承发包模式和划分发包模块，并对其整体进度进行规划，以指导发包工作、合同工作、实施计划的审核、检查、比较、分析和纠偏等工作的开展。选定中标单位以后，还需根据中标单位的总进度计划调整和细化整个代建项目的总进度规划。只有代建单位才是整个代建项目进度的整合者，各参与单位只是承担自身合同范围内的总进度规划事宜。以下主要针对代建单位（含监理单位）进度总控计划的编制进行阐述（注意对代建单位和监理单位在编制该类计划中的职责分工的规定）。

② 编制内容

主要包括：编制依据、总进度纲要的里程碑目标、承发包模式和发包模块划分、合同结构和界面分析、合同模块的分解结构列表和工期估计（选定中标单位后用合同进度替代）、总控进度计划图表、技术经济与管理措施、资源要求、外部约束条件、风险分析和控制措施等。

③ 编制步骤

主要包括：调查研究、项目合同结构分析、实施组织分析和相关条件分析、制定实施进度总控计划的类型和框架（实施进度总控计划的结构分析）、估计或掌握各层或各主体的总进度计划、协调各层或各主体总进度计划的关系、编制总进度规划并对不符合控制目标之处进行修改、计划的评估和审批。

④ 总进度规划的形式

这里将其称为实施进度总控计划，根据代建项目的不断发展变化，可将其划分为以下四种类型进行设计。

第一种类型：采购前的总进度规划，指导采购工作和合同工作的进行；

第二种类型：实施前的总进度规划，根据实施各方制定的实施进度计划调整和细化采购前的总进度规划，用以指导实施进度的检查和考核工作；

第三种类型：实施中的总进度规划，根据实际进度计划的变化动态，调整原进度总控计划，保证进度总控计划的合理性和有效性；

第4章 政府代建项目管理部门四大目标监管模式规范与制度建设

第四种类型：实施后的总进度规划，归纳总结进度总控过程中的经验教训，划分责任，指导进度考核工作，不断改善进度总控模式。

而制定相关制度以规范代建单位（含监理单位）开展以上总进度规划的工作，并对其编制的各类总进度规划文件进行审查和评估，监督其有效落实执行，协调和协助解决其遇到的有关问题，就成为政府代建项目管理部门进度总控的职责。

（3）各专业进度计划

各实施主体将总进度计划目标分解落实到各实施单元（包括分包单位），由下属组织负责细化落实。这里也包括政府代建项目管理部门开展的代建委托和监管等具体业务工作进度计划、代建单位开展的发包采购和监管等具体业务工作进度计划。其分别由各实施主体依据业务的特点和要求采用适合的技术经济和管理手段等进行设计，由于各编制主体的专业和工作属性不同，其进度计划的具体表现形式和专业特色也不相同，但进度计划编制的内容和步骤基本相同。

① 编制内容

主要包括编制说明、控制目标、环境条件分析、重点和难点分析、技术方案、工作细分结构及时间估计、明确逻辑关系、编制进度图表、资源要求、实施风险分析和控制措施等。

② 编制步骤

主要包括确定进度计划的目标、性质和任务，进行工作分解，收集编制依据，确定工作的起止时间里程碑点，明确各项工作之间的逻辑关系，编制进度图表，编制资源需要量计划，编制进度管理计划，报有关部门批准。

③ 专业类型

主要包括设计进度计划、施工进度计划、采购进度计划、咨询进度计划、监管进度计划等专业类型，还可以按土建、装饰、机电、通讯等不同专业分工再细分下去。

（4）实施作业计划

各专业进度计划最终落实到工作班组或作业人员，由其制定作业计划文件。各个岗位、各类组织、不同人员等的作业计划文件均不相同，这里不做分析。

4.5.3 进度控制

代建项目进度控制包含以下几个方面的含义：第一，必须落实各项工作，才能形成实际进度，因此，按照预定进度计划、下达和落实任务分工，这是进度控制的一层含义；第二，必须对进行中的工作进度进行检查，测量实际进度，可以通过收集实际工作进展报告和对实际成果的完成情况进行判断，从而对各层次、各阶段、各参与方、各专业、各项工作等的实际进度与计划进度进行比较、分析和判断，采取进一步的进度调整措施；第三，项目是一个整体成果或是一项系统化的努力，各类计划和各项工作之间环环相扣、纵横交错、纷繁复杂，只要有一个环节出现差错，就会影响到全局目标的实现，因此，不断地沟通协调，紧密地配合协作，就成为进度控制的必然选择。

1. 代建项目进度总控的任务

由上面的分析可知，代建项目进度控制的任务主要包括下面四个方面的内容：

① 进度目标分析论证和进度计划体系的建立；

② 实际进度信息的采集和分析，进度计划的调整；
③ 进度的沟通和协调；
④ 进度控制制度的建立和完善。

2. 代建项目进度总控的阶段

（1）前期工作阶段的进度控制

针对以上提出的任务，前期工作阶段主要是对整个项目进度大政方针的总体策划，核心工作是开展总进度纲要的编制，对代建项目的总进度目标进行分析论证，并制定可行性研究阶段和初步设计阶段的代建项目总进度纲要文件。其关键工作包括以下几个方面。

第一，总进度目标的分析和论证是整个项目进度控制的起点和基础，该目标框架的科学性和合理性至关重要，而目前对该项工作的组织比较简单粗放，不太讲究方法和策略。无论是使用单位、工程咨询单位，还是代建单位，都比较欠缺编制大型项目前期阶段总进度纲要的能力，目前还处在经验性为主的阶段。该项工作的要点在于，一是要制定分析的框架、策略、技术流线和工作方法；二是要有合适的专家和良好的组织形式；三是目标的制定需要方案的支撑，方案的制定需要目标的指引，应建立起科学、规范、有效的总进度纲要文件的编制体系，以指引和规范相关工作的开展。其中的主要工作包括对代建项目的分解、分析完成各个过程所需时间；分析完成各子项工程的重点和难点问题，对影响进度的难点预先进行分析，确定主要解决方案和准备措施；明确进度控制的重点和难点所在，在此基础上确定各子项工程的进度目标。

第二，总进度目标和局部目标的估计是建立在工期估计的基础数据、参考依据和估算办法之上的。我国各地现有的建设工期定额不够完整，比较陈旧，指标和估算方法单一，数据的可靠性不够；对可供借鉴的参照工程的数据缺乏采集的途径和手段，或存在采集到的数据不完整或采集条件不清等问题。这就需要与有关行业主管部门合作建立全面、可靠、科学和规范的建设工程工期定额体系，并建立工期数据信息管理系统，动态积累和更新，开放给相关方有效使用，并不断完善该类基础数据资料。

（2）建设实施阶段的进度控制

建设实施阶段主要是基于总进度纲要对各实施单位总进度规划的指引、约束和监控。其中包括招标文件中对投标单位总进度规划的约束，中标文件中对控制目标的细化和补充，实施前准备阶段对总进度规划调整和落实成实施性的各专业进度计划乃至各作业班组或责任人的作业计划，然后落实执行基层进度计划，并由不同层级的进度控制主体对实际进度在不同控制层级上进行检查、归纳、统计和分析，了解各个层级所掌控进度目标的落实和执行情况，并对存在的问题及时协商沟通和采取有效措施加以解决，使整个项目有条不紊地顺利进行下去。其关键工作包括以下几个方面。

第一，总进度规划体系的建立。总进度纲要中的概要性任务的进度计划（即里程碑计划）要通过各层实施主体的分解落实，才能转化为现实的可能性。而这一转化过程是通过总进度规划体系来实现的，其中的重点是代建单位（含监理单位）一定要建立起整体的进度总控计划体系，只有自己知道该干什么，才能知道别人做得正确与否，才能赢得主动，才能有预见性，该体系构成及要求见前面内容，这里不再赘述。

第二，实际进度信息的采集和分析。由于代建项目各类组织、各项工作之间的关系错综复杂，如果基层进度计划执行的实际信息无法准确及时向上反馈，就无法确定中层和上层的总控进度信息,沿着控制层级越往上对实际进度的掌控就越弱,对实际进度数据的依靠性就越大。因此,如何保证及时获得相关准确和完整的信息,就成为该阶段上层进度控制的重点所在。而目前,主要依赖基层组织定期提交进度报告或通过各类协调会议了解实际进度信息的采集渠道,越来越难以满足上层进度总控的需要。如何建立自动化的进度信息报告系统,抛开中间环节,直接获得基层进度信息,是未来进度总控的关键所在。

第三,相关各方总进度计划执行中的协调和控制。总进度计划归项目管理方(主要是代建单位和政府代建项目管理部门),各专业进度计划归实施各方,这就造成在策划和控制环节,需要项目管理方具有整体组织和协调控制的能力。而目前代建单位要么缺乏相应能力,要么不重视相关工作而没有很好地组织人力物力编制和调整总体控制计划,项目管理方常常以施工进度计划等代替项目的总体计划,造成对项目实施缺乏系统考量,导致进度总控系统不连贯、不协调,从而造成项目管理方在实际工作中往往催促施工单位赶工,而实际却是设计进度或供货进度难以符合要求。因此,代建项目如果没有综合性总控进度计划,就会造成设计过程、采购过程、施工过程和试运行过程产生严重的脱节,造成相关各方的冲突和责任混乱。因此,应参照国外 CM 或 PMC 等模式建立起代建项目管理方的总体协调和集成管理能力。

第四,相关制度的建立和完善。建设实施阶段涉及的单位、事项和各种类型的问题,仅仅依靠在进度计划策划上将其都考虑完善和清楚并安排得当,是不太现实的,因此各层级的责任主体应当建立和健全必要的进度控制制度,这才是不断提高管理水平的长久之道。而相关制度应当基于整个代建项目进度管理体系的视觉进行分析和构建,齐抓共管、共同协商制定,而不是单独、片面,各自为政地制定各项制度,这样只会导致制度的不连贯、不统一、割裂,甚至出现制度之间的抵触,反而造成消极和负面的影响。

(3) 验收总结阶段的进度控制

进入竣工验收和试运行阶段,总体的实际进度已经接近完成,但也不能掉以轻心。项目管理方应制定全面和严格的验收和试运行工作方案,制订对应的时间计划,严格遵照执行。同时,在相关决算和支付过程中,对相关控制主体的进度责任进行考核和落实奖惩措施(最好将该项考核和奖惩制度向建设实施阶段延伸,加强中间考核)。

3. 代建项目进度总控的方法

代建项目的各责任主体不同,其进度控制的目标、任务、职责和方法等均不相同。但其可采纳的控制方法,无非是组织措施、技术措施、经济措施、合同措施和管理措施等。以下针对不同控制主体做简单分析。

(1) 设计进度控制方法

设计方是设计进度控制的实施主体,他们依据设计委托合同对设计工作进度的要求控制设计工作进度,尽可能使设计进度与招标、施工和物质供应等工作进度相协调。由于代建单位容易忽略对设计进度的控制,以下针对常见的问题做几点分析:一是组织因素的控制。设计是一项高智力、创新性较强的工作,设计人员的专业分工及组织方式等对设计进度影响较大。二是设计方案的确定不仅仅影响到设计进度,对施工进度也有很大影响,如 D—B 模式、CM 模式等要么将设计和施工集成到一个主体的身上,或者引入一个第三方的协调主体负责该项工作,其目的都是尽量协调两项工作,发挥一加一大于二的作用,减少相互的不利影响,代建项目管理方应当重视和吸收这些模式中好的方法。三是制定规范的设计进度管理计划和详细的出图计划,并严格控制其执行。四是对设计质量的控制。设计方案的缺陷对建设进度的影响很大,而设计质量和设计进度之间往往会产生一定的矛盾冲突,应尽量在保证设计质量的前提下安排设计进度。五是对设计文件评审的组织工作,除了设计单位加强内部设计审核以外,代建单位和相关政府部门都对设计文件的评审做出了相应规定,一般把评审时间安排在关键选型和最终图纸的评审上,对设计过程缺乏监管,应当重视引入设计监理或图纸评审的常态化机制,尽量减少设计图纸的缺陷。六是建立有效的进度控制工作流程和相关制度。七是对设计方案技术经济分析、价值工程等技术在设计进度控制中的有效应用。

(2) 物资供应进度控制方法

供货方是物资供应进度控制的主体,供货方应根据供货合同对供货的要求控制供货进度,制订供货进度计划,对采购、加工制造、运输等环节进行进度控制。

(3) 施工进度控制方法

施工方是施工进度控制的主体,施工方应根据施工合同对施工进度的要求控制施工进度。在施工进度计划编制方面,施工方应当重视工程特点、总分包模式、施工技术方案和环境条件等对施工进度计划编制的影响,编制深度不同的各种类型的进度计划,以满足指导实际施工的不同需要,建立有效的进度控制工作流程和相关制度。

(4) 咨询进度控制方法

相关咨询方如监理单位、招标代理单位和造价咨询单位等,都应根据咨询委托合同对进度的要求制订和控制各自的工作进度计划。

(5) 监管进度控制方法

代建单位和政府代建项目管理部门的进度总控具有宏观特性,其进度控制的任务是在项目前期工作阶段、建设实施阶段和验收总结阶段开展整个建设过程的总体进度策划和控制。需要注意建立起政府代建项目管理部门、代建单位、监理单位之间的进度总控职责的协调和协作机制,重视对整个建设过程的各项进度影响因素、合同界面、关键点、技术与组织措施等进行整体分析和策划,并对总体进度策划方案组织实施和协调控制,建立有效的进度控制工作流程和相关制度;应重视协调工作的开展,目前政府代建项目管理部门主要负责协调代建项目与政府相关部门的关系,代建单位主要负责协调设计、供货、施工等组织之间的关系。另外,还要重视对进度计划实施的监测和调整工作,具体工作流程和监控要点如图4.20所示。其他,还包括对合同手段和经济措施等的有效采用,这里就不做深入探讨了。

最后需要强调的是,没有不变的计划,为了保证计划的有效性,就要始终针对变化了的现实情况对原进度计划进行调整。因此,各参与方应采用滚动计划方法进行计划的动态更新和调整,各参与方按照月度制订各个时间段进度计划,前一期实际进度符合计划进度时,再细化编制下一期进度计划。目前,各参与方对进度计划的动态更新和细化补充部分的工作还是很不规范,一旦计划制订完成了,就缺乏专人维护,实际上进度计划编制完成后只是进度策划的第一步,而不是进度策划工作的结束,其后对进度计划的检查、分析和调整更是一个长期、连续的工作。

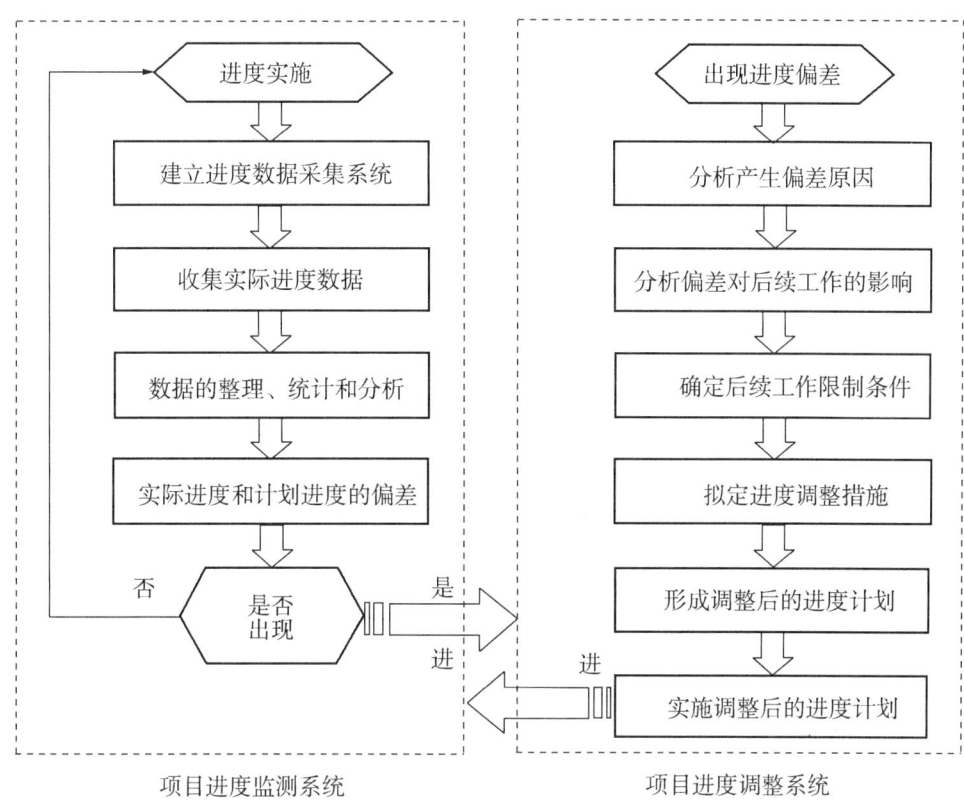

图 4.20 项目进度监测和调整系统

4.5.4 进度管理制度建设

因为进度目标主要依靠项目管理者和参与方的内部策划和监控机制加以实现,再加上其宏观上的社会影响没有质量、投资和安全这么突出,政府部门从行政管理职权上也很难介入到进度管理的微观细节,所以,目前政府颁布的建设项目进度管理的制度规范还很少、很分散,只是散见于《建筑法》《招投标法》《工程总承包管理规范》《建设工程管理规范》《建设工程监理规范》《网络计划规程》,以及各种合同示范文本、工期定额等相关的制度文件中,缺乏专门制度。

但如前所述,进度作为一项整合各种项目资源与各类项目计划的综合性因素,对项目成本起着至关重要的作用。因此,政府代建项目管理部门应重视进度管理制度的综合配套建设,以满足代建项目管理的实际需要。

1. 进度责任制度

政府代建项目管理部门应建立起代建项目总体的进度管理责任体系制度,并要求各参与单位依据此制度建立各自的进度管理责任制度,作为进度监管的政策依据。基于前面建立的代建项目三层组织架构,以下分别对各方进度管理的责任进行分析。

(1) 政府代建项目管理部门的进度责任规定

政府代建项目管理部门应建立进度总控的专职岗位和责任制度。

负责组织整个代建项目进度总控制度的建设，检查和参与各方的进度管理制度建设（参与各方的进度管理制度既包括组织内部的进度管理制度建设，也包括对下一层级委托单位的进度管理制度建设），并督促改进。

对代建单位报送的总进度纲要和总进度规划文件组织专家进行评审，并督促改进和落实执行。

对代建单位报送的合同发包计划及其整体进度分析文件和各实施单位实施进度计划的评审报告等组织专家进行评审，并提出监督意见。

针对代建项目进度总控计划制定监管里程碑计划，要求代建单位在指定期间提供代建项目进度总控情况的分析报告，评估总体进度状况，并向政府相关部门进行情况通报。

负责跟使用单位、政府其他主管部门对影响进度事项进行协调，建立相关联络和会议协调机制，尽量给各参与方提供必要的支持和服务。

（2）代建单位（含监理单位）的进度责任规定

代建单位应当建立总体进度策划和监控的专职岗位和责任制度。

负责组织制定有关代建项目整体进度控制目标和全部业务内容的总进度纲要和总进度规划文件。

负责将总进度目标分解落实到各项招标采购文件中，建立整体合同的发包计划并对发包计划中的进度目标进行评估分析，提供分析报告，以保证总进度目标的有效落实。

负责审核各参与方中标文件中的总进度计划、进度管理方案和相关配套制度，提出补充和修改意见，保证其符合整体进度目标的要求；负责审核各参与方实施准备期间编制的各阶段、各专业进度计划，保证其符合总进度计划的要求，并编制相关阶段进度总控分析文件报政府代建项目管理部门备案。

负责对各实施主体进度计划的执行情况进行检查、分析，针对存在进度滞后的问题，要求相关责任方采取措施并监督落实。

依据政府代建项目管理部门下达的监管里程碑计划提供对应关键监控点的总进度进展情况分析报告，对进度现状、存在的问题、改进措施等进行报告。

依据各实施单位的总进度计划制定监管里程碑计划，要求各实施单位在指定期间提供各自实施进度情况的分析报告，评估总体进度状况，并向政府代建项目管理部门进行情况汇报。

负责跟使用单位、监理单位、各实施单位对影响进度的事项进行协调，建立相关联络和会议协调机制，尽量给各实施单位提供必要的支持和服务。

（3）实施单位的进度责任规定

实施单位应当建立满足总进度计划和各专业进度计划策划和控制的专职岗位和责任制度。

在代建单位制定的总进度目标约束下，负责组织制定本组织合同业务项下的总进度计划和各专业进度计划，建立滚动计划的编制制度。建立组织内部的进度检查、汇报和审核等管理制度。

建立审核流程，对组织执行机构或分包单位的各级进度计划进行审批，提出补充和修改意见，保证其符合合同进度目标的要求。

负责对各级进度计划的执行情况进行检查、分析，动态评估合同进度的执行状况，针对存在进度滞后的问题,要求相关部门采取措施并监督落实。并根据代建单位的监管要求编制关键里程碑点的进度分析文件报告代建单位进行审核。

负责跟代建单位、监理单位、其他实施单位和分包单位对影响合同进度的有关事项进行协调,建立相关联络和会议协调机制,尽量给各分包单位提供必要的支持和服务。

2. 进度总控的组织与协调制度

由于代建项目进度总控是一项全局性工作,仅仅依靠某一方的力量是无法有效展开的。因此,政府代建项目管理部门和代建单位合作建立进度总控的整体协调机制就显得十分必要。

这里提出这样一个设想,可否在现有组织框架下建立一个项目总控机构,让政府代建项目管理部门进入代建项目监管的形式有形化,将本组织人员的参与、职责分工、介入形式等与代建项目的实施过程具体联系起来。

在目前代建制框架下,可以将其理解为一个参谋总部的概念(属于政府代建项目管理部门和代建单位共建的参谋部门),主要的管理中枢还是由代建单位组建行使,但政府代建项目管理部门可以将原来有名无实的监管中枢进行一个合理转换,通过该机构形成一个有效的、有序的、有选择的、整体性地参与到代建项目建设过程的介入渠道,变成具有一定实际权力(名义上是监管权、实际上可在总控事项下慢慢延伸出一定的决策权,重新生成一定的权力分配和制衡结构)。其组织形式如图4.21所示。

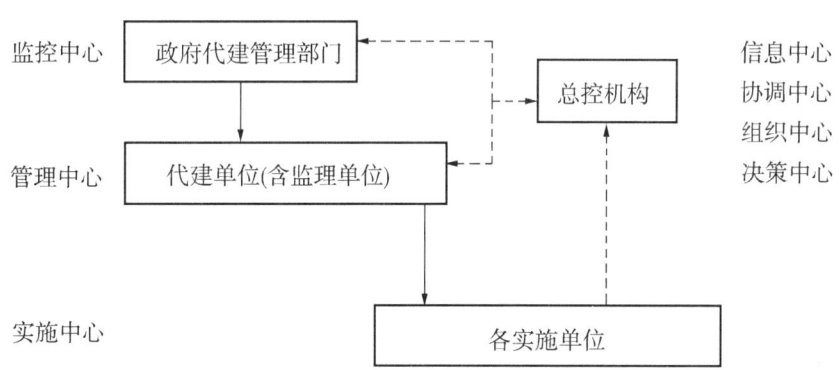

图4.21 代建项目总控机构的组织形式

代建项目的总控机构,可以在代建合同中对其进行规定,在代建项目管理办法中对其组建形式进行规范,可专门制定"代建项目总控机构组建方案",对其组织结构、职责分工、工作流程和相关制度进行细化。

由图4.21可知,政府代建项目管理部门作为监控中心,采取有效的组织方式,适当合理地介入代建项目管理全过程,应是责权行使的必然要求,不存在超越职权之说,问题是如何具体介入而不与代建单位的责权行使发生冲突,取得各方的理解和支持,这是该组织形式成功的关键。以下仅对该组织机构的部分设想进行简单分析。

(1) 职责分工

既然是总控机构,就不参与到对具体实施业务的管理中去,主要是对总体控制方案的策划和实施状况进行跟踪、评估和调整。前面谈到代建项目各方进度管理职责中,强调了各方对总控计划的编制和审批权责,现在只不过将各做各的、报上层审批通过模式变成大家共同做、共同决策。当然，把哪些事务放到该组织机构中进行讨论，哪些事务由各组织自行决策，可随着组织运行不断调整。目前将其定位在将总控计划的编制、跟踪、评估和调整放到该组织中，双方可将一部分的责权注入该组织中，使其组织职能化、业务有形化，达到可操作运行的要求，再基于实际情况不断调整。

成功的关键在于，将现有的权力分配格局进行一定程度上的重组，如果还是希望代建单位承担全部代建责权的话，该模式最终也只能流于形式。既然权力是由政府代建项目管理部门在代建委托过程中授予的，对于部分权力的再分配也是合理之举，符合广东省政府96号文的行政原则；在组织能够有权实行变革的范围内，对权力行使的部分调整应当是允许的，也是我国大部分地区的政府代建主管部门早就在做的。

因此，总控机构的设置必然涉及原有责权的调整，这里将调整的原则定为，政府代建项目管理部门全面介入代建项目总体控制方面的策划、现状评估和整体决策，不介入具体实施环节，但必须介入关键决策，包括设计选型、招标采购、合同管理、工程计量和支付、工程验收等。

（2）组建模式

① 由代建单位负责组建

在现有权责模式下，要求代建单位必须在现场组建总控部门，将涉及总控和关键决策部分的工作分派给该部门执行，政府代建项目管理部门派员全程参与该部门的工作，履行相关检查、监督、评估和协调等功能。

这种模式的关键就是将代建项目总控规范化，制定严格的总控管理制度，保证总控工作严格有序地开展。

② 由政府代建项目管理部门负责组建

因为代建项目是变动的，有项目开始，有项目完成；代建单位也是变动的，不同项目分别由不同代建单位负责；但政府代建项目管理部门是职能化和长期存在的。因此，该总控机构应该由政府代建项目管理部门组织建设比较恰当一些，由政府代建项目管理部门制定总控机构组建的制度和方案，在组织内部设立对口机构、办公场所和职能人员（可与现有组织模式相融合，采取矩阵化组织模式，灵活性较好），同时要求代建单位对等建立总控机构，双方实现组织模式上的对接，明确总控部门工作的职责分工和联合工作的方式。

这种组织模式不需要打破双方原有的组织架构，只是对原业务流程和决策方式进行重组。这种模式只是将原来较分散的汇报、合作和协调关系集中化了，对原有责权行使方式不会产生大的调整。

③ 由双方共同组建联合工作部门

这种模式是双方平行进入该组织，可在现场建立联合工作办公室。这有点类似于将代建单位从代理方的位置上降为类似于 PMC（项目管理总承包）+PM（工程项目管理服务）的混合模式。决策权由双方共同行使，决策失误也由双方共担，政府代建项目管理部门的现场指派人员全面介入关键环节决策的制定和审批过程。这种模式可能会造成政府代建项目管理部门人员过多和过深地介入到项目实施的各项具体工作中，哪些该为、哪些不该为，可以在实施过程中再逐步细化分配。

这种模式可以有效培养政府代建项目管理部门从事总控的综合能力，未来随着政府代建管理模式的拓展,其可以逐步演化为由政府代建项目管理部门主导的权力或组织中枢。

以上三种模式实施的难易程度由易到难,政府代建项目管理部门可以根据实施的可行性进行选择。其他还涉及总控系统、协调机制、考核机制、文件体系、信息机制等设计,这里就不做具体探讨了。

(3) 工作流程

基于以上所谈到的不同类型的职责和权力分配模式,相关业务工作的策划、实施和监控的工作流程也不同。但无论何种模式,总控的原则是对总体目标、总体管理结构、关键环节工作的技术、经济、合同、管理等事项的策划和决策,总体的评估、协调和控制。因此,在总控机制中,政府代建项目管理部门应注意强化对这些事项工作流程的掌控。

3. 进度策划和控制制度

前面在进度策划部分提出了代建项目应建立三层进度控制组织、四级进度计划体系,各参与单位均应建立各自的进度管理制度,对进度目标的制定、进度策划和控制的组织、进度计划的实施、跟踪检查、比较分析和计划调整等进行规范。具体的进度计划类型、内容及编制要求见进度策划部分的内容。

(1) 政府代建项目管理部门的进度策划制度

① 负责建立代建项目整体进度策划和控制制度;

② 负责建立本组织内部的进度策划与控制制度;

③ 组织专家对代建单位编制的总进度纲要和总进度规划进行评审;

④ 编制总进度监管计划;

⑤ 对关键检查点的总进度进展报告进行审核。

(2) 代建单位(含监理单位)的进度策划

① 负责落实代建项目整体进度策划和控制制度;

② 负责编制代建项目进度管理办法;

③ 负责组织编制代建项目总进度纲要和总进度规划;

④ 组织专家对各实施单位编制的总进度计划和各专业进度计划进行评审;

⑤ 负责编制代建项目整体管理计划;

⑥ 代建项目整体进度的检查、分析和改进;

⑦ 编制监管方关键检查点的总进度进展报告;

⑧ 针对实施方关键检查点的进展报告进行审核。

(3) 实施单位的进度策划制度

① 负责落实代建项目进度管理办法;

② 负责编制本单位的进度管理办法;

③ 负责组织编制合同项下的总进度计划和专业进度计划;

④ 组织专家对各执行机构和分包单位的进度计划进行评审;

⑤ 负责编制本单位进度管理计划;

⑥ 本单位实施进度的检查、分析和改进;

⑦ 编制代建方关键检查点的实施进度进展报告。

4. 进度检查制度

实际进度的检查主要来源于对实际完成的各子项工程量、直接成本或主要材料等消耗量的测量和分析，其涉及大量进度数据的采集、整理和处理，要开展较多的计算和图表作业，应对这些工作的方式方法进行规范，以保证检查分析的科学规范。应督促参与各方建立自身动态的进度检查制度，对检查主体、环节、时间、检查点、检查指标、检查方式和方法等进行规范，据此对相关组织的进度检查工作的落实情况进行监督，以保证相关进度管理制度和措施能够落实执行。

5. 进度审核制度

代建项目各参与方针对收集的进度信息进行整合分析，以评价代建项目总体进度计划或局部进度计划的落实执行情况，这里涉及大量专业化要求较高的分析作业，应借助于计算机软件辅助完成。目前代建项目管理中的各类分析活动还比较粗糙和简单，可以有选择地将该类工作委托给具备相应能力的组织或外部专家进行进度评估。对于审核中发现的问题，应当及时沟通了解实际情况，及时制定相关纠正措施，监督其落实执行。

6. 进度考核制度

基于代建项目的三层控制主体应由上到下分层制定相应的考核制度，建立相应的奖惩制度，通过加强检查、审核和考核，督促相关责任方积极主动地采取有效措施保证各参与方的进度策划和控制工作满足进度考核的要求。

4.6 安全监管模式规范

4.6.1 一般规定

1. 政府代建项目安全管理

工程建设领域是安全事故的高发领域，其安全隐患多、社会影响大、影响因素复杂多样等，因此必须采取"安全第一、预防为主"的原则，尽量从安全体系的建设上保证不出安全问题和安全事故。

安全管理的对象是危险源或安全隐患。危险源是可能导致人身伤害或疾病、财产损失、工作环境破坏或这些情况组合的根源。如果使用风险评价的方法对危险源进行评价，就可以识别出重大危险源，它是安全管理的重点。代建项目所面临的危险因素贯穿整个建设周期，但最关键的是设计和施工两个环节的危险因素。设计环节是由于设计方案考虑不周可能造成在生产和使用中出现安全事故的安全隐患；施工环节是由于施工生产中造成安全事故的安全隐患。

危险源的种类可以按其在发生事故中的作用划分为第一类危险源和第二类危险源。第一类危险源是可能发生意外释放的能量的载体或危险物质，第二类危险源是造成约束、限制能量措施失效或破坏的各种不安全因素，主要包括人的不安全行为、物的不安全状态和不良环境条件三个方面。安全事故是两类危险源共同作用的结果。代建项目的危险源主要是由人（违章指挥和违章作业）、物（材料、工艺设备和施工机械等）、技术（设计技术和施工技术）、经济（成本和效益）、法律（立法和执法）、环境（自然环境和作业环境）、管理（制度、规划、监管、处理）等多项因素造成的，因此，代建项目安全管理主要是对以上危险源实施管理。

但同时应注意的是，安全和危险是相对的，现实中没有统一的和绝对的安全标准，安全取决于人的可接受程度,脱离现实去开展安全管理,只能是空喊口号、虚夸不实。我们不能接受的危险主要包括:超出了法律、法规和规章制度要求的危险;超出了组织方针、目标和计划要求的危险;超出了人们普遍接受要求的危险。因此,代建项目安全管理应当考虑技术、经济、法律、社会等发展现状和人们心理的需要、感受、承受能力等,制度措施需要适度超前,但不存在毫无限制的、高标准的安全管理,即安全管理要落到实处。

因此,代建项目安全管理就是为了预防和控制安全事故而采取的各项管理活动,包括各参与方的安全管理活动,目前我国《建筑法》《安全生产法》和《建设工程安全管理条例》等主要将安全管理主体定位在施工单位和监理单位两类主体的身上,政府也通过其他各种资质条件、施工许可和安全监管等活动对建设工程安全进行行政管理。目前关于安全管理方面的法规制度已经比较健全,关键是如何规范落实的问题。作为安全行为的实施主体,可能由于能力不够、制度不健全,或由于安全意识淡薄或节省成本,或由于相互之间的协调不够、突发意外因素等造成安全事故,无论何种缘故,一般是三分天灾、七分人祸,绝大部分安全事故是可以通过安全管理避免的。这就要求代建项目参与各方厘清责任、做好安全策划、加强安全监管、做好协调、健全安全制度措施、齐抓共管,开展好安全管理工作。

因此,政府代建项目管理部门的安全管理职责主要是基于国家现有安全法规和相关制度建立代建项目安全管理规章制度,督促参与各方在自身权责范围内制定具体的安全管理办法和管理方案,加强审批环节的管理,监督其落实相关措施,通过组织安全检查发现存在的安全隐患,督促相关方不断改进,同时做好相关组织之间有关安全工作的协调和安全事故的处理。

2. 政府代建安全管理的目标与组织

基于以上分析,代建项目的安全管理是一个全过程、全组织和全员的管理工作,只有通过各参与方分解落实相关责任、制定和落实相关措施、齐抓共管才能全面建立起系统有效的代建项目安全管理体系。

代建项目的三层组织架构中,各实施单位的自我管理是核心,项目管理方(代建单位和监理单位)是安全监管的核心,政府代建项目管理部门是相关制度落实和检查(制度监督)的核心,以下简单对其各自的安全职责进行分析。

(1) 政府代建项目管理部门的行政监督

政府代建项目管理部门主要是代建项目管理主体身份,不具有安全管理的行政权责;但由于政府相关行政主体的管辖面大、监管环节有限,本部门可以将政府行政监管责权在代建项目中细化,加大管控力度,以弥补相关行政部门力量的不足。

这就需要制订代建项目整体的安全管理制度框架和安全监管计划,规范代建单位制定代建项目整体安全管理计划和管理办法,并对其组织专家进行专项评估;对可行性研究环节建设方案中安全设施的设计要求代建单位制订专项评估的工作计划,对初步设计、施工图设计中的安全设计要求代建单位制订专项评估的工作计划;对各实施单位的安全监管,主要侧重于对安全资质、安全作业条件(特种作业人员、特种设备、安全防范措施等)、安全教育、安全检查、安全事故处理等事项进行形式审查(建立备案制度),实体检查应由代建单位负责;在建设实施过程中,督促代建单位(含监理单位)按计划开展安全管理工作,定期提交安全检查报告,也可随时组织(或委托外部咨询单位)对施工现场的安全检查，主要侧重于对安全管理制度和计划的落实情况和安全检查的各项文件完善合理与否等进行检查，针对发现的问题及时督促整改；建立安全考核的制度和办法，基于国家现有的安全文明施工的检查评估制度，制定相应的奖惩措施，补充制定目前缺乏的代建单位和监理单位安全考核制度。

（2）代建单位（含监理单位）的安全监管

代建单位是代建项目安全管理的监管主体和相应的责任主体。其应按照国家相关法律规定和政府代建项目管理部门的制度要求建立代建项目整体的安全管理计划和管理办法，安排专职人员展开工作；要求各实施单位按国家相关法律制度规定和代建项目安全管理办法制订各自的安全管理计划和管理办法，并组织专家对其进行评审，并将评审结果报政府代建项目管理部门备案；在建设实施过程中，按计划和制度要求组织安全检查，包括对各实施主体安全检查文件和实施状况的检查，针对发现的问题及时督促整改；建立安全考核的制度和办法，基于国家现有的安全文明施工的检查评估制度，制定相应的奖惩措施。

（3）实施单位的安全管理

各实施单位是各自合同项下安全管理的实施主体和相应的责任主体，是代建项目安全管理的主体部分，也是安全管理的重点和难点所在。其涉及参与单位多、作业环节多、安全隐患多、关系复杂、协调难度大等，随着总分包模式的不断细化，管理的复杂性和难度都在逐步加大。实施单位安全管理的责任主体是总包单位，其应按照国家相关法律规定和代建单位的制度要求建立总包单位的安全管理计划和管理办法，安排专职人员展开工作；要求分包单位按国家相关法律制度规定和总包安全管理办法制定各自的安全管理计划和管理办法，并组织人员对其进行评审；在建设实施过程中，按计划和制度要求组织安全检查，包括对组织执行单位和各分包单位安全检查文件和实施状况的检查，针对发现的问题及时督促整改；建立安全考核的制度和办法，基于国家现有的安全文明施工的检查评估制度，制定相应的奖惩措施。

3. 政府代建项目安全管理体系

由上可知，代建项目安全管理应当从整体上规划设计，对全要素和全过程实施控制，这就要建立代建项目安全管理系统或体系。系统化管理是现代安全管理的显著特征，其以系统安全的思想为基础，从项目的整体出发，把管理重点放在事故预防的整体效应上，实行全员、全过程、全方位的安全管理，使项目达到最佳安全状态。

目前国际上颁布的《职业健康安全管理体系标准》（OHSAS18000 系列标准，转化成的国内标准为 GB/T 28001—2001）就是以系统安全的思想为核心，采用系统、结构化的管理模式，为组织提供的一种科学、有效的职业健康安全管理规范和指南。该标准的主要内容见表 4.7 所示。

表 4.7 职业健康安全管理体系标准的管理要素

1	范围	4.4.2	培训、意识和能力
2	规范性引用文件	4.4.3	协商和沟通
3	术语和定义	4.4.4	文件
4	职业健康安全管理体系要素	4.4.5	文件和资料控制

第4章 政府代建项目管理部门四大目标监管模式规范与制度建设

续表4.7

4.1	总要求	4.4.6	运行控制
4.2	职业健康安全方针	4.4.7	应急准备和响应
4.3	策划	4.5	检查和纠正措施
4.3.1	对危险源辨识、风险评价和风险控制的策划	4.5.1	绩效测量和监视
4.3.2	法规和其他要求	4.5.2	事故、事件、不符合、纠正和预防措施
4.3.3	目标	4.5.3	记录和记录管理
4.3.4	职业健康安全管理方案	4.5.4	审核
4.4	实施和运行	4.6	管理评审
4.4.1	结构和职责	4.7	持续改进

由表4.7可知,该体系是由职业健康安全方针、安全体系策划、安全体系实施和运行、安全体系运行的检查与纠正措施、安全评审和持续改进等6个一级要素组成,然后再细化成17个二级要素。又可将其划分为10个核心要素和7个辅助要素,核心要素体现体系主体框架和基本功能;辅助要素支持体系主体框架和保证实现基本功能。标准的具体内容则是对每一项要素的要求、实现的方式方法等进行规范。

这里提出一个设想,对于质量管理和安全管理部分可要求代建单位、监理单位和各实施单位必须通过ISO10000和OHSAS18000的认证,这样可以保证在体系和文件建设上更加规范,也更容易评估检查。

这里不拟对该标准进行深入探讨,只对与政府代建项目管理部门进行安全策划、控制和制度建设有关的要求进行阐述和分析。

(1) 全过程安全管理

具体开展的工作内容如图4.22所示。

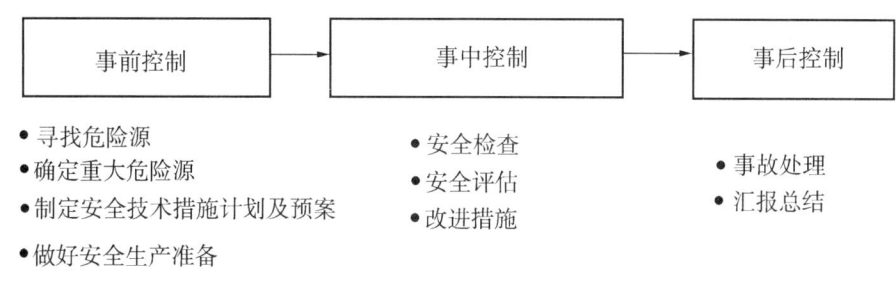

图4.22 代建项目全过程安全管理

(2) 安全管理程序

具体安全管理程序如图4.23所示。

由图4.22和图4.23可知,代建项目安全管理是全过程的安全管理,其主要管理工作的开展程序一般遵循:确定项目安全目标、编制安全计划、计划的落实执行、安全计划执行的检查和验证,不断调整和持续改进,指导完成所有建设任务。

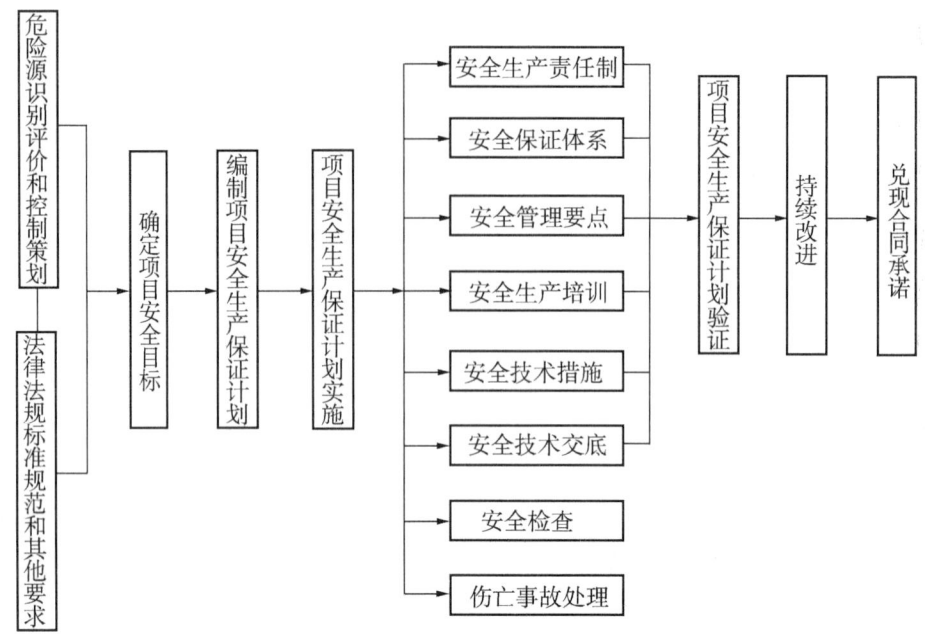

图 4.23 代建项目安全管理程序

(3) 安全管理技术

如果将代建项目安全的主要影响因素划分为人的因素（Man，包括各种组织和人员因素）、环境因素（Environment，包括各种政治法律、经济和管理因素）和技术因素（Technique，包括设计技术和施工技术因素）三项主要因素的话，代建项目安全管理系统可理解为一个 MET 系统，其包含 7 个基本子系统，各个子系统的全部安全知识和技术措施如下所示。

- M（人子系统）：安全心理、安全生理、安全教育、安全行为。
- E（环境子系统）：物化环境（劳动卫生环境、防尘、防毒），理化环境（社会环境、社会伦理、社会经济、体制与管理等）。
- T（技术子系统）：可靠性理论、安全技术（防火、防爆、机电安全、机械安全、运输安全等）。
- MT（人机子系统）：人机关系、人机设计。
- ME（人环境子系统）：人环境关系、职业病理、环境标准。
- TE（技术环境子系统）：环境监测、自动监控。
- MET（人机环境子系统）：安全系统工程、安全管理工程、安全法学、安全经济学。

MET 系统包含诸多的学科专业、知识内容和方法措施，这里罗列的目的是强调安全管理是一门科学，应基于科学的认知才能系统把握安全管理系统的运作机理，才能建立恰当的安全管理体系，达到预期的管理成效。作为管理者，我们要始终牢记，只有在科学认知的前提下，才能产生有效的做法，而科学认知必须建立在对相关理论的学习和掌握上，而有组织的培训、自主学习和经验交流（包括学习型组织和组织文化的建设）等则是达成这一目标的有效途径,在这一层意义上,管理就是不断地学习,否则就难免认识不足和产生经验化的倾向,造成代建项目管理中出现各种各样的实际问题。

4. 政府代建项目安全管理的重点

基于以上分析,政府代建项目安全管理的重点包括以下几个方面。

(1) 安全法规

由于安全的重要性,必须采取强约束、强执行和强处罚的措施,这就需要将安全管理的关键事项法规化和制度化。因此,安全生产的法规和制度的建立和落实,就成为安全管理的重中之重。

我国目前已建立了相对完善的安全生产法律制度,我们应该在代建项目内部细化成相关的安全生产制度、安全管理办法和安全作业规范,并落实到各类技术文件、作业文件中去,同时强化宣传教育、落实执行,通过检查监督、加大处罚力度等,保证相关法律制度发挥应有的成效,而不是流于形式。

(2) 安全组织

任何制度都有赖于一个行之有效的组织机构去负责建立和落实,安全生产责任制是落实安全生产的重要制度保证。在代建项目中应从两个方面去认识安全组织工作。

第一个方面,必须建立代建项目整体安全管理或协调委员会这样一个全局性安全管理机构,由政府代建项目管理部门、代建单位、监理单位和总包单位等派人参与组成,由代建单位做牵头和负责单位,组织制定和开展全局性的代建项目安全管理工作,如制定制度、工作计划、安全检查、事故处理等全局性工作。目前,在建设项目中,安全工作往往集中在施工一线和现场监理层面,上层监管组织一般很少实质性介入安全管理工作,这种思想和做法需要改变过来。

第二个方面,必须在各参与单位组织内部按照安全管理事项多少、难度大小、管理跨度等成立相关部门或设立专职岗位,安全部门或岗位的职能、任务、人员数量和能力要求等在《安全生产法》中都有一定要求,政府代建项目管理部门可以细化对各参与主体安全组织设立的制度要求。

(3) 安全策划

安全策划包括明确安全目标和制定各级安全管理计划(包括各种规章制度和作业守则等)。前面提到,安全管理是一个系统性很强的工作,而大部分企业将其理解成仅需制定一些面上的制度和安全文明措施即可,相关的策划文件粗糙、零散,系统性、连贯性和可执行性较差。

因此,政府代建项目管理部门和代建单位必须基于实际策划中存在的各种问题,强化对各参与单位安全策划工作的规范,制定有关的策划制度或规范,明确策划框架和要求,严格审核标准,保证安全策划体系的科学合理。

(4) 安全教育

安全教育包括安全宣传和安全培训等诸多形式。安全教育的内容包括安全法规、工业卫生、安全知识、安全技能等方面的内容。根据教育的对象不同,分为对各层管理人员、技术人员、作业人员等的安全培训;根据企业属性不同,分为对政府代建项目管理部门人员、代建单位人员、监理单位人员、设计单位人员和施工单位人员等的安全培训;还可以根据专业不同、工作岗位不同等进行划分。应特别注重对特种作业人员的安全培训。安全教育的形式可通过贴标语、写黑板报、印发资料、宣讲、案例研讨、现场参观、看专题片、技能操作等灵活多样的形式进行。同时应注重对安全教育成效的考核，采取考试或实操等方式了解培训成效，制定奖惩措施，不断改善安全教育的形式和内容，从而发挥安全教育的实效。

（5）安全技术

安全生产的技术支撑就是安全技术，安全技术包括设计技术、施工技术方面对安全生产的保障，可分为工艺、设备、原材料、机械设备、防护设施和个人劳保用品等方面，从保障能力上可分为预防技术、减灾技术和逃生技术等。

在工程设计中，应针对工程特点、环境条件、法规要求、设计技术等保证设计方案在结构、设备、操作等方面的安全性；在工程施工中，应针对工程特点、施工现场环境、施工方法、劳动组织、作业方法使用的机械、动力设备、变配电设施、防护设施等制定各项安全、架设工具以及确保安全施工的预防措施。这里不详细阐述。

这里重点强调以下几点：一是建立和完善安全技术标准；二是注重安全技术交底；三是加强安全技术管理，安全技术措施方案的制定应遵循安全分析、评价、设计、指定对策、组织实施、信息反馈这样一个流程；四是加强安全技术资料管理，包括对安全技术措施、安全技术交底书、安全设施任务验收资料、采用新工艺新设备新材料的安全交底书和安全操作规定、特种作业人员验证记录、安全检查及隐患整改记录等资料管理。

（6）安全检查

安全检查的目的是为了消除隐患、防止事故、改善劳动条件及提高员工安全生产意识。其包括不同层级组织的安全检查，可以按不同的时间阶段、安全检查的对象、检查的目的等进行划分，这里就不做介绍了。安全检查一般包括查思想、查管理、查隐患和查整改等内容。

安全检查的目的是发现问题，不断提高管理水平，因此，安全检查不能流于形式，也不能漫无目的，应当针对安全检查的目的设置安全检查的指标和选择安全检查的方式方法。

（7）安全控制

安全控制就是针对安全检查了解到的安全信息，对代建项目局部和整体的安全管理现状进行评价，针对存在的各类问题，通过沟通协商，制定局部或整体性的解决方案，并监督落实整改，不断提高代建项目的安全管理水平。最后整理阶段性的安全控制进展报告，向上级部门汇报。

（8）安全考核

安全责任制的落实应配套对应的安全考核方式方法，制定考核方案，根据收集到的安全控制信息，计算有关考核指标的完成情况，对应采取奖罚措施，督促有关责任人主动、积极履行各自的安全职责。其中应注意，一旦设立该项制度就应严格落实执行，同时注意安全检查评价的科学合理，相关数据要详实、准确、可靠，要以理服人，保证该项制度的严谨性。

（9）安全事故处理

安全事故一旦发生，如何抢险救灾、进行事故通报、组织进行事故调查和处理等工作都应遵循国家的相关安全法规制定相关的制度，注重贯彻落实"四不放过"原则，注重代建项目安全事故紧急救援预案的编制。

(10) 安全文化

安全管理的好坏最终会体现到组织文化和人员的精神面貌上,因此,组织安全文化的建设是一项长期而艰巨的工作。安全文化一般包括以下几个方面的内容。

① 安全价值及行为规范文化:人的安全价值观念、人的安全行为规范(道德、风俗、习惯);

② 安全精神文化:安全的哲学思想、科技、信仰、安全审美意识、社会的安全经验和理论;

③ 安全制度文化:一切安全生产制度化的社会组织形式、人和人的社会关系网络,即安全生产的制度、体制、组织形式;

④ 安全物质文化:安全生产和安全教育所需和使用的各种安全防护工具、器具和物品。

以上仅是对代建项目安全管理的重点所做的一般意义上的讨论,在具体项目环境下,应针对具体项目的安全特点进行分析,将以上措施落实到具体行动和方案中去。

4.6.2 安全策划

1. 代建项目安全策划体系

基于前面的分析,代建项目应当建立整体安全管理机构和各参与方自身安全管理机构两种组织形式,对应建立以下两种形式的安全策划体系。

(1) 代建项目的安全总控计划

整个代建项目是一个系统,其中的每一个安全隐患都构成影响整体安全的一个方面,安全总控制计划就是在整体上对影响代建项目的安全隐患进行综合评价,制定对策措施。其主要由代建单位(含监理单位)负责建立、落实和维护。

代建项目的安全总控计划应对代建项目的整体安全职责做出统一安排,建立安全总控的组织,制定安全管理的主要办法,对安全管理的重点和难点进行分析,并提出对应的解决措施,制定安全检查的职责分工、检查方式、文件要求、协调机制和汇报机制,制定安全事故处理办法、安全考核办法,制定代建项目应急救援预案。

(2) 实施单位的安全控制计划

主要包括设计单位、供货单位和施工单位的安全控制计划,三类主体应以总包单位为主负责编制,因为供货单位比较分散,安全责任不太确定,这里就不做探讨。

设计单位主要对设计环节和施工环节进行安全策划,其涉及的安全隐患较为单一。在设计环节,主要是对设计方案的选型和主要参数等未来施工生产和正常使用所存在的安全隐患进行专门的安全分析,保证设计方案的安全性。《建设工程安全管理条例》要求设计单位在设计方案中考虑施工安全操作和防护的需要,对涉及施工安全的重点部位和环节在设计文件中注明,并对防范生产安全事故提出指导性意见。采用新结构、新材料、新工艺的建设工程和特殊结构工程,还应在设计中提出保障施工作业人员安全和预防安全事故的措施建议。在施工环节,设计单位收到反馈现场安全状况的信息,存在调整设计需要的,应及时提出设计修改意见,针对提出预防安全事故建议的部位,参与对施工方案和安全防护措施的审核,评价是否满足安全生产的需要,如若发生安全事故,基于需要,及时派人参与事故的调查和处理。

施工单位主要是对施工环节进行安全策划，其涉及施工单位多、安全隐患复杂、偶然性大等特点，是代建项目策划的重点所在。一般由施工总承包单位基于所承包施工项目的特点和施工技术方案等进行施工安全生产活动分析、制定全面的施工生产安全管理计划，同时要求分包单位制定分包事项下的安全作业计划书。

2. 代建项目安全策划内容

安全策划主要是对代建项目实施全过程的安全隐患进行管理。它包括：制定安全方针和安全目标，对项目实施过程中与人、物、环境安全有关的因素进行识别和制定有效的控制措施。主要包括以下几项内容：

① 安全管理目标；
② 安全管理组织体制与安全生产责任制；
③ 安全生产保证体系；
④ 安全管理要点分析；
⑤ 安全生产培训计划；
⑥ 安全技术措施计划；
⑦ 安全技术交底计划；
⑧ 安全检查评价与考核；
⑨ 安全事故处理；
⑩ 安全生产的规章制度。

安全总控计划和安全生产计划基于管理目标、组织跨度、业务范围等不同而不同，这里不做深入探讨。

3. 安全策划的工作流程

安全策划的工作流程为：收集资料、工作分类、组织分析、环境分析、识别危险源、确定危险源、评价危险源、确定重大危险源、制定应对措施、评审对策的有效性、制定相关配套制度和办法、报批执行。

4.6.3 安全保证

1. 安全保证体系

安全管理是一项系统性的工程，为了保证代建项目安全目标和相关法律制度的落实执行，防止安全事故的发生，代建项目参与各方必须建立各自的安全管理体系，可参见表4.7的内容。安全保证体系建立和运行的目的在于全面考虑安全管理所需的诸多事项，做出统筹安排，保证安全条件、控制措施和实施过程中的安全可靠性。但应当将哪些安全要素纳入安全保证体系，则因不同的法律政策、不同的合同要求、不同的项目特征、不同的参与主体、不同的技术管理水平和不同的责任措施等而有所不同。代建项目安全总控体系和参与各方的安全管理体系就应当首先设立标准和要求，并明确安全保证体系的要素保证框架，进行策划、评审、运行和持续改进，即在体系化、标准化的前提下开展安全管理体系策划。

2. 安全保证体系的目标策划

各层安全保证体系是建立在安全目标的基础上，安全目标是指减少和消除生产过程中的事故，保证人员健康安全和财产免受损失，可以使用"零事故、零伤害、零损失"作为组织最高的安全目标。但这种规定太笼统，缺乏可理解性和可操作性，应根据历史统计资料或行业安全生产状况、代建项目安全特点和参与单位的安全管控能力、政府法规政策要求和环境条件等制定合理可行的项目总体目标，通过组织层级和实施程序等逐层落实各层组织和各项业务的安全控制目标，只要分解到一定的程度，就可将该层的安全目标与该业务面临的安全隐患建立起对应关系，只要能够保证控制措施到位，该业务的安全目标就可以实现。

安全目标从上到下的分解模式如图4.24所示，具体项目应当具体分析，既考虑到高标准、严要求，同时也要考虑到实施组织的经济效益、管理能力，不能顾此而失彼。

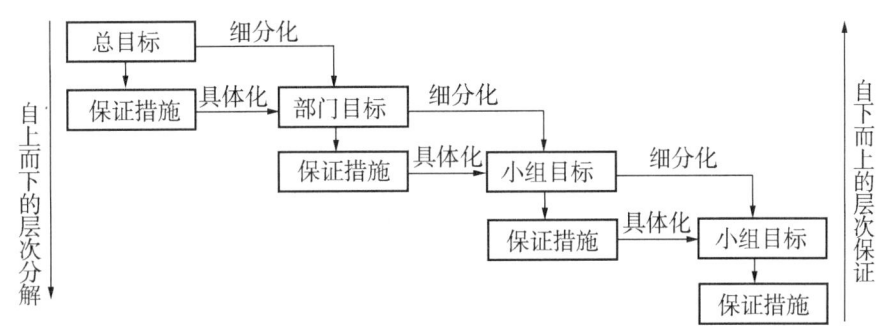

图4.24 代建项目安全控制目标的划分

3. 安全保证体系的建立和运行

安全保证体系建立在安全目标、安全保证体系计划、安全管理制度、程序性文件等基础上，一般包括组织安全管理状况识别、安全管理目标、法律和合同要求、保证要素的确定、实施条件和组织能力分析、安全保证体系策划、组织评审和决策、报送上层组织审核、体系的宣贯和落实、体系运行情况检查、持续改进等内容。

其中安全控制体系建立和运行的审核应包含主体的内部审核和主体的外部审核。运行主体的内部审核又包括项目层审核、企业层审核。而代建项目管理主体的外部审核，主要是指代建单位的审核，而代建单位安全保证体系则由政府代建项目管理部门负责审核（也可委托给外部咨询单位进行审核）。

4.6.4 安全控制

1. 安全控制的内容

安全控制就是落实执行安全保证体系的各种安全保证要素和安全计划文件的各项措施制度。其主要包括前面提到的安全技术交底、安全教育、安全检查、安全评价、安全报告、安全协调、安全考核、安全事故处理等内容。

2. 安全控制的方法

针对不同业务的安全控制方法不同，如对设计业务的安全控制方法或对某项施工业务的安全控制方法。这里不拟做详细分析，仅重点介绍以下三项内容。

（1）安全检查

前面提到，安全检查应建立在相应的检查目标和检查标准之上，正是由于缺乏严谨的安全目标和检查标准，造成实际的安全检查成效不彰。目前我国对建筑施工领域制定了《建筑施工安全检查标准》，该标准将安全检查对象分为10个分项，每个分项又设立若干个检查项目，共列出17张分项检查表和1张汇总表，使用定量的方法，为安全评价提供直观数字和综合评价标准。政府代建项目管理部门应当参照这一标准，制定其他重要业务的安全检查评分方法。

（2）安全评价

安全评价的目的是发现存在的安全隐患和管理不足之处，督促采取措施改善和加强相关工作。不同层级的管理者都需对管理责权范围内的安全状况进行检查和评价，这是一项专业性较强的工作。目前安全评价较多处于经验性的工作方式上，应注意采用更加科学合理的评价方式和方法，及时全面分析工程建设中存在的问题。

（3）安全报告

相关安全责任主体应当根据安全检查和评价的结果编制安全报告向上一层监管单位进行汇报，同时针对涉及多方实施主体的安全事项，还要向对方通报有关情况，提请上一层监管单位组织相关问题的协调解决。

4.6.5 安全管理制度建设

1. 安全生产责任制度

依照国家的《建筑法》《安全生产法》和《建设工程安全管理条例》等相关法规，政府代建项目管理部门应建立起代建项目总体的安全责任体系制度，并要求各参与单位依据此制度建立各自职责范围内的安全管理责任制度，作为安全监管的政策依据。

政府代建项目管理部门应要求代建单位组织编制代建项目安全总控计划、代建项目应急救援预案以及全面的安全管理办法，并组织专家对其进行评审，据此编制本组织的安全监管计划。应要求代建单位向各实施单位提供安全生产所需的各种技术经济资料，本组织负责做协调配合。应要求代建单位根据本组织的安全监管计划提供阶段性安全总控进展情况报告，本组织应采取具体措施加强安全监督工作。按要求向相关政府主管部门汇报代建项目安全管理情况，上报安全事故、参与安全事故处理。

代建单位不应对各参与单位提出不符合建设工程安全生产法律、法规和强制性标准规定的要求。在编制工程概算时，应当确定建设工程安全作业环境及安全施工措施所需费用，依据有关要求严格控制该项费用的支付。代建单位应制定标准将以往的安全生产信息作为工程发包的评标条件，将工程发包给具有相应资质等级的施工单位。代建单位应制定各实施单位编制安全管理计划和安全管理办法的规范，组织专家对其进行评审。代建单位应采取有效措施检查各实施单位安全管理计划的落实情况，要求各实施单位提供阶段性的安全检查报告，采取有效措施加强安全监管工作，按要求向政府代建项目管理部门和相关部门汇报代建项目安全管理情况，上报安全事故、组织安全事故处理。

工程监理单位应当负责完成监理合同中代建单位关于安全管理的委托事项。审查施工组织设计中的安全技术措施或者专项施工方案是否符合工程建设强制性标准。工程监理单位在实施监理过程中，发现存在安全事故隐患的，应当要求施工单位整改；情况严重的，应当要求施工单位暂时停止施工，并及时报告建设单位。施工单位拒不整改或者不停止施工的,工程监理单位应当及时向有关主管部门报告。工程监理单位和监理工程师应当按照法律、法规和工程建设强制性标准实施监理,并对建设工程安全生产承担监理责任。

设计单位应当按照法律、法规和工程建设强制性标准进行设计,防止因设计不合理导致生产安全事故的发生。设计单位应当考虑施工安全操作和防护的需要,对涉及施工安全的重点部位和环节在设计文件中注明,并对防范生产安全事故提出指导意见。采用新结构、新材料、新工艺的建设工程和特殊结构的建设工程,设计单位应当在设计中提出保障施工作业人员安全和预防生产安全事故的措施建议。

施工单位应当具备国家规定的注册资本、专业技术人员、技术装备和安全生产等条件,依法取得相应等级的资质证书,并在其资质等级许可的范围内承揽工程。施工单位主要负责人依法对本单位的安全生产工作全面负责。施工单位应当建立健全安全生产责任制度和安全生产教育培训制度,制定安全生产规章制度和操作规程,保证本单位安全生产条件所需资金的投入,对所承担的建设工程进行定期和专项安全检查,并做好安全检查记录。施工单位的项目负责人应当由取得相应执业资格的人员担任,对建设工程项目的安全施工负责,落实安全生产责任制度、安全生产规章制度和操作规程,确保安全生产费用的有效使用,并根据工程的特点组织制定安全施工措施,消除安全事故隐患,及时、如实报告生产安全事故。施工单位对列入建设工程概算的安全作业环境及安全施工措施所需费用,应当用于施工安全防护用具及设施的采购和更新、安全施工措施的落实、安全生产条件的改善,不得挪作他用。施工单位应当设立安全生产管理机构,配备专职安全生产管理人员。专职安全生产管理人员负责对安全生产进行现场监督检查。发现安全事故隐患时,应当及时向项目负责人和安全生产管理机构报告;对违章指挥、违章操作的,应当立即制止。

建设工程实行施工总承包的,由总承包单位对施工现场的安全生产负总责。总承包单位依法将建设工程分包给其他单位的,分包合同中应当明确各自的安全生产方面的权利、义务。总承包单位和分包单位对分包工程的安全生产承担连带责任。分包单位应当服从总承包单位的安全生产管理,分包单位不服从管理导致生产安全事故的,由分包单位承担主要责任。

2. 安全教育和培训制度

督促各参与单位建立代建项目整个建设期间的安全教育和培训计划,应针对各参与单位内部安全控制的重点、薄弱环节、关键操作等制定各层次培训计划报上级单位审核,施工单位应建立三级安全教育制度,并制定培训考核方式,形成培训记录以供上级机构检查。

3. 安全技术管理制度

各参与单位应收集和补充本专业工作范围内的安全技术标准,如用电、特种设备、临时设施、消防、各专业施工工艺等,制定开展各项技术设计工作时应遵循的技术标准、设计方法和人员资质要求,对安全技术方案的编制、评估、审批和交底工作等进行规范。

4. 安全策划与控制制度

政府代建项目管理部门应当要求代建单位建立代建项目的安全保证体系制度,规范各实施单位有关安全管理计划和管理办法的策划行为。

各参与单位应为编制、落实和改进安全管理计划提供必要的资源;各参与单位应建立健全项目安全管理组织机构,明确具体人员及其职责权限,并形成文件;建立和落实安全生产责任制;各参与单位的安全管理计划应组织交底,下达到相关责任人员;各参与单位应采取有效的安全控制措施保证安全目标的实现。

5. 安全检查制度

代建项目各参与单位应建立并落实安全检查制度,对存在的安全隐患和安全问题进行处理。安全检查的内容应包括:安全管理计划的执行情况、安全责任的组织落实情况、安全教育的开展情况;未按计划要求实施的原因,并提出改进措施;可能存在的安全隐患及其风险状态;安全管理存在的缺陷。

6. 安全评估和考核制度

应规范各参与单位制定安全评估办法,尽量制定定量化的安全检查评分方法,建立安全评估的工作流程和文件体系;与安全生产责任制配合制定安全责任考核办法,基于安全评估的结果对相关责任人进行奖励和处罚。

4.7 四大目标监管计划的编制

以上部分对代建项目四大目标监管模式的具体结构、要素、关系、做法和制度建设等做了详细分析,可以将以上内容理解为代建项目四大目标监管的一般框架,而将一般转化为实践,还需要由政府代建项目管理部门基于远景目标和现实考量等综合评估以后做出选择。

在对代建项目的组织模式、管理架构和基本制度等做出选择之后,政府代建项目管理部门即可将这些选择落实到具体代建项目四大目标的监管中去。基于代建项目的具体特点和以上制度规定,从整体上编制本组织的四大目标监管计划就是将制度落实到实践的最佳途径。

4.7.1 一般规定

1. 四大目标监管规范

可以这样理解,如果将四大目标监管模式中与政府代建项目管理部门的监管活动有关的关键知识和核心制度抽取出来,放到一个更简明扼要的制度框架中,就成为"四大目标监管规范"。其描述了政府代建项目管理部门从事代建项目四大目标监管的管理目标、职责分工、组织模式、管理过程、体系结构、关键要素、规范做法和制度要求。

2. 编制四大目标监管计划的目的及监管细则

基于以上制定的四大目标监管规范的一般规定,将其推行到具体代建项目的四大目标监管体系的策划中,就形成了具体指导四大目标监管工作开展的规划文件,这份文件就是四大目标监管计划(也可称为监管手册)。

(1) 编制四大目标监管规划

四大目标监管规划是政府代建项目管理部门(下面简称为"本组织")在接受代建项目委托后编制的指导本组织全面开展四大目标监管工作的纲领性文件。其针对代建项目的实际情况,明确了本组织的监管目标,制定了具体的工作制度、程序、方法和措施,具有实际的可操作性。

第4章 政府代建项目管理部门四大目标监管模式规范与制度建设

需要注意的是，该文件的内容并不是一次成形的，一开始可能编制的依据较粗略，影响因素不太确定，部分管理要素无法确定或不够具体，这都是可能出现的情况。开始可能只是讨论制定一个规划纲要，提出监管的框架和主要思路，随着项目的不断推进和相关因素的逐步明确，监管方案不断细化而变得更具有实操性，从而生成初步规划文件，直到详细规划文件，这是一个动态发展的过程，切忌把该文件固定化和模式化。其编制的主要目的包括以下几个方面。

① 指导本组织全面开展四大目标监管工作

其基本作用是为本组织开展以后的监管工作提供指导。凡事预则立、不预则废，四大目标监管规划是对本组织开展的四大目标监管工作所做的全面、系统的组织和安排，只有事先做好计划准备，以后的实施和控制才能有据可依。

② 指导代建项目管理模式建立的重要依据

本组织作为代建项目第一层级的管理者，应当赋予代建项目管理模式和制度的整体属性和发展模式，即本组织应当积极影响代建项目管理模式的发展，而不是被动地受其影响。因此，本组织编制的监管规划和相关制度即为代建项目管理定下了原则和基调，各参与单位开展管理的目标、原则、要求、体系框架、策划和控制模式、文件和制度体系建设等都应遵循监管规划的要求。

③ 衡量本组织履行监管责任的主要依据

本组织接受政府投资主管部门和使用单位的委托以后，如何全面和认真履行监管责任，虽然本组织对此有较大的解释权和自主权，但也易造成其他政府部门的误解，本组织若要在其中有所作为，就应当对此做出制度上和计划上的安排，据此，本组织向上级部门和其他主管部门证明了本组织的价值所在。

④ 衡量本组织管理模式发展水平的基础资料

本组织的管理模式随着管理经验水平等的提高而不断改进调整、完善补充，这在一定程度上成为整个监管过程的良好记录，成为本组织管理经验的结晶，真实反映了监管模式的全部工作，其成为本组织不断发展的重要支撑材料。

（2）编制四大目标监管细则

综前所述，可以将其理解为详细性的监管规划文件，是本组织开展四大目标监管工作的实施细则。如果将监管规划理解为建设方案、初步设计的话，监管细则就类似施工图设计，只要照图施工，就可以完成整项监管工作。如果将监管计划分为监管纲要和监管规划的话，就形成三种监管计划类型，三者的区别如表4.8所示。

表4.8 四大目标监管计划类型区分

监管计划	编制时间	编制目的	编制依据	编制内容
监管纲要	接受委托后	制定工作规划	较少	粗略
监管规划	选定代建单位后	指导体系建设	中等	较粗略
监管细则	开展具体工作前	指导监管工作	较多	详细

由表4.8可知，以上三类监管计划文件是相互联系的，前者是后者编制的依据。因

此，监管细则是在监管规划的基础上，由本组织相关责任部门或责任人员根据监管规划的要求，按照所承担的不同专业或不同业务的具体任务分工，结合代建项目的具体情况，依据监管规范要求编制的指导开展具体监管工作的计划文件。这里需要注意的是，随着监管工作的逐步深入和各种因素的变化，已编制完成的监管细则也在不断地深化和调整之中，并不是固定不变的。

3. 四大目标监管计划的编制要求

一般遵循以下几项原则：前后框架和基本内容要统一；参照四大目标监管规范的要求进行编写；编制的内容要有针对性，要考虑实际情况，跟实际监管需求一致；编写格式要规范化和标准化；明确编制的总负责人和专业负责人，注意部门和专业之间的沟通和配合；监管规划要分阶段编制，与各个阶段的实际情况相吻合；注意编制依据和编制方法相适应。

4. 四大目标监管计划的编制依据

一般包括以下依据：自然、经济和社会条件，工程建设法律法规，有关工程建设标准规范，各个阶段的技术经济和合同文件，本组织的监管职责，四大目标监管规范，相关制度措施等。

5. 四大目标监管计划的编制程序

监管计划的编制程序包括：依据监管规范制定编制大纲，建立监管组织和编制任务分工，收集和熟悉编制依据，确定编制要点和思路，构思和讨论监管方案，方案的比选和评估、方案调整和决策、方案的落实执行。

监管计划一般由该项目负责人主持、相关专业人员参与编写。在监管过程中，如实际情况或条件发生重大变化而需要调整监管计划，应由监管负责人组织相关专业人员研究修改。

基于监管计划编制的目的，应根据需要将相关内容报送相关部门备案或遵照执行。

4.7.2 编制结构

监管计划编制应注重系统性、先进性和实用性相统一，适当地与组织已有的各项制度和做法保持衔接一致，并遵循管理人员在实际工作中的习惯，在编写上注重以管理工作流程为主线，在工作流程执行过程中集成项目管理的各项内容。在具体内容编排上，应在突出重点的前提下尽量保持内容的完整，一般应包括代建项目建设周期从前期阶段到验收总结阶段的全部管理工作，可将其划分为以下三层文件体系。

第一层文件：指导层。主要包括对计划编制的说明，项目组织结构的设计、项目岗位及职责的界定、计划编制的框架，代建项目的全过程及主要工作界定、代建项目管理的要素及重点内容等。

第二层文件：执行层。主要以代建项目实际操作过程中的工作流程为主线，结合项目管理职能，针对代建项目全过程中各阶段各项不同属性的具体工作，编制相应的管理目标、管理程序、管理方法等，保证项目实施的计划性、制度性、规范性，以提高代建项目运作的工作效率，有效合理地利用各种资源，注重可操作性，注重代建项目各层级各类管理组织工作的落实执行。

第三层文件：保障层。主要为了保障代建项目管理体系的良好运行，包括两个方面的内容：一个是上层级监管层对下层参与主体项目管理过程的指导、监督和考核系统；另一个是各层参与主体对自身项目管理过程的指导、监督和考核系统，其包括组织层和项目层两个层级，越往上越强调组织、制度等宏观因素，越往下越注重对项目实施具体过程中各项活动及其活动成果的说明、工作质量标准的界定、项目诸管理要素涉及的相关方法措施、图表、数据等微观因素。

基于前面提出的四大目标监管模式结构，四大目标监管计划主要包括以下四个方面的内容。

1. 综合分析

主要包括目标分析、过程分析、组织分析、策划分析和制度建设分析等 5 项内容，具体参见本章的相关内容。

注意该环节工作的重点是确定项目的环境条件、重点工作和总体设想，而不是马上着手制定监管计划的细节。这时应注重建立一套结构化的管理程序（主体工作流程的设计），建立项目工作的优先级共识，代建项目各方应充分沟通交流，互通有无，相关理解，建立共同的远景目标，强化书面上的责任和承诺。

2. 建设实施过程的管理

主要包括前期工作阶段的管理、建设实施阶段的管理和验收总结阶段的管理等 3 项内容，其主要是按时间维度对建设实施全过程的关键工作所做的组织安排，具体参见第 3 章的相关内容。

注意该环节工作的核心是各层次监管计划的严格设计，而不是随意提出一份计划，注意多层次计划体系编制之间的逻辑和组织关系，采用良好的计划编制方法和组织方式，从而保证计划结构清晰、体系合理，方案简洁明了，有利于贯彻和落实执行。

同时，该环节应重视代建项目各组织之间的沟通协调机制的建立，注重组织之间的交流和合作，注意资源的及时、有效配置，明确和落实责任，加强检查、分析、调整和考核措施，建立统一的监管基准，注重对细节的全面关注和对监管重点的掌控。

3. 四大目标监管工作安排

主要包括质量监管、投资监管、进度监管和安全监管等 4 项内容，其主要是按照管理职能维度对代建项目监管工作所做的组织安排，具体参见本章的相关内容。

注意：这里的第 2 和第 3 两点会出现一定程度的交叉，如表 4.9 所示。虽然第 2 点主要是对实施过程的设计，第 3 点主要是对管理过程的设计，但在实际工作中，代建项目管理就是针对实施过程来开展管理过程，即管理过程的开展必要和合理与否主要是根据实施过程的开展及其完成的成果是否满足管理要求来加以确定的。因此，在相关内容划分时，应当明确将哪些管理过程划分到第 2 点，哪些管理过程划分到第 3 点，以免发生重复和冲突。

表4.9 建设过程和管理过程的关系

管理过程＼建设过程	前期工作阶段	建设实施阶段	验收总结阶段
质量监管			
投资监管			
进度监管			
安全监管			

基于表4.9的最好划分方式是建立一种编排矩阵，所有工作都按建设过程的分解结构（WBS）进行编排，然后对每项划分的工作进行管理过程的设计，从而能在时间维度上建立一个非常明晰的工作流程，工作的安排和落实也简洁明了，涉及逻辑冲突的工作也可以很好地协调处理。但存在以下问题。首先，管理过程有其独立性，从管理策划到管理控制具有知识和方法上的紧密联系，而采用此种编排方法，就必然会造成整个管理过程被拆分到不同的建设过程，从而打乱了该管理过程的整体性；其次，管理的策划和控制是由总到分的设计过程，某管理过程需要建立从总控计划到局部计划的管理系统，而拆分后则使这种管理系统变得更加零散，不易规划和落实；第三，管理过程都是分配给职能部门去建立和实施的，而实施过程则是由业务部门和管理部门共同完成的，拆分后则无法与组织机构及工作安排建立起明确的归属关系，会造成理解和执行的混乱。因此，目前绝大部分的管理规划，基本上采取以下两种编排方式。

一种是只编写管理过程的规划，不单独罗列实施过程的规划，只把几项关键的实施过程放入到管理过程中进行规划，如将设计工作安排放入到质量管理或投资管理模块中，将采购工作安排放入到采购管理模块中，有些工作可能放入到其他作业计划中，有些就被遗漏掉了。其最大问题是拆散了实施过程，打乱了整个实施工作流程，计划不易理解和执行，出现问题也不易发现。其主要用于规模较小、专业性较强、实施工作和管理工作不太复杂的项目规划。

另一种就是上面提到的，将实施过程的设计和管理过程的设计分列，该计划类型采用实施过程和管理过程两条主线对整个监管系统进行规划，能起到双层保障的作用。目前大型建设项目规划基本上采用这种模式，因此代建项目监管计划采取这种编排方式是合理可行的。

4. 主要工作的管理办法

制定监管计划中的主要工作管理办法，可按照前面的计划框架，在进行某项工作策划时，将该管理办法的要点罗列上去，或指出应遵循的管理办法，在本部分策划文件的最后部分列出管理办法的条文，也可在监管计划最后统一列出；如果管理办法较多的话，也可以单独汇编出来，作为监管计划的附件。

另外，管理办法制定时，应注意将管理标准进行适当分类，如总体的制度、局部的制度和工作守则，或合同类别下的、投资管理类别下的、质量管理类别下的，等等，通过一个制度建设框架或制度体系进行制度的建设、编排，可极大提高制度使用的效果。

4.7.3 主要内容

不同组织基于不同的认识、制度、能力、经验和现实条件等，编制的管理规划文件的内容均有所区别，但这只是形式上的区别，如把章节分多一些，标题划分得详细一些，对相关内容的整合方式多样化一些，编写计划的图表等方法丰富一些等，但实质上的内容必须保证完整合理，编排形式上可以灵活，但需要简洁明了，直观易懂，方便执行。以下按常规思路制定监管计划的编排内容，实际工作中可以根据需要进行调整。

监管计划通过审批后，就必须严格落实执行，它是政府代建项目管理部门开展监管工作的基础和依据，因此应重视该项工作的开展。监管计划的编制是一项系统工程，要明确编制组织与分工，指定负责人和专业人员，制定编制流程和工作路线以指导该项工作的开展。以下主要是对监管规划的主要内容进行介绍，监管大纲和监管实施计划可在此基础上进行简化和细化，这里不再详述。

1. 工程项目概况
(1) 项目来源
① 项目使用单位；
② 项目资金来源；
③ 项目社会背景；
④ 项目环境条件；
⑤ 上级部门要求。
(2) 项目建设方案特点
① 项目技术方案特点；
② 项目资金方案特点；
③ 项目管理方案特点；
④ 使用单位管理要求。
(3) 监管任务
① 监管任务分析；
② 监管工作重点；
③ 监管工作难点。
2. 监管系统设计
(1) 监管范围划分
① 监管阶段划分；
② 监管工作划分；
③ 关键成果识别。
(2) 组织体系设计
① 整体组织体系设计；
② 总控体系设计；
③ 内部组织体系设计。
(3) 监管目标分析
① 总体目标分析；

② 局部目标重点；
③ 部门目标难点。
（4）策划与控制体系分析
① 总体策划与控制体系分析；
② 代建单位与监理单位策划与控制体系分析；
③ 监管策划与控制体系分析。
（5）制度建设分析
① 制度建设框架；
② 制度建设规划；
③ 制度建设工作计划。
3. 总控系统设计
（1）总控目标
① 各级总控目标分析；
② 总控工作范围划分；
③ 总控信息分类与编码。
（2）总控组织
① 总控组织结构设计；
② 总控工作流程设计；
③ 总控工作任务分工。
（3）总控的策划体系分析
① 质量总控；
② 投资总控；
③ 进度总控；
④ 安全总控；
⑤ 合同总控。
（4）总控工作制度建设分析
① 制度建设规划；
② 制度建设工作计划。
（5）总控报告系统分析
① 报告的类型；
② 报告的内容；
③ 总控信息系统建设。
4. 前期工作阶段监管规划
（1）代建招标环节监管规划
① 制定招标规划；
② 编制招标文件；
③ 招标组织与管理。
（2）设计环节监管规划
① 设计招标监管；

② 初步设计监管；
③ 施工图设计监管。

5. 建设实施阶段监管规划

(1) 采购环节监管

① 监理招标监管；
② 施工招标监管；
③ 物资采购监管；
④ 其他采购监管。

(2) 施工环节监管

① 施工准备环节监管；
② 施工过程监管；
③ 质量验收环节监管。

6. 建设实施阶段监管规划

(1) 竣工验收和试运行环节的监管

① 竣工验收监管；
② 试运行监管。

(2) 项目评审和总结报告环节的监管

① 项目评审监管；
② 总结报告监管。

7. 质量监管规划

① 质量策划；
② 质量保证；
③ 质量控制；
④ 质量改进；
⑤ 制度建设。

8. 投资监管规划

① 费用估算；
② 费用计划；
③ 费用控制；
④ 制度建设。

9. 进度监管规划

① 进度计划；
② 进度控制；
③ 制度建设。

10. 安全监管规划

① 安全策划；
② 安全保证；
③ 安全控制；
④ 制度建设。

11. 组织协调规划

① 利害相关人分析；

② 与政府相关部门的协调；

③ 与使用单位的协调；

④ 与代建单位（含监理单位）的协调；

⑤ 与实施单位的协调；

⑥ 与其他组织的协调。

12. 信息管理规划

① 信息需求分析；

② 信息流程分析；

③ 信息分类；

④ 信息管理工作；

⑤ 信息组织机构；

⑥ 信息技术开发；

⑦ 信息管理制度。

13. 制度汇编

将以上监管规划中所引用或新定的制度使用一定的分类框架进行编排，并给出使用指引，以方便相关制度的推行和监控。

以上仅是罗列了四大目标监管规范的主要内容，其他有关管理活动可以根据管理需要补充进去，同时以上内容只是罗列出监管规划的框架，具体内容和要求可参考本章相关内容进行补充和深化。

4.8 结论

这一章首先通过建立四大目标监管模式的体系结构，明确各种监管要素。将政府代建项目管理划分为中心、中间和外部三个层次，主要针对核心层的三个主要组成部分进行研究，重点分析了政府代建管理的四大目标监管模式。

同时，这一章主要针对综合分析部分工作、质量监管模块工作、投资监管模块工作、进度监管模块工作和安全监管模块工作的管理目标、具体内容、工作展开的方式和方法、工作要点和制度建设等进行了较全面和系统的分析和阐述，希望能够达到指导政府代建项目管理部门据以开展四大目标监管工作的需要。最后，制定了监管计划编制的要求、框架和主要内容。

参考文献

[1] 宋金波，富怡雯. 政府投资项目代建制模式比较研究［J］. 建筑经济，2010（8）.

[2] 张伟，朱宏亮. 代建制的适用范围研究［J］. 建筑经济，2006（12）.

[3] 张伟，朱宏亮. 政府投资项目代建制下的责任追究机制［J］. 土木工程学报，2008（12）.

[4] 何寿奎，傅鸿源. 公共项目公私伙伴关系合作机制研究［J］. 统计与决策，2007（22）.

[5] 广东广建项目管理有限公司. 关于代建制若干问题的探讨［J］. 广东工程咨询，2006（4）.

[6] 杨倩，吕文学. PPC2000伙伴关系合同的项目管理流程及各方职责［J］. 国际经济合作，2008（5）.

[7] 李利军，段晓晨. 政府投资建设项目"双层代建制"研究［J］. 建筑管理现代化，2005（6）.

[8] 孟宪海. 项目管理成熟度模型［J］. 建筑经济，2006（10）.

[9] 托马斯·R·布劳科. 项目管理办公室［M］. 北京：机械工业出版社，2003.

[10] 戴维·科利斯. 公司战略：基于资源论的观点［M］. 北京：机械工业出版社，2006.

[11] 肯特·克劳福德. 项目管理办公室解决方案［M］. 北京：电子工业出版社，2008.

[12] 贾广社. 项目总控［M］. 上海：同济大学出版社，2003.

[13] 丁荣贵. 项目治理：实现可控的创新［M］. 北京：电子工业出版社，2008.

[14] 托马斯·福斯特. 质量管理集成的方法［M］. 北京：中国人民大学出版社，2006.

[15] （美）项目管理协会. 项目管理知识体系指南［S］. 卢有杰，译. 北京：电子工业出版社，2005.

[16] （美）项目管理协会. 项目组合管理标准［S］. 许江林，译. 北京：电子工业出版社，2008.

[17] （美）项目管理协会. 项目集管理标准［S］. 杨侃，译. 北京：电子工业出版社，2008.

[18] 凯文·福斯伯格. 可视化项目管理［M］. 北京：电子工业出版社，2006.

[19] 哈罗德·柯茨纳. 项目管理最佳实践方法［M］. 北京：电子工业出版社，2007.

[20] 哈罗德·柯茨纳. 项目管理：计划、进度和控制的系统方法［M］. 北京：电子工业出版社，2002.

[21] F·L·哈里森. 高级项目管理：一种结构化方法［M］. 北京：机械工业出版社，2003.

[22] 王卓甫，简迎辉. 工程项目管理模式及其创新［M］. 北京：中国水利水电出版社，2006.

[23] 刘家明，陈勇强，戚国胜. 项目管理承包：PMC理论与实践［M］. 北京：人民邮电出版社，2005.

[24] 中国（双法）项目管理研究委员会．中国项目管理知识体系［M］．北京：电子工业出版社，2006．

[25] 中国（双法）项目管理研究委员会．中国现代项目管理发展报告（2006）［R］．北京：电子工业出版社，2006．

[26] 辽宁立杰咨询有限公司．项目代建制的制度、管理与实践［M］．北京：机械工业出版社，2007．

[27] 尹贻林，阎孝砚．政府投资项目代建制理论与实务［M］．天津：天津大学出版社，2006．

[28] 马旭晨．现代项目管理评估［M］．北京：机械工业出版社，2008．

[29] 全国一级建造师执业资格考试用书编写委员会．建设工程项目管理［M］．北京：中国建筑工业出版社，2011．

[30] 中国建设监理协会．建设工程监理概论［M］．北京：中国建筑工业出版社，2011．

[31] 中国建设监理协会．建设工程投资控制［M］．北京：中国建筑工业出版社，2011．

[32] 中国建设监理协会．建设工程质量控制［M］．北京：中国建筑工业出版社，2011．

[33] 王要武，关柯．建筑系统工程学［M］．北京：中国建筑工业出版社，2000．

[34] 程淑丽．项目管理工作细化执行与模板［M］．北京：人民邮电出版社，2011．

[35] 张月娴，田以堂．建设项目业主管理手册［M］．北京：中国水利水电出版社，1998．

[36] 特莱弗·威廉姆斯．现代信息技术在工程建设项目管理中的应用［M］．北京：中国建筑工业出版社，2008．

[37] 李晓东，张德群．建设工程信息管理［M］．北京：机械工业出版社，2008．

[38] 王要武．工程项目信息化管理［M］．北京：中国建筑工业出版社，2005．

[39] 林知炎．建设工程总承包实务［M］．北京：中国建筑工业出版社，2004．

[40] 英国皇家特许建造学会．业主开发与建设项目管理实用指南［S］．北京：中国建筑工业出版社，2009．

[41] 李世蓉．业主工程项目管理实用手册［M］．北京：中国建筑工业出版社，2007．

[42] 卢汝生，王孟钧．政府投资项目管理模式与总承包管理实践［M］．北京：中国建筑工业出版社，2009．

[43] 姚先成．工程项目管理创新："5+3"工程项目管理模式研究与运用［M］．北京：中国建筑工业出版社，2008．

[44] 丁士昭．工程项目管理［M］．北京：中国建筑工业出版社，2006．

[45] 马士华．工程项目管理实务：范式、方法与管理表格大全［M］．北京：电子工业出版社，2003．

[46] 尹隆森，孙宗虎．管理流程设计实务［M］．北京：人民邮电出版社，2005．

[47] 周妮．企业业务流程设计与再造［M］．北京：中国纺织出版社，2005．

[48] 王晓辰．成功项目管理制度［M］．北京：中国经济出版社，2002．

[49] 郑建军．代建制模式下政府投资项目管理研究［D］．上海：同济大学，2006．

[50] 李俊．业主方建设工程项目管理成熟度概念模型及其测评方法［D］．上海：同济大学，2007．

[51] 郑建军. 代建制模式下政府投资项目管理研究［D］. 上海：同济大学，2006.

[52] 杨守华. 大型建设工程项目管理成熟度模型研究［D］. 上海：同济大学，2008.

[53] GB/T50358—2005. 建设项目工程总承包管理规范［S］. 北京：中国建筑工业出版社，2005（7）.

[54] GB/T50326—2006. 建设工程项目管理规范［S］. 北京：中国建筑工业出版社，2006（8）.

[55] GB/T19000—2000，GB/T19001—2000，GB19004—2000. 中华人民共和国国家标准质量管理体系标准［C］. 北京：中国标准出版社，2001（3）.

[56] GB50319—2000. 建设工程监理规范［S］. 北京：中国建筑工业出版社，2001（2）.

[57] CECA/GC1—2007. 建设项目投资估算编审规程［S］. 北京：中国计划出版社，2007（4）.

[58] CECA/GC2—2007. 建设项目设计概算编审规程［S］. 北京：中国计划出版社，2007（4）.

[59] CECA/GC3—2007. 建设项目结算编审规程［S］. 北京：中国计划出版社，2007（8）.

[60] CECA/GC4—2009. 建设项目全过程造价咨询规程［S］. 北京：中国计划出版社，2009（6）.

[61] CECA/GC5—2010. 建设项目施工图预算编审规程［S］. 北京：中国计划出版社，2010（3）.

[62] 全国首届代建制理论与实践高峰论坛论文汇编［G］. 北京：达华工程管理（集团）有限公司主办，2005（10）.

[63] 代建制与工程项目管理论坛论文集［G］. 北京：中国工程咨询协会主办，2007（7）.

[64] 代建制招标标书文本选编［G］. 北京：达华工程管理（集团）有限公司，2005（10）.

[65] 我国代建制管理办法选编［G］. 北京：达华工程管理（集团）有限公司，2005（10）.

[66] 广州市实行代建制项目管理细则［S］. 广州：广州市发展计划委员会，2003（4）.